STIT 逻辑的可判定性研究

On the Decidability of STIT Logics

张炎 著

上海人民出版社

本书受"教育部哲学社会科学研究后期资助项目"（23JHQ031）资助。

目录

引言

STIT 逻辑是一族基于非决定论框架的行动逻辑，主要由努尔·贝尔纳普 (Nuel Belnap) 和其合作者提出，这类逻辑的核心模态算子是 STIT 算子 [7]。它们形成的公式 $[a\ \text{STIT}]\phi$ 的直观意义是行动主体 a 的选择确保 ϕ 成立，这里 STIT 是 see to it that 的缩写。更一般地，STIT 算子可分为个体算子和团体算子，个体算子表达单个主体的选择所确保的结果，而团体算子是表达多个主体共同的选择所确保的结果。在哲学逻辑研究中，最具影响力的非决定论框架当为分支时间框架 [46, 47]。形象地说，分支时间框架像一棵树，它沿过去方向没有分支表示过去是唯一的，而沿将来方向可能分支表示未来是不确定的。STIT 逻辑采用分支时间框架作为其底层的非决定论框架，并在此基础上添加了主体选择函数表示行动主体的选择，从而构成了 STIT 框架用于解释各种 STIT 算子。最后，为了刻画不同的直观，STIT 逻辑领域存在多种相似却不同的 STIT 算子，它们分别是 ASTIT，BSTIT，CSTIT，DSTIT 和 XSTIT [55]。

行动是人类思维的核心概念，与知识、信念和目标等紧密相连，构成了行动哲学、实践推理、决策理论等诸多领域的基石。STIT 逻辑作为最具影响力的一种行动逻辑，与其他诸多相关逻辑的结合是当下研究的热点。约翰·霍蒂 (John Horty) 先在 [25] 中探讨了如何结合 STIT 逻辑与道义逻辑以刻画功利主义，并且之后在 [32, 33] 中讨论了如何在 STIT 逻辑框架中加入知识，从而来表达基于知识的能力。简·布罗森 (Jan Broersen) 在文献 [11] 中先探讨了如何结合时间、STIT 和知识，从而得到时态认知

STIT 逻辑；之后，又进一步地探讨了如何在 STIT 逻辑的基础之上添加信念、目的、应该等概念 [12, 13]。

除了 STIT 逻辑外，动态逻辑是另一种十分有影响力的行动逻辑。尽管它们都刻画行动，但却注重不同的方面。STIT 逻辑着重主体选择的影响，而动态逻辑强调行动的结果和复合。最近，许多学者尝试结合这两者的优点，徐明探讨了如何在 STIT 理论基础上进行类似动态逻辑的行动复合 [53]。约翰 • 范本特姆 (Johan van Benthem) 在文献 [48] 中尝试了如何在动态认知逻辑的基础之上增加类似的 STIT 算子。贾青在著作 [59] 中探讨了 STIT 逻辑与动态逻辑之间的比较与融合，以及 STIT 逻辑在道义逻辑等相关领域中的应用。其他类似的尝试请参考 [1, 16, 35, 36, 37, 39]。

在逻辑学研究中，可判定性问题一直是一个重要的理论问题。最早有关 STIT 逻辑的可判定性结果是徐明在 [50] 中获得的，该文采用有穷模型性的方法证明了含多个个体 DSTIT 算子的 DSTIT 逻辑是可判定的。之后，徐明又证明了只含单个个体 ASTIT 算子且满足 Refref 条件的 ASTIT 逻辑的可判定性 [51]。这两个正面结果的对象语言都只包含个体 STIT 算子。对于包含团体 STIT 算子的情况，在文献 [31] 中该文作者证明了如果 STIT 框架满足可加性条件且主体的数量大于 2，那么团体 CSTIT 逻辑是既不可判定又不可有穷公理化的。尽管满足可加性的团体 CSTIT 逻辑是不可判定的，但根据文献 [45]，通过对团体 CSTIT 算子进行限制，可以得到团体 CSTIT 逻辑的多个可判定子片段；除此之外，在该文献中作者还证明了只含个体 CSTIT 算子和时态算子 X（下一步）的 CSTIT 逻辑是可判定的。最后，在文献 [41] 中该文作者证明了 XSTIT 逻辑的一种变体的可判定性。

本书将在前人研究基础上，进一步探索 STIT 逻辑的可判定性问题，并证明一系列相关的结果。我们的研究成果主要包括以下三个方面：第一，通过采用布罗森提出的单调性要求 [10, 11]，证明了在该要求下的团体 STIT 逻辑是可判定的，该结果蕴涵个体 STIT 逻辑的可判定性；第二，在时态 STIT 逻辑的可判定性问题上做出了实质性的推进,特别是证明了含团体 CSTIT 算子和二元时态算子 U, S 的时态 STIT 逻辑是可判定的,该逻辑的语言表达十分丰富,通常的一元时态算子 F, P 可以在其中定义;第三,证明了一般性的可判定性结果,它们可被应用于结合 STIT、时态、知识和道义等的逻辑,通过对常见框架条件的简单组合,可以得出上百种这类逻辑的可判定性。

对于可判定性的证明,本书主要采用证明强有穷框架性 [8] 和归约法 [3, 28]。前者证明一个逻辑可以被一类有上界的有穷框架刻画,而后者把一个逻辑的可判定性问题归约到已知的可判定问题,这里采用可判定的 Rabin 树理论作为最终的归约对象。对于强有穷框架性的证明,主要采用模态逻辑中构造子模型和滤模型相结合的技巧。这两者中子模型的构造相对直接,通常通过限制模型论域和关系来实现,而滤模型的设计则更具挑战性,需要创造性地构造滤模型以确保原模型的框架条件都得以保持,特别是考虑的模型比较复杂,通常涉及多个框架条件。对于归约的证明,由于涉及的语义结构较为复杂而无法直接嵌入到 Rabin 树中,需要针对性地设计拟模型作为中间步骤。首先将逻辑的可满足性问题转换为拟模型的存在性问题,然后再进一步归约到 Rabin 树理论。

本书的整体结构安排如下:第一章介绍 STIT 逻辑及相关的背景知识,为之后的证明奠定基础。第二章探讨在单调性要求下,团体 CSTIT 逻辑的可判定性问题,并通过采用子模型和滤模型方法证明了该逻辑的强有穷框架性,以得出团体 CSTIT 逻辑的可判定性。因为 DSTIT 算子可以在该语言中定义,所以该结果推广了 [50] 中得出的个体 DSTIT 逻辑的可判定性。第三章采用归约法证明团体 ASTIT 逻辑的可判定性,该结论推广了 [51] 中只含单个个体 ASTIT 算子且满足 Refref 条件的 ASTIT 逻辑的可判定性。第四章和第五章探讨 STIT 逻辑和时态逻辑结合的可判定性问题。第四章采用子模型和一种修改的滤模型方法证明包含一元时态算子 X, Y 的两种时态 STIT 逻辑的可判定性,其中之一除了包括历史必然算子外，还包含跨历史的同时算子。该结论推广了 [45] 中含个体 CSTIT 算子和时态算子 X 的时态 STIT 逻辑的可判定性。第五章采用归约法证明了包含二元时态算子 U, S 的两种时态 STIT 逻辑是可判定的。最后，第六章证明一般性的可判定性结果。

第一章　STIT 逻辑

STIT 逻辑是一族基于非决定论框架的行动逻辑，其标准语义学采用分支时间树作为其底层的非决定论框架，并在此基础上添加了主体选择函数来表示行动。本章先介绍分支时间树理论，然后再引入 STIT 框架和模型，并基于它们定义常见的 STIT 算子，最后探讨不同 STIT 算子之间的逻辑关系。

1.1　分支时间框架

在哲学逻辑研究中，最早出现且有着广泛应用的非决定论框架当为分支时间框架，它起源于 [42] 而完善于 [46, 47]。一个分支时间框架代表一个非决定的世界，它像一棵树，沿过去方向没有分支，表示过去是唯一的，而沿将来方向可能有分支，表示未来是不确定的，世界会向哪个方向发展取决于世界中主体的选择和自然中的非决定因素。分支时间框架通常也被称为树状框架[1]，这也是本书之后部分将采纳的术语，因为树状框架相比分支时间框架更为简洁且直观。

定义 1.1 一个树状框架是一个有序对 $\langle T, < \rangle$，其中 T 是一个非空的集合且 $<$ 是 T 上的严格偏序并满足向过去不分支，即 $\forall m \forall m' \forall m''(m' < m \wedge m'' < m \to m' < m'' \vee m' = m'' \vee m'' < m')$。

---

[1]　除了树状框架外,还存在着其他一些非决定论框架表示非决定的世界,例如,带族树状框架 (bundled trees)[19]、T×W 框架 [47]、Kamp 框架 [34] 以及 Ockhamist 框架 [56] 等。

树状框架通常用 $\mathfrak{T}, \mathfrak{T}'$ 等来表示。令 $\mathfrak{T} = \langle T, < \rangle$ 为一个树状框架。T 是 $\mathfrak{T}$ 的论域，表示为 $dom(\mathfrak{T})$，其中元素通常被称为时刻，并用 m, m' 等表示。对任意 $m, m' \in T$，$m \leqslant m'$ 当且仅当 $m < m'$ 或 $m = m'$。对任意 $m \in T$，m 是 $\mathfrak{T}$ 的根当且仅当对任意 $m' \in T$，如果 $m' \neq m$，那么 $m < m'$。易见，如果一个树状框架存在根，那么它有唯一的根。对任意 $C \subseteq T$，C 是 $\mathfrak{T}$ 中的一个链当且仅当 C 中的元素是可比较的，即 $\forall m, m' \in C(m < m' \lor m = m' \lor m' < m)$；对 $\mathfrak{T}$ 中任意链 C，它是极大的当且仅当 $\mathfrak{T}$ 中不存在链 C' 满足 $C \subset C'$。

在 STIT 逻辑领域中，树状框架中极大链被称为历史 (histories)。值得注意的是，在中文语境中，历史通常只代表由过去时刻组成的链，而这里的历史是极大链，所以它们通常还包含当下和未来的时刻。

定义 1.2 对任意树状框架 $\mathfrak{T} = \langle T, < \rangle$ 和任意 $h \subseteq T$，h 是 $\mathfrak{T}$ 中的一个历史当且仅当 h 是 $\mathfrak{T}$ 中极大的链。

我们用 h, h' 等来表示历史且用 H, H' 等来表示历史组成的集合。令 $\mathfrak{T} = \langle T, < \rangle$ 为树状框架且 H 为 $\mathfrak{T}$ 中所有历史的集合。对任意 $m \in T$，$H_m^{\mathfrak{T}}$ 表示 $\mathfrak{T}$ 中包含 m 的历史构成的集合，即 $H_m^{\mathfrak{T}} = \{h \in H : m \in h\}$。当不会引起混淆时，我们通常略去 $H_m^{\mathfrak{T}}$ 中上标 $\mathfrak{T}$ 而简写为 H_m。对任意 $m \in T$ 和任意历史 h，m/h 表示由 m 和 h 构成的对子满足 $h \in H_m$，并用 $pairs(\mathfrak{T})$ 表示 $\mathfrak{T}$ 中所有形如 m/h 的对子构成的集合。对任意 $m, m' \in T$，m' 是 m 的直接 $<$-前驱（或 m 是 m' 的直接 $<$-后继）当且仅当 $m' < m$ 并且不存在 $m'' \in T$ 使得 $m' < m'' < m$。注意，如果 m 的直接 $<$-前驱存在的话，那么根据 $<$ 满足向过去没有分支，它必定是唯一的，此时我们用 $pred_<(m)$ 来表示 m 的直接 $<$-前驱；但是 m 的直接 $<$-后继可能存在多个，我们用 $suc_<(m)$ 表示 m 的所有直接 $<$-后继构成的集合。对任意 $h \in H_m$，如果 $h \cap suc_<(m) \neq \varnothing$，那么它必定为一个单元集，此时用 $suc_<(m, h)$ 表示这个元素，并称它为 m 在 h 中的直接 $<$-后继。当不会引起误解时，我们把 $pred_<(m), suc_<(m)$ 和 $suc_<(m, h)$ 分别简写为

$pred(m), suc(m)$ 和 $suc(m,h)$。

对于树状框架，下面是之后将会涉及的两个限制条件，其中 $<\restriction h$ 表示关系 $<$ 限制到集合 h 上的关系。

定义 1.3 令 $\mathfrak{T} = \langle T, < \rangle$ 为一个树状框架且 H 为 $\mathfrak{T}$ 中所有历史构成的集合。

子 $\mathbb{Z}$-型性　对任意 $h \in H$，$\langle h, <\restriction h \rangle$ 可以同构嵌入 $\langle \mathbb{Z}, < \rangle^2$；

$\mathbb{Z}$-型性　　对任意 $h \in H$，$\langle h, <\restriction h \rangle$ 同构于 $\langle \mathbb{Z}, < \rangle$。

下面引入一种用于表达非决定论框架的形式语言。该语言在经典命题逻辑的基础上，添加了新的时态算子和历史必然算子。具体而言，我们将引入以下算子：

- 一元时态算子 X 和 Y；

- 二元时态算子 U 和 S；

- 历史必然算子 $\square$。

这些算子形成公式的直观意义如下：

- $X\phi$：ϕ 在下一刻成立；

- $Y\phi$：ϕ 在上一刻成立；

- $U(\phi, \psi)$：ϕ 在将来某个时刻为真，并且从现在到那时 ψ 都为真；

- $S(\phi, \psi)$：ϕ 在过去某个时刻为真，并且从那时到现在 ψ 都为真；

- $\square\phi$：不论将来怎么样，ϕ 在当下时刻都成立。

接下来，我们为这些算子提供严格的语义解释，为此先要引入树状模型的概念。

2　$\mathbb{Z}$ 表示整数集且 $<$ 表示 $\mathbb{Z}$ 上的小于关系。

定义 1.4 一个树状模型是一个有序对 $\langle \mathfrak{T}, V \rangle$，其中 $\mathfrak{T}$ 是一个树状框架且 V 是 $\mathfrak{T}$ 上赋值函数，它把每个原子命题映射到 $pairs(\mathfrak{T})$ 的一个子集。

定义 1.5 令 $\mathfrak{M} = \langle T, <, V \rangle$ 为树状模型且 $m/h \in pairs(\langle T, < \rangle)$。

$$\mathfrak{M}, m/h \vDash X\phi \quad \text{当且仅当} \quad \mathfrak{M}, suc(m,h)/h \vDash \phi;$$

$$\mathfrak{M}, m/h \vDash Y\phi \quad \text{当且仅当} \quad \mathfrak{M}, pred(m)/h \vDash \phi;$$

$$\mathfrak{M}, m/h \vDash S(\phi, \psi) \quad \text{当且仅当} \quad \text{存在 } m' < m \text{ 使得 } \mathfrak{M}, m'/h \vDash \phi$$
$$\text{且对所有 } m'', \text{ 如果 } m' < m'' \text{ 且}$$
$$m'' < m, \text{ 那么 } \mathfrak{M}, m''/h \vDash \psi;$$

$$\mathfrak{M}, m/h \vDash U(\phi, \psi) \quad \text{当且仅当} \quad \text{存在 } m' > m \text{ 使得 } \mathfrak{M}, m'/h \vDash \phi$$
$$\text{且对所有 } m'', \text{ 如果 } m < m'' \text{ 且}$$
$$m'' < m', \text{ 那么 } \mathfrak{M}, m''/h \vDash \psi;$$

$$\mathfrak{M}, m/h \vDash \Box\phi \quad \text{当且仅当} \quad \text{对所有 } h' \in H_m, \mathfrak{M}, m/h' \vDash \phi.$$

最后，为了定义 ASTIT 算子，贝尔纳普和他的合作者们在树状框架上添加瞬间 (instants) 来表示不同历史之间的同时关系 [4, 5]。

定义 1.6 一个同步树状框架是一个三元组 $\langle T, <, I \rangle$，其中 $\langle T, < \rangle$ 为树状框架且 I 是 $\mathfrak{T}$ 中的瞬间集，它是 T 的一个划分并满足以下条件的：

(1) 对任意 $i \in I$ 和任意历史 h，$i \cap h$ 是一个单元集；

(2) 对任意 $i_1, i_2 \in I$ 和任意历史 h_1, h_2，如果 $m_{i_1,h_1} < m_{i_2,h_1}$，那么 $m_{i_1,h_2} < m_{i_2,h_2}$，其中 $m_{i,h}$ 表示 $i \cap h$ 中唯一的元素。

令 $\mathfrak{T} = \langle T, <, I \rangle$ 为同步树状框架。I 中元素被称为瞬间，并通常用 $i, i', \ldots$ 等表示；对任意 $m \in T$，i_m 是 I 中包含 m 的那个瞬间；对任意历史 h 和任意 $i \in I$，$m_{i,h}$ 表示 $i \cap h$ 中唯一的那个元素。最后，之前有

关树状框架上的概念和条件，比如历史、对子等，可以被直接推广到同步树状框架之上。

定义 1.7 一个同步树状模型是一个有序对 $\langle \mathfrak{T}, V \rangle$，其中 $\mathfrak{T}$ 是一个同步树状框架且 V 是 $\mathfrak{T}$ 上赋值函数，它把每个原子命题映射到 $pairs(\mathfrak{T})$ 的一个子集。

在引入了瞬间概念表示了不同历史之间的同时关系后，可以很自然地引入一个新的同时算子 $\Box_s$，其形成公式的直观意义如下：

- $\Box_s \phi$：ϕ 在所有历史中与当下同时的时刻成立。

定义 1.8 令 $\mathfrak{M} = \langle T, <, I, V \rangle$ 为同步树状模型且 $m/h \in pairs(\langle T, < \rangle)$。

$$\mathfrak{M}, m/h \vDash \Box_s \phi \quad \text{当且仅当} \quad \text{对任意 } m' \in i_m \text{ 和任意 } h' \in H_{m'},$$
$$\mathfrak{M}, m'/h' \vDash \phi。$$

1.2　STIT 框架

STIT 逻辑的核心算子是 STIT 算子，它们形成 STIT 公式 $[a\,\mathrm{STIT}]\phi$，其直观意义是，主体 a 的选择（或行动[3]）使得 ϕ 成立。解释这些算子需要引入 STIT 框架，它们在树状框架的基础上增加主体选择函数来表示主体的选择。

之前提到，树状框架沿过去方向没有分支，表示过去是唯一的，而沿将来方向可能有分支，表示未来可能是不确定的。主体的不同选择可以导致世界的不同走向，但因为自然因素的存在，任何一个主体的选择，甚至所有主体的选择，都未必能决定世界下一步走向的所有细节。基于这种直观，STIT 理论把主体 a 在树状框架中时刻 m 的所有选择，表示为包含 m 的历史集 H_m 的一个划分 $Choice_a^m$ [7]。这个划分中的每个元素都代表主体 a 在时刻 m 的一个选择，比如，在历史 h 中时刻 m 主体 a 所做的

3　在 STIT 逻辑领域，选择和行动两个概念通常表达相同的意义，可以交换使用。

选择为划分 $Choice_a^m$ 中包含历史 h 的元 $Choice_a^m(h)$。通过主体 a 的这个选择，世界未来可能的发展则被限制在历史集 $Choice_a^m(h)$ 中，不管其他主体做什么，发生什么事件，主体 a 在时刻 m 做的这个选择使得未来被实现的历史一定属于 $Choice_a^m(h)$。STIT 理论正是采用这种限制世界走向到特定历史集中的方法来体现主体选择对世界发展的影响。

尽管 STIT 理论通常采用划分来表示主体的选择，但这里采用等价关系来表示，等价关系的表示方式更接近标准的可能世界语义学，由此便于之后采用模态逻辑领域中的技术。本书采用 Agt 表示主体全集，它是一个非空且有穷的集合，其中元素被称作主体，并用 $a, b, c, ...$ 表示；由主体构成的集合被称作团体，并用 $A, B, C, ...$ 表示。下面我们在树状框架的基础上引入主体选择函数，它对树状框架中每个时刻 m 和每个团体 A 赋予 H_m 上的一个等价关系 $\simeq_A^m$。直观上看，如果 $h \simeq_A^m h'$，那么团体 A 则无法决定世界最终是沿着 h 还是 h' 发展；若并非 $h \simeq_A^m h'$，那么团体 A 则可以通过它的选择决定世界最终是沿着 h 还是 h' 发展。

定义 1.9 对任意树状框架 $\mathfrak{T} = \langle T, < \rangle$，基于它的主体选择函数是一个定义在 $(\mathcal{P}(Agt) - \varnothing) \times T$ 上的函数 $\simeq$ 且满足以下条件，其中 $\simeq_A^m$ 是 $\simeq(A, m)$ 的简写：

(1) 对所有非空的 $A \subseteq Agt$ 和所有 $m \in T$，$\simeq_A^m$ 是 H_m 上的等价关系；

(2) 对所有非空的 $A, B \subseteq Agt$ 和所有 $m \in T$，如果 $A \subseteq B$，那么 $\simeq_B^m \subseteq \simeq_A^m$；

(3) 对所有非空的 $A, B \subseteq Agt$，所有 $m \in T$ 和所有 $h, h' \in H_m$，如果 $A \cap B = \varnothing$，那么存在 $h'' \in H_m$ 使得 $h \simeq_A^m h''$ 并且 $h' \simeq_B^m h''$；

(4) 对所有非空的 $A \subseteq Agt$ 和所有 $m, m' \in T$，如果 $m < m'$，那么对任意 $h, h' \in H_{m'}$，$h \simeq_A^m h'$。

对于任意同步树状框架 $\mathfrak{T} = \langle T, <, I \rangle$，基于它的主体选择函数是它底部树状框架 $\langle T, < \rangle$ 上的选择函数。

上述定义中 (2) 被称为单调性，它表达团体选择影响力是随着团体增大而递增的[4]。上述定义中 (3) 被称为主体的独立性 (independence of agents)，它表达对任意相交为空的团体，它们之间的选择是相互独立的，这意味着选择函数刻画的是主体的自由选择。上述定义中 (4) 被称为未分支历史间不存在选择 (no choice between undivided histories)，它表达主体的选择只能区分当下已分支的历史。

定义 1.10 一个 *STIT* 框架 $\mathfrak{F}$ 是一个有序对 $\langle \mathfrak{T}, \simeq \rangle$，其中 $\mathfrak{T}$ 是它基于的树状框架，并且 $\simeq$ 是 $\mathfrak{T}$ 上的主体选择函数。一个 *STIT* 模型是一个有序对 $\langle \mathfrak{F}, V \rangle$，其中 $\mathfrak{F}$ 是 STIT 框架且 V 是 $\mathfrak{F}$ 上赋值函数，它把每个原子命题映射到 $pairs(\mathfrak{F})$ 的一个子集。

相应地，一个同步 *STIT* 框架 $\mathfrak{F}$ 是一个有序对 $\langle \mathfrak{T}, \simeq \rangle$，其中 $\mathfrak{T}$ 是同步树状框架，并且 $\simeq$ 是 $\mathfrak{T}$ 上的选择函数。一个同步 *STIT* 模型是一个有序对 $\langle \mathfrak{F}, V \rangle$，其中 $\mathfrak{F}$ 是同步 STIT 框架且 V 是 $\mathfrak{F}$ 上赋值函数，它把每个原子命题映射到 $pairs(\mathfrak{F})$ 的一个子集。

注意，由于 STIT 框架和 STIT 模型都是基于树状框架的，之前相对于树状框架的概念可以直接推广到它们之上，比如，STIT 框架中的对子是其基于的树状框架中的对子，STIT 框架中的历史是其基于的树状框架中的历史，以此类推。对于同步 STIT 框架和同步 STIT 模型也是如此。

在 STIT 逻辑领域，存在多种 STIT 算子 [55]，它们分别是 ASTIT[6, 7], BSTIT[14, 15], CSTIT [22], DSTIT [25] 和 XSTIT[10, 11, 12]。本书分别采用符号 $[A]_a$, $[A]_b$, $[A]_c$, $[A]_d$ 和 $[A]_x$ 表示这些算子，其中 $\emptyset \neq A \subseteq Agt$。若 $A = \{a\}$ 是一个单元集，那么它们则被简写为 $[a]_a$, $[a]_b$, $[a]_c$, $[a]_d$ 和 $[a]_x$，

4　这里采用了 [10] 和 [11] 引入的单调性，仅要求如果团体越大，那么它的能力越强。在探讨团体选择时，还存在另一个更强的可加性条件：对所有非空的 $A \subseteq Agt$ 和所有 $m \in T$，$\simeq_A^m = \bigcap_{a \in A} \simeq_a^m$。在 [31] 中，作者证明了在可加性的要求下，如果 Agt 的数量大于 2，那么包含团体 CSTIT 算子的逻辑是既不可判定又不可穷公理化的。

并称它们为个体 STIT 算子。

通常，对 STIT 逻辑的探讨更加关注个体 STIT 算子，并将个体 STIT 算子简称为 STIT 算子，而把 $[A]_a, [A]_b, [A]_c, [A]_d$ 和 $[A]_x$ 称作团体 STIT 算子。本书采用的术语稍有不同，因为我们主要探讨更为一般的团体 STIT 算子，所以为了表达的简洁性，把团体 STIT 算子简称为 STIT 算子，而对于个体 STIT 算子则不采用简称。下面我们给出团体 STIT 算子形成公式的直观意义：

- $[A]_a\phi$：团体 A 过去的某个选择使得 ϕ 在当下成立。

- $[A]_b\phi$：团体 A 当下存在某个选择，在该选择下 ϕ 在当下成立。

- $[A]_c\phi$：在团体 A 当下的选择下，ϕ 在当下成立。

- $[A]_d\phi$：团体 A 当下的选择使得 ϕ 在当下成立。

- $[A]_x\phi$：在团体 A 当下选择后的下一刻，ϕ 成立。

接下来，我们给出这些 STIT 算子形成公式的真值条件。需要注意的是，由于 ASTIT 公式涉及不同历史之间的同步性，其解释只能基于同步 STIT 模型进行定义，而其他 STIT 公式则可直接相对于 STIT 模型加以定义。

定义 1.11 令 $\mathfrak{M} = \langle T, <, \simeq, V \rangle$ 为 STIT 模型且 $m/h \in pairs(\mathfrak{M})$。

$\mathfrak{M}, m/h \vDash [A]_b\phi$ 当且仅当 存在 $h' \in H_m$ 使得对任意 $h'' \simeq_A^m h'$，

$\qquad\qquad\qquad\qquad\qquad \mathfrak{M}, m/h'' \vDash \phi$；

$\mathfrak{M}, m/h \vDash [A]_c\phi$ 当且仅当 对所有 $h' \simeq_A^m h$，$\mathfrak{M}, m/h' \vDash \phi$；

$\mathfrak{M}, m/h \vDash [A]_d\phi$ 当且仅当 对所有 $h' \simeq_A^m h$，$\mathfrak{M}, m/h' \vDash \phi$，

$\qquad\qquad\qquad\qquad\qquad$ 且存在 $h'' \in H_m$，$\mathfrak{M}, m/h'' \nvDash \phi$；

$\mathfrak{M}, m/h \vDash [A]_x\phi$ 当且仅当 对所有 $h' \simeq_A^m h$，$\mathfrak{M}, suc(m, h')/h' \vDash \phi$。

由于 ASTIT 算子的语义解释较为复杂，下面先引入一个辅助的术语。

定义 1.12 令 $\mathfrak{F} = \langle T, <, I, \simeq \rangle$ 为同步 STIT 框架且 H 为 $\mathfrak{F}$ 中所有历史构成的集合。对任意 $w, m, m' \in T$ 和任意非空的 $A \subseteq Agt$，m 和 m' 在 w 对于 A 是选择等价的（表示为 $m \simeq_A^w m'$）当且仅当存在 $h, h' \in H$ 和 $i \in I$ 使得 $h \simeq_A^w h'$，$w < m$，$w < m'$，$i \cap h = \{m\}$ 且 $i \cap h' = \{m'\}$。

定义 1.13 令 $\mathfrak{M} = \langle T, <, I, \simeq, V \rangle$ 为同步 STIT 模型且 $m/h \in pairs(\mathfrak{M})$。

$\mathfrak{M}, m/h \vDash [A]_a \phi$ 当且仅当　存在 $w < m$ 使得

  (i) 对任意 $m' \in T$ 和任意 $h' \in H_{m'}$，

　　如果 $m \simeq_A^w m'$，那么 $\mathfrak{M}, m'/h' \vDash \phi$；

  (ii) 存在 $m'' \in i_m$ 和 $h'' \in H_{m''}$ 使得

　　$w < m''$ 且 $\mathfrak{M}, m''/h'' \nvDash \phi$。

为了帮助读者理解上述 ASTIT 算子的语义解释，我们给出两个具体的例子，请见图 1.1 和 1.2，其中两个相连矩形代表由 $\simeq_A^w$ 决定的 H_w 的划分。易见，在图 1.1 这个例子中，A 在 w 的选择使得上述语义解释中 (i) 和 (ii) 成立，所以 $\mathfrak{M}, m/h \vDash [A]\phi$，但在图 1.2 这个例子中，$\neg\phi$ 在 m' 成立，从而导致上述语义解释中 (i) 为假，故有 $\mathfrak{M}, m/h \nvDash [A]\phi$。

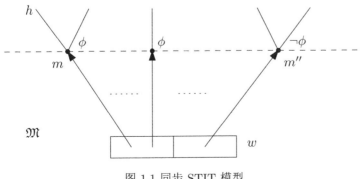

图 1.1 同步 STIT 模型

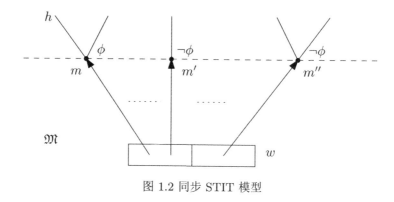

图 1.2 同步 STIT 模型

1.3 STIT 算子间的逻辑关系

对于上一节中定义的多种 STIT 算子，它们的语义有较多相似之处，特别是 BSTIT, CSTIT, DSTIT 和 XSTIT 算子。这节探讨 STIT 算子间的逻辑关系，并确定表达力充分的算子作为初始算子。

对于 CSTIT 和 DSTIT 算子，根据它们的语义易见：

$$[A]_d\phi \leftrightarrow [A]_c\phi \wedge \neg\Box\phi,$$

$$[A]_c\phi \leftrightarrow [A]_d\phi \vee \Box\phi。$$

所以在语言中包含历史必然算子 $\Box$ 时，CSTIT 和 DSTIT 算子可以相互定义。对于 BSTIT 和 CSTIT 算子，根据它们的语义易见：

$$[A]_b\phi \leftrightarrow \neg\Box\neg[A]_c\phi。$$

所以在语言中包含历史必然算子 $\Box$ 时，BSTIT 算子可以被 CSTIT 和 DSTIT 算子分别定义。对于 XSTIT 和 CSTIT 算子，根据它们的语义易见：

$$[A]_x\phi \leftrightarrow [A]_cX\phi。$$

所以在语言中包含时态算子 X 时，XSTIT 算子可以被 CSTIT 算子定

义；当语言包含时态算子 X 和历史必然算子 □ 时，XSTIT 算子可以被
CSTIT 和 DSTIT 算子分别定义。

鉴于 BSTIT, CSTIT, DSTIT 和 XSTIT 算子之间存在上文描述的逻辑关系，从表达力的角度来看，我们可以选择 CSTIT 或 DSTIT 算子作为初始算子，而把其他 STIT 算子作为简写引入。本书选择 CSTIT 算子作为初始算子，因为 CSTIT 算子的语义相比 DSTIT 算子技术上更为简单。根据 CSTIT 算子的定义可知，它们是模态逻辑中的 $S5$ 算子，从而满足下列原则：

K: $[A]_c(\phi \to \psi) \to ([A]_c\phi \to [A]_c\psi)$,

N: $[A]_c\top$,

T: $[A]_c\phi \to \phi$,

4:      $[A]_c\phi \to [A]_c[A]_c\phi$,

5:      $\neg[A]_c\phi \to [A]_c\neg[A]_c\phi$,

B: $\phi \to [A]_c\neg[A]_c\neg\phi$。

最后，ASTIT 算子的语义较为特殊，与其他 STIT 算子之间都没有可定义的关系，需要作为初始算子引入。对于 ASTIT 算子，上述原则中只有 T 和 4 仍然成立，因为 K 和 N 都不成立，所以它们并非正规模态算子。另外，ASTIT 算子不仅不满足 N，反而满足

¬N: $\neg[A]_a\top$,

尽管 ASTIT 算子不满足 K 原则，但却满足比它弱的

C: $[A]_a\phi \wedge [A]_a\psi \to [A]_a(\phi \wedge \psi)$。

第二章　CSTIT 逻辑

本章证明 CSTIT 逻辑 **Lc** 的可判定性，**Lc** 的对象语言 $\mathscr{L}_c$ 包含 CSTIT 算子和历史必然算子，但不包含时态算子。逻辑 **Lc** 是在所有 STIT 框架上有效的 $\mathscr{L}_c$-公式构成的集合。本章可判定性的证明主要分为两步：第一步引入 $\mathscr{L}_c$ 的克里普克语义学，并证明它与基于树状框架的 STIT 标准语义学等价；第二步采用生成子模型和滤模型的方法，证明 **Lc** 相对于克里普克语义学具有强有穷框架性，从而得出 **Lc** 的可判定性。

本章的第一节介绍 $\mathscr{L}_c$ 的基本语法、标准语义学和克里普克语义学。第二节证明这两种语义学的等价性。最后，第三节证明 **Lc** 的可判定性。

2.1　语法与语义

2.1.1　语法

令 Agt 为有穷且非空的主体集合。本章的对象语言 $\mathscr{L}_c$ 包括可数无穷的命题变元集 Atm、真值函数联结词 $\neg$ 和 $\wedge$、历史必然算子 $\Box$，以及对每个非空的 $A \subseteq Agt$，CSTIT 算子 $[A]_c$。该语言中的合法公式称为 $\mathscr{L}_c$-公式，它们由下列巴科斯范式定义：

$$\phi ::= p \mid \neg\phi \mid \phi \wedge \phi \mid \Box\phi \mid [A]_c\phi,$$

其中 $p \in Atm$ 并且 $\varnothing \neq A \subseteq Agt$。

本章只涉及 CSTIT 算子和 $\mathscr{L}_c$-公式，出于简洁性的考虑，在本章中，$[A]_c$ 被简写为 $[A]$ 且 $\mathscr{L}_c$-公式被简称为公式。

2.1.2 标准语义

CSTIT 的标准语义学采用基于树状框架的 STIT 框架和模型，这两者在上一章已定义。下面直接给出满足关系的递归定义。

定义 2.1 令 $\mathfrak{M} = \langle T, <, \simeq, V \rangle$ 为 STIT 模型，$m/h \in pairs(\mathfrak{M})$ 且 ϕ 为任意公式。递归定义 ϕ 在模型 $\mathfrak{M}$ 中 m/h 上满足（或为真）如下：

$$\mathfrak{M}, m/h \vDash p \quad \text{当且仅当} \quad m/h \in V(p);$$

$$\mathfrak{M}, m/h \vDash \neg\psi \quad \text{当且仅当} \quad \mathfrak{M}, m/h \nvDash \psi;$$

$$\mathfrak{M}, m/h \vDash \psi \wedge \chi \quad \text{当且仅当} \quad \mathfrak{M}, m/h \vDash \psi \text{ 且 } \mathfrak{M}, m/h \vDash \chi;$$

$$\mathfrak{M}, m/h \vDash \Box\psi \quad \text{当且仅当} \quad \text{对所有 } h' \in H_m, \mathfrak{M}, m/h' \vDash \psi;$$

$$\mathfrak{M}, m/h \vDash [A]\psi \quad \text{当且仅当} \quad \text{对所有 } h' \simeq_A^m h, \mathfrak{M}, m/h' \vDash \psi。$$

令 ϕ 为任意公式。ϕ 在 $\mathfrak{M}$ 上为真（表示为 $\mathfrak{M} \vDash \phi$）当且仅当对任意 $m/h \in pairs(\mathfrak{M})$，$\mathfrak{M}, m/h \vDash \phi$；$\phi$ 在 $\mathfrak{M}$ 中可满足当且仅当存在 $m/h \in pairs(\mathfrak{M})$ 使得 $\mathfrak{M}, m/h \vDash \phi$。对任意 STIT 框架 $\mathfrak{F}$，ϕ 在 $\mathfrak{F}$ 上有效（表示为 $\mathfrak{F} \vDash \phi$）当且仅当对任意的 STIT 模型 $\mathfrak{M} = \langle \mathfrak{F}, V \rangle$，$\mathfrak{M} \vDash \phi$；$\phi$ 在 $\mathfrak{F}$ 中可满足当且仅当存在 STIT 模型 $\mathfrak{M} = \langle \mathfrak{F}, V \rangle$ 使得 ϕ 在 $\mathfrak{M}$ 中可满足。对任意 STIT 框架类 $\mathcal{C}$，ϕ 在 $\mathcal{C}$ 上有效当且仅当 ϕ 在 $\mathcal{C}$ 中的每个 $\mathfrak{F}$ 上都有效；ϕ 在 $\mathcal{C}$ 中可满足当且仅当 ϕ 在 $\mathcal{C}$ 中的某个 $\mathfrak{F}$ 中可满足。

本章考虑的 CSTIT 逻辑 **Lc** 是在所有 STIT 框架上都有效的公式构成的集合。

定义 2.2 Lc $= \{\phi : \forall \mathfrak{F} \in \mathcal{C}_s, \mathfrak{F} \vDash \phi\}$，其中 $\mathcal{C}_s$ 为所有 STIT 框架构成的类。

2.1.3　克里普克语义

本小节引入 CSTIT 逻辑的克里普克语义学。首先，我们定义 $\mathscr{L}_c$-克里普克框架，其中关系 $\sim$ 解释历史必然算子 $\Box$，而关系 $\simeq_A$ 解释 STIT 算子 $[A]$。尽管树状框架中存在时刻之间的先后关系，但由于语言 $\mathscr{L}_c$ 不包含任何时态算子，所以 $\mathscr{L}_c$-克里普克框架中无需表示时刻顺序的关系。这种设计使得 $\mathscr{L}_c$-克里普克框架在结构上更为简洁，同时又保留了 STIT 框架的核心特性。

定义 2.3 一个 $\mathscr{L}_c$-克里普克框架 $\mathfrak{F}$ 是一个有序组

$$\langle W, \sim, \{\simeq_A\}_{\varnothing \neq A \subseteq Agt} \rangle,$$

其中 W 是一个非空的集合，称为 $\mathfrak{F}$ 的论域并用 $dom(\mathfrak{F})$ 表示，$\sim$ 和 $\simeq_A$ 是 W 上的等价关系并满足下列条件：

(1) 对所有非空的 $A \subseteq Agt$，$\simeq_A \subseteq \sim$；

(2) 对所有非空的 $A, B \subseteq Agt$，如果 $A \subseteq B$，那么 $\simeq_B \subseteq \simeq_A$；

(3) 对所有非空的 $A, B \subseteq Agt$ 和所有 $w, u \in W$，如果 $A \cap B = \varnothing$ 且 $w \sim u$，那么存在 $v \in W$ 使得 $w \simeq_A v$ 且 $u \simeq_B v$。

一个 $\mathscr{L}_c$-克里普克模型是一个有序对 $\langle \mathfrak{F}, V \rangle$，其中 $\mathfrak{F}$ 是 $\mathscr{L}_c$-克里普克框架而 V 是 $\mathfrak{F}$ 上的赋值函数，它把每个 $p \in Atm$ 映射到 $dom(\mathfrak{F})$ 的一个子集。

上述条件 (1)、(2) 和 (3) 分别对应于定义 1.9 中 STIT 框架中主体选择函数的条件 (1)、(2) 和 (3)。然而，由于 $\mathscr{L}_c$-克里普克框架中没有表示时刻间的先后关系，因此这里没有对应于定义 1.9 中的条件 (4)，即未分支历史间不存在选择。

接下来，我们给出公式相对于 $\mathscr{L}_c$-克里普克模型满足的递归定义。

定义 2.4 令 $\mathfrak{M} = \langle \mathfrak{F}, V \rangle$ 为 $\mathscr{L}_c$-克里普克模型，$w \in dom(\mathfrak{M})$ 且 ϕ 为任意公式。递归定义 ϕ 在模型 $\mathfrak{M}$ 中 w 上满足（或为真）如下：

$$\mathfrak{M}, w \vDash p \quad \text{当且仅当} \quad w \in V(p);$$

$$\mathfrak{M}, w \vDash \neg\psi \quad \text{当且仅当} \quad \mathfrak{M}, w \nvDash \psi;$$

$$\mathfrak{M}, w \vDash \psi \wedge \chi \quad \text{当且仅当} \quad \mathfrak{M}, w \vDash \psi \text{ 且 } \mathfrak{M}, w \vDash \chi;$$

$$\mathfrak{M}, w \vDash \Box\psi \quad \text{当且仅当} \quad \text{对所有 } u \sim w, \mathfrak{M}, u \vDash \psi;$$

$$\mathfrak{M}, w \vDash [A]\psi \quad \text{当且仅当} \quad \text{对所有 } u \simeq_A w, \mathfrak{M}, u \vDash \psi。$$

令 ϕ 为任意公式。ϕ 在 $\mathfrak{M}$ 上为真（表示为 $\mathfrak{M} \vDash \phi$）当且仅当对任意 $w \in dom(\mathfrak{M})$，$\mathfrak{M}, w \vDash \phi$；$\phi$ 在 $\mathfrak{M}$ 中可满足当且仅当存在 $w \in dom(\mathfrak{M})$ 使得 $\mathfrak{M}, w \vDash \phi$。对任意 $\mathscr{L}_c$-克里普克框架 $\mathfrak{F}$，ϕ 在 $\mathfrak{F}$ 上有效（表示为 $\mathfrak{F} \vDash \phi$）当且仅当对任意的 $\mathscr{L}_c$-克里普克模型 $\mathfrak{M} = \langle \mathfrak{F}, V \rangle$，$\mathfrak{M} \vDash \phi$；$\phi$ 在 $\mathfrak{F}$ 中可满足当且仅当存在 $\mathscr{L}_c$-克里普克模型 $\mathfrak{M} = \langle \mathfrak{F}, V \rangle$ 使得 ϕ 在 $\mathfrak{M}$ 中可满足。对任意 $\mathscr{L}_c$-克里普克框架类 $\mathcal{C}$，ϕ 在 $\mathcal{C}$ 上有效当且仅当 ϕ 在 $\mathcal{C}$ 中的每个 $\mathfrak{F}$ 上都有效；ϕ 在 $\mathcal{C}$ 中可满足当且仅当 ϕ 在 $\mathcal{C}$ 中的某个 $\mathfrak{F}$ 中可满足。

2.2　两种语义的等价性

本节证明 STIT 标准语义学和克里普克语义学是等价的，即它们确定相同的有效公式集。为此，我们证明一个公式在 STIT 框架类中可满足当且仅当它在 $\mathscr{L}_c$-克里普克框架类中可满足。

下面先证明如果一个公式 ϕ 在 STIT 框架类中可满足，那么 ϕ 在 $\mathscr{L}_c$-克里普克框架类中可满足。为此，这里定义一个从 STIT 模型到 $\mathscr{L}_c$-克里普克模型的保值转换。

对任意 STIT 模型 $\mathfrak{M} = \langle T, <, \simeq, V \rangle$ 和任意 $m \in T$，令

$$\mathcal{T}_m(\mathfrak{M}) = \langle W, \sim, \{\simeq_A\}_{\varnothing \neq A \subseteq Agt}, V' \rangle,$$

其中

- $W = H_m$；

- $\sim = W \times W$；

- 对每个非空 $A \subseteq Agt$，$\simeq_A = \simeq_A^m$；

- 对任意 $p \in Atm$，$V'(p) = \{h : m/h \in V(p)\}$。

易见，$\mathcal{T}_m(\mathfrak{M})$ 是一个 $\mathscr{L}_c$-克里普克模型。下面引理说，在这个转换下，公式的值是保持的。

引理 2.5 对任意公式 ϕ 和任意 $h \in H_m$，$\mathfrak{M}, m/h \vDash \phi$ 当且仅当 $\mathcal{T}_m(\mathfrak{M}), h \vDash \phi$。

证明 该证明在公式 ϕ 的复杂度上做归纳，这里略去真值联结词和原子公式的情况：

令 $\phi = \Box\psi$。$\mathfrak{M}, m/h \vDash \Box\psi$ 当且仅当对任意 $h' \in H_m$，$\mathfrak{M}, m/h' \vDash \psi$，根据归纳假设和 $\sim$ 的定义，当且仅当对任意 $h' \sim h$，$\mathcal{T}_m(\mathfrak{M}), h' \vDash \psi$ 当且仅当 $\mathcal{T}_m(\mathfrak{M}), h \vDash \Box\psi$。

令 $\phi = [A]\psi$。$\mathfrak{M}, m/h \vDash [A]\psi$ 当且仅当对任意 $h' \simeq_A^m h$，$\mathfrak{M}, m/h' \vDash \psi$，根据归纳假设和 $\simeq_A$ 的定义，当且仅当对任意 $h' \simeq_A h$，$\mathcal{T}_m(\mathfrak{M}), h' \vDash \psi$ 当且仅当 $\mathcal{T}_m(\mathfrak{M}), h \vDash [A]\psi$。 □

命题 2.6 对任意公式 ϕ，如果 ϕ 在一个 STIT 模型中可满足，那么 ϕ 在一个 $\mathscr{L}_c$-克里普克模型中可满足。

证明 如果 ϕ 在一个 STIT 模型 $\mathfrak{M}$ 中可满足，那么存在 $m/h \in pairs(\mathfrak{M})$ 使得 $\mathfrak{M}, m/h \vDash \phi$，从而根据引理 2.5，$\mathcal{T}_m(\mathfrak{M}), h \vDash \phi$，故 ϕ 在 $\mathscr{L}_c$-克里普克模型 $\mathcal{T}_m(\mathfrak{M})$ 中可满足。 □

下面证明上述命题的另一个方向，为此，我们定义从 $\mathscr{L}_c$-克里普克模型到 STIT 模型的保值转换。

对任意 $\mathscr{L}_c$-克里普克模型 $\mathfrak{M} = \langle W, \sim, \{\simeq_A\}_{\emptyset \neq A \subseteq Agt}, V\rangle$ 和任意 $w \in W$，令

$$\mathcal{T}_w'(\mathfrak{M}) = \langle T, <, \simeq, V'\rangle,$$

其中

- $T = \{m\} \cup \{u : w \sim u\}^1$；

- $< = \{\langle m, u\rangle : w \sim u\}$；

- 对任意非空 $A \subseteq Agt$，$\simeq_A^m = \{\langle h_u, h_v\rangle : u \simeq_A v\}$ 且对任意 $u \sim w$，$\simeq_A^u = \{h_u\}$，这里 $h_u = \{u' \in T : u' \leqslant u\} = \{r, u\}$，即以 u 为终点的历史；

- 对任意 $p \in Atm$，$V'(p) = \{m/h_u : u \in V(p) \wedge w \sim u\}$。

易见，$\mathcal{T}_w'(\mathfrak{M})$ 是一个 STIT 模型且 m 是该模型的根。下面引理说这个转换对公式的值是保持的。

引理 2.7 对任意公式 ϕ 和任意 $u \in W$ 满足 $w \sim u$，$\mathfrak{M}, u \vDash \phi$ 当且仅当 $\mathcal{T}_w'(\mathfrak{M}), m/h_u \vDash \phi$。

证明 类似于引理 2.5，在公式 ϕ 的复杂度上做归纳即可证明。 □

命题 2.8 对任意公式 ϕ，如果 ϕ 在一个 $\mathscr{L}_c$-克里普克模型中可满足，那么 ϕ 在一个 STIT 模型中可满足。

证明 如果 ϕ 在一个 $\mathscr{L}_c$-克里普克模型 $\mathfrak{M}$ 中可满足，那么存在 $w \in dom(\mathfrak{M})$ 使得 $\mathfrak{M}, w \vDash \phi$，从而根据引理 2.7，$\mathcal{T}_w'(\mathfrak{M}), m/h_w \vDash \phi$，故 ϕ 在 STIT 模型 $\mathcal{T}_w'(\mathfrak{M})$ 中可满足。 □

最后，我们证明本节中最重要的语义等价性定理。

1　这里预设 m 是一个新的元素，不同于 W 中的任何元素。

定理 2.9 $\mathbf{Lc} = \{\phi : \forall \mathfrak{F} \in \mathcal{C}_k, \mathfrak{F} \vDash \phi\}$，其中 $\mathcal{C}_k$ 为所有 $\mathscr{L}_c$-克里普克框架构成的类。

证明 令 ϕ 为任意公式。如果 $\phi \notin \mathbf{Lc}$，那么存在一个 STIT 框架 $\mathfrak{F}$ 使得 $\mathfrak{F} \nvDash \phi$，从而存在 STIT 模型 $\mathfrak{M} = \langle \mathfrak{F}, V \rangle$ 使得 $\neg\phi$ 在 $\mathfrak{M}$ 中可满足；进而根据命题 2.6，存在 $\mathscr{L}_c$-克里普克模型 $\mathfrak{M}' = \langle \mathfrak{F}', V' \rangle$ 满足 $\neg\phi$，即存在 $w \in dom(\mathfrak{M}')$ 使得 $\mathfrak{M}', w \nvDash \phi$，那么 $\mathfrak{F}' \in \mathcal{C}_k$ 且 $\mathfrak{F}' \nvDash \phi$，因此 $\phi \notin \{\phi : \forall \mathfrak{F} \in \mathcal{C}_k, \mathfrak{F} \vDash \phi\}$。

如果 $\phi \notin \{\phi : \forall \mathfrak{F} \in \mathcal{C}_k, \mathfrak{F} \vDash \phi\}$，那么存在一个 $\mathscr{L}_c$-克里普克框架 $\mathfrak{F}$ 使得 $\mathfrak{F} \nvDash \phi$，从而存在 $\mathscr{L}_c$-克里普克模型 $\mathfrak{M} = \langle \mathfrak{F}, V \rangle$ 使得 $\neg\phi$ 在 $\mathfrak{M}$ 中可满足；进而根据命题 2.8，存在 STIT 模型 $\mathfrak{M}' = \langle \mathfrak{F}', V' \rangle$ 满足 $\neg\phi$，即存在 $m/h \in pairs(\mathfrak{M}')$ 使得 $\mathfrak{M}', m/h \nvDash \phi$，那么 $\mathfrak{F}'$ 是 STIT 框架且 $\mathfrak{F}' \nvDash \phi$，因此 $\phi \notin \mathbf{Lc}$。 □

2.3 可判定性

基于克里普克语义与传统树状框架语义的等价性，本节将直接采用克里普克模型来探讨可判定性问题，以方便使用模态逻辑中的技术。接下来，将使用生成子模型和滤模型相结合的方法证明 **Lc** 相对于克里普克语义具有强有穷框架性，从而得出 **Lc** 的可判定性。

2.3.1 子框架与子模型

令 W 为任意非空集合且 R 为 W 上任意二元关系。对任意自然数 $n > 0$，$wR^n u$ 当且仅当存在序列 $\langle w_0, \ldots, w_n \rangle$ 满足 $w = w_0, w_n = u$，并且对每个 $0 \leqslant i < n$，$w_i R w_{i+1}$；注意，我们把 $wR^0 u$ 理解为 $w = u$；R 的传递闭包是 $\bigcup_{n>0} R^n$。对任意 $U \subseteq W$，U 相对于 W 在 R 下封闭当且仅当对任意 $u \in U$ 和任意 $w \in W$，如果 uRw 那么 $w \in U$；U 相对于 W 在 R 下的闭包是包含 U 且相对于 W 在 R 下封闭的最小集。易见，U 相对

于 W 在 R 下的闭包是 $\{v \in W : \exists u \in U \exists n \geqslant 0(uR^n v)\}$。

定义 2.10 令 $\mathfrak{F} = \langle W, \sim, \{\simeq_A\}_{\varnothing \neq A \subseteq Agt} \rangle$ 且 $\mathfrak{F}' = \langle W', \sim', \{\simeq_A'\}_{\varnothing \neq A \subseteq Agt} \rangle$ 为 $\mathscr{L}_c$-克里普克框架。$\mathfrak{F}'$ 是 $\mathfrak{F}$ 的子框架当且仅当

- $W' \subseteq W$；

- 对任意 $R \in \{\sim\} \cup \{\simeq_A : \varnothing \neq A \subseteq Agt\}$，$R' = R \cap (W' \times W')$。

$\mathfrak{F}'$ 是 $\mathfrak{F}$ 的生成子框架当且仅当

- $\mathfrak{F}'$ 是 $\mathfrak{F}$ 的子框架；

- 对任意 $R \in \{\sim\} \cup \{\simeq_A : \varnothing \neq A \subseteq Agt\}$，$W'$ 相对于 W 在 R 下 封闭。

对任意 $U \subseteq W$，由 U 确定的 $\mathfrak{F}$ 子框架（表示为 $\mathfrak{F} \upharpoonright U$）是 $\mathfrak{F}$ 的一个子 框架且 $dom(\mathfrak{F} \upharpoonright U) = U$；由 U 生成的 $\mathfrak{F}$ 子框架是包含 U 的最小的 $\mathfrak{F}$ 生 成子框架。

定义 2.11 令 $\mathfrak{M} = \langle \mathfrak{F}, V \rangle$ 且 $\mathfrak{M}' = \langle \mathfrak{F}', V' \rangle$ 为任意 $\mathscr{L}_c$-克里普克模 型。$\mathfrak{M}'$ 是 $\mathfrak{M}$ 的子模型当且仅当

- $\mathfrak{F}'$ 是 $\mathfrak{F}$ 的子框架；

- 对任意 $p \in Atm$，$V'(p) = V(p) \cap W'$。

$\mathfrak{M}'$ 是 $\mathfrak{M}$ 的生成子模型当且仅当

- $\mathfrak{F}'$ 是 $\mathfrak{F}$ 的生成子框架；

- 对任意 $p \in Atm$，$V'(p) = V(p) \cap W'$。

由 U 确定的 $\mathfrak{M}$ 子模型（表示为 $\mathfrak{M} \upharpoonright U$）是 $\mathfrak{M}$ 的一个子模型且 $dom(\mathfrak{M} \upharpoonright U) = U$。由 U 生成的 $\mathfrak{M}$ 子模型是包含 U 的最小的 $\mathfrak{M}$ 生成子模型。下 面是与通常模态逻辑中相对应的公式在生成子模型下保值的定理，这里略 去它的证明。

定理 2.12 对任意 $\mathscr{L}_c$-克里普克模型 $\mathfrak{M}$ 和 $\mathfrak{M}'$，如果 $\mathfrak{M}'$ 是 $\mathfrak{M}$ 的生成子模型，那么对任意公式 ϕ 和任意 $w \in dom(\mathfrak{M}')$，

$$\mathfrak{M}, w \vDash \phi \quad \text{当且仅当} \quad \mathfrak{M}', w \vDash \phi。$$

2.3.2 滤模型

令 R 为集合 A 上的一个等价关系。对任意 $a \in A$，a 在关系 R 下的等价类 $[a]_R = \{a' \in A : aRa'\}$；$A$ 在关系 R 下的商集 $A/R = \{[a]_R : a \in A\}$。在不会引起混淆时，我们把 $[a]_R$ 简写为 $[a]$。

对任意 $\mathscr{L}_c$-克里普克模型 $\mathfrak{M}$，任意公式集 Γ 和任意 $w, u \in dom(\mathfrak{M})$，$w$ 和 u 在 $\mathfrak{M}$ 中相对于 Γ 是等价的，表示为 $w \cong^{\mathfrak{M}}_{\Gamma} u$，如果对任意 $\psi \in \Gamma$，$\mathfrak{M}, w \vDash \psi$ 当且仅当 $\mathfrak{M}, u \vDash \psi$。在不会引起混淆时，我们把 $\cong^{\mathfrak{M}}_{\Gamma}$ 简写为 $\cong_{\Gamma}$。

定义 2.13 令 $\mathfrak{M} = \langle W, \sim, \{\simeq_A\}_{\varnothing \neq A \subseteq Agt}, V \rangle$ 为 $\mathscr{L}_c$-克里普克模型且 Γ 为在子公式下封闭的公式集。$\mathfrak{M}$ 通过 Γ 的一个滤模型是一个克里普克模型

$$\mathfrak{M}' = \langle W', \sim', \{\simeq'_A\}_{\varnothing \neq A \subseteq Agt}, V' \rangle,$$

其中

(1) $W' = W/\cong_{\Gamma}$；

(2) 对每个 $R \in \{\sim\} \cup \{\simeq_A : \varnothing \neq A \subseteq Agt\}$ 和每个 $w, u \in W$，如果 wRu 那么 $[w]R'[u]$；

(3) 对每个 $w, u \in W$ 和每个 $\boxminus \in \{\Box\} \cup \{[A] : \varnothing \neq A \subseteq Agt\}$，如果 $[w]R'_{\boxminus}[u]$，那么对每个 $\boxminus\phi \in \Gamma$，$\mathfrak{M}, w \vDash \boxminus\phi$ 蕴涵 $\mathfrak{M}, u \vDash \phi$，其中 $R'_{\boxminus}$ 代表滤模型中解释模态算子 $\boxminus$ 的关系；

(4) 对每个 $w \in W$ 和每个 $p \in \Gamma$，$[w] \in V'(p)$ 当且仅当 $w \in V(p)$。

在本章之后的部分，当说 $\mathfrak{M}'$ 是 $\mathfrak{M}$ 通过 Γ 的滤模型时，将隐含的假设 Γ 是在子公式下封闭的公式集。注意，尽管 $\mathfrak{M}$ 通过 Γ 的滤模型肯定是克里普克模型，但它不一定是 $\mathcal{L}_c$-克里普克模型，因为 $\mathcal{L}_c$-克里普克模型需要满足定义 2.3 中的条件。下面是关于公式在滤模型下保值的定理，在公式复杂度上做归纳即可证明。

定理 2.14 令 $\mathfrak{M}$ 为 $\mathcal{L}_c$-克里普克模型，$\mathfrak{M}'$ 是 $\mathfrak{M}$ 通过 Γ 的滤模型且 $\mathfrak{M}'$ 是 $\mathcal{L}_c$-克里普克模型。我们有：对每个 $\phi \in \Gamma$ 和每个 $w \in dom(\mathfrak{M})$，$\mathfrak{M}, w \vDash \phi$ 当且仅当 $\mathfrak{M}', [w]_{\cong_\Gamma} \vDash \phi$。

对于一个给定的 $\mathcal{L}_c$-克里普克模型 $\mathfrak{M}$ 和在子公式下封闭的公式集 Γ，$\mathfrak{M}$ 通过 Γ 的滤模型通常可以有很多。下面考虑如何定义最小的传递滤模型，并在之后用于构造有穷的 $\mathcal{L}_c$-克里普克模型。

定义 2.15 令 $\mathfrak{M} = \langle W, \sim, \{\simeq_A\}_{\varnothing \neq A \subseteq Agt}, V \rangle$ 为 $\mathcal{L}_c$-克里普克模型且 Γ 为在子公式下封闭的公式集。$\mathfrak{M}$ 通过 Γ 的最小传递滤模型是一个有序组

$$\left\langle W/{\cong_\Gamma}, \widehat{\sim}^+, \{\widehat{\simeq}_A^+\}_{\varnothing \neq A \subseteq Agt}, V' \right\rangle,$$

其中对任意 $R \in \{\sim\} \cup \{\simeq_A : \varnothing \neq A \subseteq Agt\}$ 和任意 $[w], [u] \in W/{\cong_\Gamma}$，

$$[w]\widehat{R}[u] \text{ 当且仅当存在 } w' \in [w] \text{ 和 } u' \in [u] \text{ 使得 } w'Ru', \tag{2.1}$$

$\widehat{R}^+$ 为 $\widehat{R}$ 的传递闭包且对任意 $w \in W$ 和任意 $p \in \Gamma$，

$$[w] \in V'(p) \text{ 当且仅当 } w \in V(p)。$$

命题 2.16 令 $\mathfrak{M} = \langle W, \sim, \{\simeq_A\}_{\varnothing \neq A \subseteq Agt}, V \rangle$ 为 $\mathcal{L}_c$-克里普克模型且 Γ 为在子公式下封闭的公式集。如果 $\sim = W \times W$，那么 $\mathfrak{M}$ 通过 Γ 的最小传递滤模型是 $\mathcal{L}_c$-克里普克模型。

证明 令 $\mathfrak{M}' = \left\langle W/{\cong_\Gamma}, \widehat{\sim}^+, \{\widehat{\simeq}_A^+\}_{\varnothing \neq A \subseteq Agt}, V' \right\rangle$ 是 $\mathfrak{M}$ 通过 Γ 的最小

传递滤模型。下面验证 $\mathfrak{M}'$ 是一个 $\mathscr{L}_c$-克里普克模型：因为 $\sim$ 和 $\simeq_A$ 是等价关系，所以 $\approx$ 和 $\simeq_A$ 是自反和对称的，从而 $\approx^+$ 和 $\simeq_A^+$ 是等价关系。对任意非空 $A \subseteq Agt$，因为 $\sim = W \times W$，所以 $\approx^+ = (W/\cong_\Gamma) \times (W/\cong_\Gamma)$，故 $\simeq_A^+ \subseteq \approx^+$。对任意非空 $A, B \subseteq Agt$，如果 $A \subseteq B$，那么 $\simeq_B \subseteq \simeq_A$，从而 $\simeq_B \subseteq \simeq_A$，进而 $\simeq_B^+ \subseteq \simeq_A^+$。对任意非空 $A, B \subseteq Agt$ 和任意 $[w]_{\cong_\Gamma}, [u]_{\cong_\Gamma} \in W/\cong_\Gamma$，因为 $\sim = W \times W$，所以 $w \sim u$；如果 $A \cap B = \varnothing$，那么存在 $v \in W$ 使得 $w \simeq_A v$ 且 $u \simeq_B v$，从而 $[v]_{\cong_\Gamma} \in W/\cong_\Gamma$ 使得 $[w]_{\cong_\Gamma} \simeq_A^+ [v]_{\cong_\Gamma}$ 且 $[u]_{\cong_\Gamma} \simeq_B^+ [v]_{\cong_\Gamma}$。故 $\mathfrak{M}'$ 是一个 $\mathscr{L}_c$-克里普克模型。 □

2.3.3 有穷框架性

Lc 相对于克里普克语义学具有强有穷框架性当且仅当存在一个可计算的函数 f 使得：对任意公式 $\phi \notin$ **Lc**，存在 $\mathscr{L}_c$-克里普克框架 $\mathfrak{F}$ 满足 $\neg\phi$ 且 $|dom(\mathfrak{F})| \leq f(|\phi|)$，这里 $|\phi|$ 表示公式 ϕ 作为符号串的长度。

定理 2.17 Lc 相对于克里普克语义学具有强有穷框架性，从而是可判定的。

证明 令 ϕ 为任意公式。假设 $\phi \notin$ **Lc**。根据定理 2.9，存在 $\mathscr{L}_c$-克里普克框架 $\mathfrak{F}$ 使得 $\mathfrak{F} \nvDash \phi$，从而存在基于 $\mathfrak{F}$ 的 $\mathscr{L}_c$-克里普克模型 $\mathfrak{M}$ 和 $w \in dom(\mathfrak{M})$ 使得 $\mathfrak{M}, w \nvDash \phi$。令 $\mathfrak{M}_w$ 为由 $\{w\}$ 生成的 $\mathfrak{M}$ 子模型，进而根据定理 2.12，$\mathfrak{M}_w, w \nvDash \phi$。因为 $\mathfrak{M}_w$ 是从点 w 生成的子模型，所以根据定义 2.3(1)，$\sim = W \times W$。令 Γ 为 ϕ 的所有子公式构成的集合且 $\mathfrak{M}'$ 为 $\mathfrak{M}_w$ 通过 Γ 的最小传递滤模型。根据命题 2.16，$\mathfrak{M}'$ 是 $\mathscr{L}_c$-克里普克模型，从而根据定理 2.14 可得，$\mathfrak{M}', [w]_{\cong_\Gamma} \nvDash \phi$，故 $\mathfrak{M}'$ 底部的框架 $\mathfrak{F}'$ 反驳 ϕ，即 $\mathfrak{F}' \nvDash \phi$。

易见，$dom(\mathfrak{F}') \leqslant 2^{|\Gamma|} \leqslant 2^{2|\phi|}$，从而 **Lc** 相对于克里普克语义学具有强有穷框架性。

对任意公式 ϕ，根据定理 2.9 和强有穷框架性，为了判断 ϕ 是否属于 **Lc**，只需要知道 $\neg\phi$ 是否在论域基数不大于 $2^{2|\neg\phi|}$ 的 $\mathscr{L}_c$-克里普克框架

中可满足即可。再有，因为一个公式相对于一个有穷的 $\mathscr{L}_c$-克里普克框架的可满足性是可判定的，所以可以把论域基数不大于 $2^{2^{|\neg\phi|}}$ 的 $\mathscr{L}_c$-克里普克框架都机械地枚举出来一一检测。如果其中存在满足 $\neg\phi$ 的框架，那么 $\phi \notin \mathbf{Lc}$，反之 $\phi \in \mathbf{Lc}$。 □

这里证明了 CSTIT 逻辑 $\mathbf{Lc}$ 的可判定性。因为 $\mathbf{Lc}$ 的对象语言 $\mathscr{L}_c$ 包含 CSTIT 算子和历史必然算子，所以根据 1.3 节的讨论，BSTIT 算子和 DSTIT 算子都可以在 $\mathscr{L}_c$ 中被定义。由此可得，BSTIT 逻辑和 DSTIT 逻辑也是可判定的。除此之外，因为个体 STIT 算子可以被看成包含单个主体的团体算子，所以由 $\mathbf{Lc}$ 的可判定性可得，只包含个体 CSTIT 算子和历史必然算子的 CSTIT 逻辑也是可判定的。

第三章 ASTIT 逻辑

ASTIT 逻辑的对象语言 $\mathscr{L}_a$ 包含同时算子和 ASTIT 算子。ASTIT 算子与上一章讨论的 CSTIT 算子的主要区别在于，$[A]_a\phi$ 表达 A 过去的某个选择使得 ϕ 成立，而 $[A]_c\phi$ 表达 A 在当下的选择使得 ϕ 成立。因此，$[A]_a\phi$ 的真值依赖于 A 在之前时刻所做的选择，而并非当下的选择。这一特点使得 ASTIT 算子的语义比 CSTIT 算子的语义更加复杂，从而使得证明 ASTIT 逻辑的可判定性在技术上更具挑战性。

ASTIT 逻辑的标准语义学采用同步 STIT 框架。对于这类框架，通常要求它们不包含有界的无穷选择链 [5]，其直观的意义是，有限个主体在有限的时间内无法做出无限个选择。本章证明 ASTIT 逻辑 **La** 的可判定性，它是由不包含有界无穷选择链的同步 STIT 框架类确定的逻辑。**La** 的可判定性证明主要由三个部分构成：首先，引入简单 STIT 框架语义并证明其与同步 STIT 框架语义是等价的；然后，把相对简单 STIT 框架的可满足性问题转换为拟模型的存在性问题；最后，借助 Rabin 定理证明拟模型的存在性问题是可判定的，从而得出 **La** 的可判定性。

本章的结构安排如下：第一节给出 $\mathscr{L}_a$ 的基本语法、标准语义学和基于简单 STIT 框架的语义学；第二节证明两种语义的等价性，从而得出 **La** 是在所有简单 STIT 框架上有效的公式构成的集合；第三节给出拟模型的定义，并把相对于简单 STIT 框架的可满足性转化为拟模型的存在性；第四节借助 Rabin 定理证明拟模型的存在性问题是可判定的，从而最终得出 **La** 的可判定性。

3.1 语法和语义

3.1.1 语法

令 Agt 为有穷且非空的主体集合。本章的对象语言 $\mathscr{L}_a$ 包括一个可数无穷的命题变元集 Atm、真值函数联结词 $\neg$ 和 $\wedge$，同时算子 $\Box_s$，以及对每个非空的 $A \subseteq Agt$，ASTIT 算子 $[A]_a$。该语言中的合法公式称为 $\mathscr{L}_a$-公式，它们由下列巴科斯范式定义：

$$\phi ::= p \mid \neg\phi \mid \phi \wedge \phi \mid \Box_s\phi \mid [A]_a\phi,$$

其中 $p \in Atm$ 且 $\varnothing \neq A \subseteq Agt$。对任意 $\mathscr{L}_a$-公式 ϕ，$sub(\phi)$ 表示 ϕ 的所有子公式构成的集合。本章只涉及 ASTIT 算子，出于简洁性的考虑，将 $[A]_a$ 简写为 $[A]$。

3.1.2 标准语义

ASTIT 的标准语义学采用基于树状框架的同步 STIT 框架和模型，这两者以及相关概念在第一章中已详细定义。在此，我们仅回顾定义 ASTIT 算子时需要引入的一个重要概念。

令 $\mathfrak{F} = \langle T, <, I, \simeq \rangle$ 为同步 STIT 框架且 H 为 $\mathfrak{F}$ 中所有历史构成的集合。对任意 $w, m, m' \in T$ 和任意非空的 $A \subseteq Agt$，m 和 m' 在 w 对于 A 是选择等价的（表示为 $m \simeq_A^w m'$）当且仅当存在 $h, h' \in H$ 和 $i \in I$ 使得 $h \simeq_A^w h'$，$w < m$，$w < m'$，$i \cap h = \{m\}$ 且 $i \cap h' = \{m'\}$。

注意，为于简洁，我们采用符号 $\simeq_A^w$ 既表示历史间的关系，又表示时刻间的关系，但使用的语境可以使这两者得到区分。下面给出满足关系的递归定义。

定义 3.1 令 $\mathfrak{M} = \langle T, <, I, \simeq, V \rangle$ 为同步 STIT 模型，$m/h \in pairs(\mathfrak{M})$，且 ϕ 为任意 $\mathscr{L}_a$-公式。递归定义 ϕ 在模型 $\mathfrak{M}$ 中 m/h 上满足（或为真）

如下：

$$\mathfrak{M}, m/h \vDash p \quad \text{当且仅当} \quad \mathfrak{M}, m/h \vDash p;$$

$$\mathfrak{M}, m/h \vDash \neg\psi \quad \text{当且仅当} \quad \mathfrak{M}, m/h \nvDash \psi;$$

$$\mathfrak{M}, m/h \vDash \psi \wedge \chi \quad \text{当且仅当} \quad \mathfrak{M}, m/h \vDash \psi \text{ 且 } \mathfrak{M}, m/h \vDash \psi;$$

$$\mathfrak{M}, m/h \vDash \Box_s\psi \quad \text{当且仅当} \quad \text{对任意 } m' \in i_m \text{ 和任意 } h' \in H_{m'},$$
$$\mathfrak{M}, m'/h' \vDash \psi;$$

$$\mathfrak{M}, m/h \vDash [A]\psi \quad \text{当且仅当} \quad \text{存在 } w < m \text{ 使得}$$

$$(i)\text{对任意 } m' \in T \text{ 和任意 } h' \in H_{m'},$$

$$m \simeq_A^w m' \text{ 蕴涵 } \mathfrak{M}, m'/h' \vDash \psi; \quad (3.1)$$

$$(ii)\text{存在 } m'' \in i_m \text{ 和 } h'' \in H_{m''} \text{ 使得}$$

$$w < m'' \text{ 且 } \mathfrak{M}, m''/h'' \nvDash \psi。$$

值得注意的是，根据 (3.1) 易见，对于任意 $\mathscr{L}_a$-公式 $[A]\psi$，$\mathfrak{M}$ 在 m/h 是否满足 $[A]\psi$ 只与 m 相关而与历史 h 无关。令 $\mathfrak{M}$ 为同步 STIT 模型且 ϕ 为任意 $\mathscr{L}_a$-公式。对任意 $m \in dom(\mathfrak{M})$，$\mathfrak{M}, m \vDash \phi$ 当且仅当对所有 $h \in H_m$，$\mathfrak{M}, m/h \vDash \phi$。对任意 $M \subseteq dom(\mathfrak{M})$，$\mathfrak{M}, M \vDash \phi$ 当且仅当对所有 $m \in M$，$\mathfrak{M}, m \vDash \phi$。

因为 ASTIT 算子语义解释较为复杂，下面引入两个与其密切相关的重要概念以方便后续讨论。设 $\mathfrak{M}, m \vDash [A]\psi$。根据 (3.1)，存在 $w < m$ 使得 (3.1)(i) 和 (ii) 成立。我们称上述 w 为 $\mathfrak{M}, m \vDash [A]\psi$ 的证据点，并称 (ii) 中 m'' 为 $\mathfrak{M}, m \vDash [A]\psi$ 的对立点。例如，在图 1.1 这个例子中，$\mathfrak{M}, m \vDash [A]\phi$ 且 w 是其证据点而 m'' 是其对立点。根据 (3.1)，我们很容易验证下述事实。

事实 3.2 令 $\mathfrak{M}$ 为同步 STIT 模型，令 $[A]\phi$ 为 $\mathscr{L}_a$-公式并且令 $m/h \in pairs(\mathfrak{M})$。我们有 $\mathfrak{M}, m \vDash [A]\phi$ 当且仅当 $\mathfrak{M}, m/h \vDash [A]\phi$。

令 $\mathfrak{T} = \langle T, <, I \rangle$ 为同步树状框架。对任意 $m \in T$ 和 $M \subseteq T$，$M \upharpoonright_{>m}$ 和 $M \upharpoonright_{\geqslant m}$ 分别表示 $\{m' \in M : m < m'\}$ 和 $\{m' \in M : m \leqslant m'\}$。

事实 3.3 令 $\mathfrak{M} = \langle T, <, I, \simeq, V \rangle$ 为同步 $STIT$ 模型，令 $m, w, u, v \in dom(\mathfrak{M})$ 并且令 $[A]\phi$ 为任意 $\mathscr{L}_a$-公式。设 $\mathfrak{M}, m \vDash [A]\phi$。我们有

(1) 如果 w 和 u 都是 $\mathfrak{M}, m \vDash [A]\phi$ 的证据点，那么 $w = u$；

(2) 如果 w 是 $\mathfrak{M}, m \vDash [A]\phi$ 的证据点，$w < u \leqslant m$ 且 $u \simeq_A^w v$，那么 $\mathfrak{M}, i_m \upharpoonright_{\geqslant v} \vDash [A]\phi$。

值得注意的是：对于 $\mathfrak{M}, m \vDash [A]\phi$，尽管存在唯一的 w 为其证据点，但是可能存在多个 m'' 为其对立点；另外，如果 $\mathfrak{M}, m \nvDash [A]\phi$，那么根据 (3.1)，对任意 $w < m$，

- 要么存在 $m' \in dom(\mathfrak{M})$ 使得 $m \simeq_A^w m'$ 且 $\mathfrak{M}, m' \nvDash \phi$，

- 要么对任意 $m'' \in dom(\mathfrak{M})$，如果 $w < m'' \in i_m$，那么 $\mathfrak{M}, m'' \vDash \phi$。

令 $\mathfrak{M}$ 为同步 STIT 模型且 ϕ 为任意 $\mathscr{L}_a$-公式。ϕ 在 $\mathfrak{M}$ 上为真（表示为 $\mathfrak{M} \vDash \phi$）当且仅当对任意 $m/h \in pairs(\mathfrak{M})$，$\mathfrak{M}, m/h \vDash \phi$；$\phi$ 在 $\mathfrak{M}$ 中可满足当且仅当存在 $m/h \in pairs(\mathfrak{M})$ 使得 $\mathfrak{M}, m/h \vDash \phi$。对任意同步 STIT 框架 $\mathfrak{F}$，ϕ 在 $\mathfrak{F}$ 上有效（表示为 $\mathfrak{F} \vDash \phi$）当且仅当对任意的同步 STIT 模型 $\mathfrak{M} = \langle \mathfrak{F}, V \rangle$，$\mathfrak{M} \vDash \phi$；$\phi$ 在 $\mathfrak{F}$ 中可满足当且仅当存在同步 STIT 模型 $\mathfrak{M} = \langle \mathfrak{F}, V \rangle$ 使得 ϕ 在 $\mathfrak{M}$ 中可满足。对任意同步 STIT 框架类 $\mathcal{C}$，ϕ 在 $\mathcal{C}$ 上有效当且仅当 ϕ 在 $\mathcal{C}$ 中的每个 $\mathfrak{F}$ 上都有效；ϕ 在 $\mathcal{C}$ 中可满足当且仅当 ϕ 在 $\mathcal{C}$ 中的某个 $\mathfrak{F}$ 中可满足。

定义 3.4 令 $\mathfrak{F} = \langle T, <, I, \simeq \rangle$ 为同步 STIT 框架，$\mathfrak{M}$ 为 $\mathfrak{F}$ 上模型且 $\varnothing \neq A \subseteq Agt$。对任意 $m \in T$，m 是 A 在 $\mathfrak{F}$（或 $\mathfrak{M}$）中的真选择点当且仅当 $\simeq_A^m$ 不等于 $H_m \times H_m$。对任意 $<$-链 c，c 是 $\mathfrak{F}$（或 $\mathfrak{M}$）中的（有界的）无穷选择链[1]当且仅当 c 是无穷的且满足下列条件：

1　一个同步 STIT 框架 $\mathfrak{F}$ 不包含有界的无穷选择链当且仅当公式 $[A]_a\phi \leftrightarrow [A]_a(\neg[A]_a(\neg[A]_a\phi))$ 在 $\mathfrak{F}$ 上有效 [52]。

有界性 存在 $m \in T$ 和 $i \in I$ 使得对任意 $w \in c$，$m \leqslant w$ 且存在 $m' \in i$ 满足 $w \leqslant m'$；

选择非空性 对任意 $m \in c$，存在 $A \subseteq Agt$ 使得 m 是 A 在 $\mathfrak{F}$（或 $\mathfrak{M}$）中的真选择点。

根据 (3.1)，我们很容易验证下述事实成立。

事实 3.5 令 $\mathfrak{M}$ 为同步 $STIT$ 模型，令 $m, w \in dom(\mathfrak{M})$ 且令 $[A]\phi$ 为任意 $\mathscr{L}_a$-公式。如果 $\mathfrak{M}, m \vDash [A]\phi$ 且 w 是其证据点，那么 w 是 A 在 $\mathfrak{M}$ 中的真选择点。

这章考虑的 ASTIT 逻辑 **La** 是在所有不包含无穷选择链的同步 STIT 框架上都有效 $\mathscr{L}_a$-公式构成的集合。

定义 3.6 La $= \{\phi : \forall \mathfrak{F} \in \mathcal{C}, \mathfrak{F} \vDash \phi\}$，其中 $\mathcal{C}$ 为所有不包含无穷选择链的同步 STIT 框架构成的类。

3.1.3 简单语义

在本小节，我们将设计一种技术上更为简单的语义学，其语义结构是简单 STIT 框架。它们要求其底部的树状框架满足可数性、唯一根和历史长度有穷性。这些限制使得简单 STIT 框架在技术上更为简洁，将为后续的证明提供技术上的便利。

令 $\mathfrak{T} = \langle T, < \rangle$ 为树状框架。对任意 $w \in T$，w 在 $\mathfrak{T}$ 中的高度（表示为 $height_{\mathfrak{T}}(w)$）为 $|\{m \in T : m < w\}|$。$\mathfrak{T}$ 是可数的当且仅当 T 是可数的；$\mathfrak{T}$ 是历史长度有穷的当且仅当 $\mathfrak{T}$ 中的历史都是有穷的；$\mathfrak{T}$ 是有上界的当且仅当对任意 $m \in T$，存在 $<$-极大元 m' 使得 $m \leqslant m'$。$\mathfrak{T}$ 是简单的树状框架当且仅当它是可数的，有唯一的根且是历史长度有穷的。

对任意 $M \subseteq T$，我们用 $\max_<(M)$ 表示 M 中所有 $<$-极大元组成的集合。在不会引起误解时，我们省略 $\max_<(T)$ 中下标 $<$。最后，对任意 $m \in T$ 和 $M \subseteq T$，引入下列缩写：

- $m <_\exists M$（或 $m \leqslant_\exists M$）当且仅当存在 $m' \in M$ 使得 $m < m'$（或 $m \leqslant m'$）；

- $M <_\exists m$（或 $M \leqslant_\exists m$）当且仅当存在 $m' \in M$ 使得 $m' < m$（或 $m' \leqslant m$）；

- $m <_\forall M$（或 $m \leqslant_\forall M$）当且仅当对任意 $m' \in M$，$m < m'$（或 $m \leqslant m'$）；

- $M <_\forall m$（或 $M \leqslant_\forall m$）当且仅当对任意 $m' \in M$，$m' < m$（或 $m' \leqslant m$）。

下面给出简单 STIT 框架的定义，它们类似于 STIT 框架，通过在简单树状框架的基础上添加主体选择函数构成。

定义 3.7 一个简单 *STIT* 框架是一个三元组 $\langle T, <, \approx \rangle$，其中 $\langle T, < \rangle$ 是简单树状框架且 $\approx$ 是定义在 $(T - \max(T)) \times (\mathcal{P}(Agt) - \varnothing)$ 上的满足以下条件的函数，其中 $\approx_A^w$ 表示 $\approx$ 在 $\langle w, A \rangle$ 上的函数值：

(1) 对所有非空的 $A \subseteq Agt$ 和所有 $w \in T - \max(T)$，$\approx_A^w$ 是 $suc(w)$ 上的等价关系；

(2) 对所有非空的 $A, B \subseteq Agt$ 和所有 $w \in T - \max(T)$，如果 $A \subseteq B$，那么 $\approx_B^w \subseteq \approx_A^w$；

(3) 对所有非空的 $A, B \subseteq Agt$，所有 $w \in T - \max(T)$ 和所有 $m, m' \in suc(w)$，如果 $A \cap B = \varnothing$，那么存在 $m'' \in suc(w)$ 使得 $m \approx_A^w m''$ 并且 $m' \approx_B^w m''$。

一个简单 *STIT* 模型是一个有序对 $\langle \mathfrak{F}, V \rangle$，其中 $\mathfrak{F}$ 是简单 STIT 框架且 V 是 $\mathfrak{F}$ 上的赋值函数，它把每个 $p \in Atm$ 映射到 $\mathfrak{F}$ 中极大点构成的集合。

与 STIT 框架中主体选择函数的要求类似，上述定义中 (2) 表达团体选择影响力是随着团体增大而递增的。上述定义中 (3) 表达主体选择的独立性。值得注意的是，简单 STIT 框架中的主体选择函数把每个团体 A 和框架中的每个非极大的时刻 w 映射到 $suc(w)$ 上的等价关系，由此保证了未分支的历史间不存在选择。

定义 3.8 令 $\mathfrak{M} = \langle T, <, \approx, V \rangle$ 为简单 STIT 模型且 $m \in \max(T)$，且 ϕ 为任意 $\mathscr{L}_a$-公式。递归定义 ϕ 在模型 $\mathfrak{M}$ 中 m 上满足（或为真）如下：

$\mathfrak{M}, m \vDash p$　　当且仅当　$m \in V(p)$；

$\mathfrak{M}, m \vDash \neg\psi$　　当且仅当　$\mathfrak{M}, m \nvDash \psi$；

$\mathfrak{M}, m \vDash \psi \wedge \chi$　当且仅当　$\mathfrak{M}, m \vDash \psi$ 且 $\mathfrak{M}, m \vDash \chi$；

$\mathfrak{M}, m \vDash \Box_s\psi$　当且仅当　对任意 $m' \in \max(T)$，

　　　　　　　　　　　　　　　　$\mathfrak{M}, m \vDash \psi$；

$\mathfrak{M}, m \vDash [A]\psi$　当且仅当　存在 $w < m$ 使得

　　　　　　　　　　　　　　　　(i)对任意 $u, v \in suc(w)$，如果 $u \leqslant m$ 且

　　　　　　　　　　　　　　　　$u \approx_A^w v$，那么对任意 $m' \in \max(T){\upharpoonright}_{\geqslant v}$，

　　　　　　　　　　　　　　　　$\mathfrak{M}, m' \vDash \psi$；　　　　　　　　　(3.2)

　　　　　　　　　　　　　　　　(ii)存在 $m'' \in \max(T)$ 使得 $w < m''$ 且

　　　　　　　　　　　　　　　　$\mathfrak{M}, m'' \nvDash \psi$。

与上一节类似，我们称上述定义 (3.2) 中的 w 为 $\mathfrak{M}, m \vDash [A]\psi$ 的证据点，并且称上述定义 (3.2)(ii) 中 m'' 为 $\mathfrak{M}, m \vDash [A]\psi$ 的对立点。

令 $\mathfrak{M} = \langle T, <, \approx, V \rangle$ 为简单 STIT 模型且 ϕ 为任意 $\mathscr{L}_a$-公式。对任意 $M \subseteq \max(T)$，$\mathfrak{M}, M \vDash \phi$ 当且仅当对所有 $m \in M$，$\mathfrak{M}, m \vDash \phi$。对于可满足性以及有效性等概念，可以类似于标准语义学定义。

最后，我们给出两个基本事实，它们可以从 (3.2) 轻易推出。

事实 3.9 令 $\mathfrak{M} = \langle T, <, \approx, V \rangle$ 为简单 $STIT$ 模型，令 $m, w, u, v \in T$ 且令 $[A]\phi$ 为任意 $\mathscr{L}_a$-公式。设 $\mathfrak{M}, m \vDash [A]\phi$。我们有

(1) 如果 w 和 u 都是 $\mathfrak{M}, m \vDash [A]\phi$ 的证据点，那么 $w = u$；

(2) 如果 w 是 $\mathfrak{M}, m \vDash [A]\phi$ 的证据点，$w < u \leqslant m$ 且 $u \approx_A^w v$，那么 $\mathfrak{M}, \max(T) \!\upharpoonright_{\geqslant v} \vDash [A]\phi$。

事实 3.10 令 $\mathfrak{M} = \langle T, <, \approx, V \rangle$ 为简单 $STIT$ 模型，令 $w \in T$ 且令 $[A]\phi$ 为任意 $\mathscr{L}_a$-公式。假设 $\mathfrak{M}, \max(T) \!\upharpoonright_{\geqslant w} \vDash [A]\phi$。对任意 $m \in \max(T) \!\upharpoonright_{\geqslant w}$ 和任意 $u \in T$，如果 $\mathfrak{M}, m \vDash [A]\phi$ 且 u 是其证据点，那么 $u < w$。

3.2　两种语义的等价性

本节证明标准语义学和简单语义学是等价的，即它们确定相同的有效公式集。为此，我们证明一个公式在不包含无穷选择链的同步 STIT 框架类中可满足当且仅当它在简单 STIT 框架类中可满足。

引理 3.11 对任意 $\mathscr{L}_a$-公式 ϕ，如果 ϕ 在简单 $STIT$ 框架类中可满足，那么 ϕ 在不包含无穷选择链的同步 $STIT$ 框架类中可满足。

证明 令 ϕ 为任意 $\mathscr{L}_a$-公式，令 $\mathfrak{M} = \langle T, <, \approx, V \rangle$ 为简单 STIT 模型，并且令 $m_0 \in \max(T)$。假设 $\mathfrak{M}, m_0 \vDash \phi$。我们从 $\mathfrak{M}$ 构造同步 STIT 模型 $\mathfrak{M}'$ 使得 $\mathfrak{M}'$ 不包含无穷选择链，并且 ϕ 在 $\mathfrak{M}'$ 中可满足。

首先，通过下述方式把 $\mathfrak{T} = \langle T, < \rangle$ 扩充为树状框架 $\mathfrak{T}' = \langle T', <' \rangle$ 使得其中的历史都是同构的：对每个 $m \in \max(T)$，在 m 的和它的直接前驱之间添加可数无穷多个新点 $\{w_i\}_{i \in \mathbb{N}}$ 并要求

$$w_0 <' \cdots <' w_i <' w_{i+1} <' \cdots <' m$$

且对任意 $w < m$，$w <'_\forall \{w_i\}_{i \in \mathbb{N}}$。

根据上述构造易见，

$$\max(T) = \max(T') \text{ 且对 } \mathfrak{T}' \text{ 任意中历} \tag{3.3}$$
$$\text{史 } h,\ h \cap T \text{ 是 } \mathfrak{T} \text{ 中历史。}$$

其次，对任意 $m \in \max(T')$，令 h_m 为 $\mathfrak{T}'$ 中包含 m 的唯一历史，并且令 $H' = \{h_m : m \in \max(T')\}$。因为 $\mathfrak{T}$ 是简单的，所以其中的历史都是有穷的。由此可知，$\mathfrak{T}$ 中每个历史都有一点在 $max(T)$ 中，从而 H' 就是 $\mathfrak{T}'$ 中的所有历史构成的集合。又因为 $\mathfrak{T}$ 中的历史都是有穷的，所以由上述构造方式可知，H' 中历史都同构于 $\langle \omega + 1, \in \rangle$，其中 ω 是最小的无穷序数。接着，定义 $\langle T', <' \rangle$ 中的瞬间集 I' 为 $T'/\sim$，其中 $\sim$ 为高度相等关系，即 $m \sim m'$ 当且仅当 $height_{\mathfrak{T}'}(m) = height_{\mathfrak{T}'}(m')$，并构造 $\langle T', <' \rangle$ 上的函数 $\simeq$ 如下：对任意 $m \in T'$，任意 $h, h' \in H'$ 和任意非空 $A \subseteq Agt$，

$$h \simeq_A^m h' \quad \text{当且仅当} \quad \text{要么 } m \in h \cap h' \text{ 且 } m \notin T - \max(T),$$
$$\text{要么 } suc(m, h \cap T) \cong_A^m suc(m, h' \cap T) \tag{3.4}$$
$$\text{且 } m \in T - \max(T)。$$

最后，定义赋值函数 V' 如下：对任意 $p \in Atm$，

$$V'(p) = \{m/h \in pairs(\mathfrak{T}') : m \in V(p)\},$$

并且令 $\mathfrak{M}' = \langle T', <', \simeq, I', V' \rangle$。

为了验证 $\mathfrak{M}'$ 是同步 STIT 模型，我们证明 $\simeq$ 是 $\langle T', <' \rangle$ 上的主体选择函数。根据定义 3.7(1) 可知，$\simeq$ 满足定义 5.4(1)；根据定义 3.7(3) 可知，$\simeq$ 满足定义 5.4(3)；根据定义 3.7(2) 可知，$\simeq$ 满足定义 5.4(2)。因此，下面只需证明 $\simeq$ 满足定义 5.4(4)。令 $\varnothing \neq A \subseteq Agt$，$m, m' \in T'$ 且 $h, h' \in H_{m'}$。假设 $m <' m'$。如果 $m \notin T - \max(T)$，那么根据 (3.4) 可知 $h \simeq_A^m h'$。假设 $m \in T - \max(T)$。根据假设 $m <' m'$ 和 $h, h' \in$

$H_{m'}$，$suc_{<'}(m, h) = suc_{<'}(m, h') \leqslant' m'$。如果 $m' \in T - \max(T)$，那么 $suc_{<'}(m, h) = suc_{<'}(m, h') \in T - \max(T)$，从而 $suc_<(m, h \cap T) = suc_{<'}(m, h) = suc_{<'}(m, h') = suc_<(m, h' \cap T)$。于是根据假设 $m \in T - \max(T)$ 和 (3.4) 得到，$h \simeq_A^m h'$。如果 $m' \notin T - \max(T)$，那么 $H_{m'}$ 是单元集，从而 $h = h'$，由此蕴涵 $h \simeq_A^m h'$。故 $\simeq$ 满足定义 5.4(4)。

根据 (3.4) 可知

$$\begin{aligned}&\text{对任意 } m \notin T - \max(T) \text{ 和任意非空 } A \subseteq Agt, \\ &m \text{ 不是 } A \text{ 在 } \mathfrak{M}' \text{ 中的真选择点。}\end{aligned} \quad (3.5)$$

设 c 为 $\mathfrak{T}'$ 中任意 $<'$-链。因为 $\mathfrak{T}$ 是历史长度有穷的，所以 $c \cap T$ 是有穷的，从而根据 (3.5)，c 不是 $\mathfrak{M}'$ 中无穷选择链。因此，$\mathfrak{M}'$ 不包含无穷选择链。

通过在公式复杂度上做归纳易证：对任意 $\mathscr{L}_a$-公式 ψ 和任意 $m \in \max(T)$，

$$\mathfrak{M}, m \vDash \psi \text{ 当且仅当 } \mathfrak{M}', m \vDash \psi.$$

根据假设 $\mathfrak{M}, m_0 \vDash \phi$ 可知，$\mathfrak{M}', m_0 \vDash \phi$。因此，$\phi$ 在不包含无穷选择链的同步 STIT 模型 $\mathfrak{M}'$ 中可满足。 $\square$

在本节的下面部分，我们证明与上面引理相反的方向，即如果 ϕ 在某个不包含无穷选择链的同步 STIT 框架中可满足，那么 ϕ 在某个简单 STIT 框架中可满足。这部分的证明主要分为两个部分：第一步证明 $\mathscr{L}_a$-公式在同步 STIT 模型中的满足关系可以转换为与历史无关的满足关系；第二步采用类似模态逻辑中子模型的方法，从同步 STIT 模型中选出部分点构成简单 STIT 模型。

定义 3.12 令 $\mathfrak{M} = \langle T, <, I, \simeq, V \rangle$ 为同步 STIT 模型，H 为 $\mathfrak{M}$ 中所有历史构成的集合，$i \in I$ 且对任意 $h \in H$，令 $\bar{h} = \{m \in h : m \leqslant_\ni i\} \cup \{h\}$。定义 $\mathfrak{M}|_{\leqslant i}$ 为有序组 $\langle T', <', I', \simeq, V' \rangle$，其中

(1) $T' = \{m \in T : m \leqslant_\exists i\} \cup H$；

(2) 对任意 $m, m' \in T'$，$m <' m'$ 当且仅当或者 $m, m' \in T \wedge m < m'$，或者 $\exists h \in H(m \in m' = h)$；

(3) $I' = \{i \in I : i \subseteq T'\} \cup H$；

(4) 对任意非空 $A \subseteq Agt$，任意 $m \in T'$ 和 $\langle T', <'\rangle$ 中任意历史 $\bar{h}_1, \bar{h}_2$，如果 $m <'_\exists i$，那么 $\bar{h}_1 \simeq^m_A \bar{h}_2$ 当且仅当 $h_1 \simeq^m_A h_2$；否则 $\bar{h}_1 \simeq^m_A \bar{h}_2$ 当且仅当 $m \in \bar{h}_1 \cap \bar{h}_2$；

(5) 对任意 $p \in Atm$ 和任意 $m/\bar{h} \in pairs(\langle T', <'\rangle)$，$m/\bar{h} \in V'(p)$ 当且仅当 $m = h$ 且 $m_{i,h}/h \in V(p)$。

根据上述定义易见，$\max(T') = H$，并且如果 $\mathfrak{M}$ 是不包含无穷选择链的同步 STIT 模型，那么 $\mathfrak{M}|_{\leqslant i}$ 也是的。

引理 3.13 令 $\mathfrak{M} = \langle T, <, I, \simeq, V\rangle$ 为同步 $STIT$ 模型，H 为 $\mathfrak{M}$ 中所有历史构成的集合，$i \in I$，对任意 $h \in H$，令 $\bar{h} = \{m \in h : m \leqslant_\exists i\} \cup \{h\}$，且令 $\mathfrak{M}|_{\leqslant i} = \langle T', <', I', \simeq, V'\rangle$。我们有：对任意 $\mathscr{L}_a$-公式 ϕ，任意 $m \in i$ 和任意 $h \in H_m$，$\mathfrak{M}, m/h \vDash \phi$ 当且仅当 $\mathfrak{M}|_{\leqslant i}, h/\bar{h} \vDash \phi$。

证明 我们在公式 ϕ 复杂度上归纳证明，但只考虑 $\phi = [A]\psi$ 的情况。假设 $\mathfrak{M}, m/h \vDash [A]\psi$。那么存在 $w < m$ 和 $m_2 \in i\restriction_{>w}$ 使得

$$w \text{ 是 } \mathfrak{M}, m/h \vDash [A]\psi \text{ 的证据点，并且} \tag{3.6}$$

$$m_2 \text{ 是 } \mathfrak{M}, m/h \vDash [A]\psi \text{ 的对立点。} \tag{3.7}$$

令 $h_1 \in T'$ 且设 $h \simeq^w_A h_1$。我们有 $\bar{h} \simeq^w_A \bar{h}_1$，从而根据定义 3.12(4) 可知 $h \simeq^w_A h_1$；再因为 $m_{i,h} = m$，所以 $m \simeq^w_A m_{i,h_1}$，于是根据 (3.6) 可得 $\mathfrak{M}, m_{i,h_1} \vDash \psi$；由此根据 $m_{i,h_1} \in h_1$，我们有 $\mathfrak{M}, m_{i,h_1}/h_1 \vDash \psi$；从而运用归纳假设得到 $\mathfrak{M}|_{\leqslant i}, h_1/\bar{h}_1 \vDash \psi$。令 h_2 为 H 中包含 m_2 的历史。根据定

义 3.12(2, 3) 和 (3.7) 可知，$w <' h_2 \in i_h$ 且 $\mathfrak{M}, m_2/\bar{h}_2 \nvDash \psi$，再由归纳假设得到 $\mathfrak{M}', h_2/\bar{h}_2 \nvDash \psi$。因此，$\mathfrak{M}|_{\leqslant i}, h/\bar{h} \vDash [A]\psi$。假设 $\mathfrak{M}|_{\leqslant i}, h/\bar{h} \vDash [A]\psi$。那么存在 $w <' h$ 和 $h_2 \in i_h \upharpoonright_{>w}$ 使得

$$w \text{ 是 } \mathfrak{M}|_{\leqslant i}, h/\bar{h} \vDash [A]\psi \text{ 的证据点且} \tag{3.8}$$

$$h_2 \text{ 是 } \mathfrak{M}|_{\leqslant i}, h/\bar{h} \vDash [A]\psi \text{ 的对立点。} \tag{3.9}$$

根据事实 3.5，w 是 A 在 $\mathfrak{M}|_{\leqslant i}$ 中的真选择点；根据定义 3.12(4)，对任意 $w' \in T'$，如果并非 $w' <'_{\exists} i$，那么 w' 不是 A 在 $\mathfrak{M}|_{\leqslant i}$ 中的真选择点。因此，我们有

$$w <'_{\exists} i \text{。} \tag{3.10}$$

对任意 $m_1 \in T$ 和任意 $h_1 \in H^{\mathfrak{M}}_{m_1}$，如果 $m_{i,h} \simeq^w_A m_1$，那么 $h \simeq^w_A h_1$，由此根据定义 3.12(4) 和 (3.10) 可知 $\bar{h} \simeq^w_A \bar{h}_1$，从而 $h \simeq^w_A h_1$，所以由 (3.8) 可得 $\mathfrak{M}|_{\leqslant i}, h_1/\bar{h}_1 \vDash \psi$，再运用归纳假设得 $\mathfrak{M}, m_1/h_1 \vDash \psi$。另外，根据 (3.9) 和 (3.10)，$w < m_{i,h_2} \in i$ 且 $\mathfrak{M}|_{\leqslant i}, h_2/\bar{h}_2 \nvDash \psi$，从而由归纳假设可知 $\mathfrak{M}, m_{i,h_2}/h_2 \nvDash \psi$。因此，$\mathfrak{M}, m/h \vDash [A]\psi$。 $\square$

定义 3.14 令 $\mathfrak{M} = \langle T, <, I, \simeq, V \rangle$ 为同步 STIT 模型且 $\varnothing \neq T' \subseteq T$。由 T' 确定的 $\mathfrak{M}$ 的简单子模型（表示为 $\mathfrak{M} \upharpoonright T'$）是有序组 $\langle T', <', \cong, V' \rangle$，其中

(1) $<' = < \upharpoonright T'$；

(2) 对任意非空 $A \subseteq Agt$，任意 $w \in T' - \max(T')$ 和任意 $u, v \in suc_{<'}(w)$，$u \cong^w_A v$ 当且仅当存在 $m_1, m_2 \in \max(T)$ 使得 $u \leqslant m_1, v \leqslant m_2$ 且 $m_1 \simeq^w_A m_2$；

(3) 对任意 $p \in Atm$，$V'(p) = \{m' \in \max(T') : \exists h(m'/h \in V(p))\}$。

注意，对任意同步 STIT 模型 $\mathfrak{M}$ 和任意非空的 $T \subseteq dom(\mathfrak{M})$，尽管 $\mathfrak{M} \upharpoonright T$ 不一定是简单 STIT 模型，但是可以证明存在 $T \subseteq dom(\mathfrak{M})$ 使得

$\mathfrak{M} \upharpoonright T$ 是简单 STIT 模型（见引理 3.18）。另外，根据主体选择函数满足定义 5.4(4) 易见，下述事实成立。

事实 3.15 令 $\mathfrak{M} = \langle T, <, I, \simeq, V \rangle$ 为同步 *STIT* 模型，$T' \subseteq T$ 且 $\mathfrak{M} \upharpoonright T' = \langle T', <', \approxeq, V' \rangle$。假设 $\max(T) \neq \varnothing$。[2]我们有：对任意非空 $A \subseteq Agt$，任意 $w \in T' - \max(T')$ 和任意 $u, v \in suc(w)$，$u \approxeq_A^w v$ 当且仅当对任意 $m_1, m_2 \in \max(T)$，如果 $u \leqslant m_1$ 且 $v \leqslant m_2$，那么 $m_1 \simeq_A^w m_2$。

为了使得 $\mathcal{L}_a$-公式的值在简单子模型转换下保持，我们需要对确定子模型的集合做出下述定义给出的限制。

定义 3.16 令 $\mathfrak{M} = \langle T, <, I, \simeq, V \rangle$ 为同步 STIT 模型且令 Γ 为对子公式封闭的 $\mathcal{L}_a$-公式集。对任意 $T' \subseteq T$，T' 是在 $\mathfrak{M}$ 上相对 Γ 封闭的当且仅当下述条件成立：

(1) $\varnothing \neq \max(T') \subseteq \max(T)$;

(2) 对任意 $m \in \max(T')$ 和任意 $\square_s\psi \in \Gamma$，如果 $\mathfrak{M}, m \nvDash \square_s\psi$，那么存在 $m' \in T'$ 使得 $\mathfrak{M}, m' \nvDash \psi$;

(3) 对任意 $m \in \max(T')$ 和任意 $[A]\psi \in \Gamma$，如果 $\mathfrak{M}, m \vDash [A]\psi$，那么存在 $w, m' \in T'$ 使得 w 是 $\mathfrak{M}, m \vDash [A]\psi$ 的证据点且 m' 是 $\mathfrak{M}, m \vDash [A]\psi$ 的对立点;

(4) 对任意 $m \in \max(T')$ 和任意 $[A]\psi \in \Gamma$，如果 $\mathfrak{M}, m \nvDash [A]\psi$，那么对任意 $w \in T'$ 满足 $w < m$，或者 $\mathfrak{M}, \max(T) \upharpoonright_{>w} \vDash \psi$，或者存在 $m' \in T'$ 使得 $m \simeq_A^w m'$ 且 $\mathfrak{M}, m' \nvDash \psi$。

下面的引理陈述的是，$\mathcal{L}_a$-公式在简单子模型转换下是保值的。

引理 3.17 令 $\mathfrak{M} = \langle T, <, I, \simeq, V \rangle$ 为同步 *STIT* 模型，令 $T' \subseteq T$，令 Γ 为对子公式封闭的 $\mathcal{L}_a$-公式集，并令 $\mathfrak{M} \upharpoonright T' = \langle T', <', \approxeq, V' \rangle$。假设

2　注意，如果 $\max(T) \neq \varnothing$，那么 $\max(T)$ 就是 I 中最后的瞬间。

$\mathfrak{M} \upharpoonright T'$ 是简单 $STIT$ 模型且 T' 是在 $\mathfrak{M}$ 上相对于 Γ 封闭的。我们有：对任意 $\psi \in \Gamma$ 和任意 $m \in \max(T')$，$\mathfrak{M}, m \vDash \psi$ 当且仅当 $\mathfrak{M} \upharpoonright T', m \vDash \psi$。

证明 我们在公式复杂度上归纳证明，但只考虑 $\psi = [A]\gamma$ 的情况。假设 $\mathfrak{M}, m \vDash [A]\gamma$。根据定义 3.16(3) 可知，存在 $w, m' \in T'$ 使得 w 是 $\mathfrak{M}, m \vDash [A]\gamma$ 的证据点且 m' 是 $\mathfrak{M}, m \vDash [A]\gamma$ 的对立点。所以 $w < m' \in \max(T')$ 且 $\mathfrak{M}, m' \nvDash \gamma$，从而根据定义 3.14(1) 和归纳假设，

$$w <' m' \in \max(T') \text{ 且 } \mathfrak{M} \upharpoonright T', m' \nvDash \gamma_{\circ} \tag{3.11}$$

令 $u, v \in suc_{<'}(w)$ 满足 $u \leqslant m$ 和 $u \cong_A^w v$。根据事实 3.15，对任意 $m' \in \max(T) \upharpoonright_{\geqslant v}$，$m \simeq_A^w m'$，于是根据 $\mathfrak{M}, m \vDash [A]\gamma$ 得到 $\mathfrak{M}, \max(T) \upharpoonright_{\geqslant v} \vDash \gamma$，由此运用归纳假设可知 $\mathfrak{M} \upharpoonright T', \max(T') \upharpoonright_{\geqslant v} \vDash \gamma$，进而根据 (3.11) 得到 $\mathfrak{M} \upharpoonright T', m \vDash [A]\gamma$。假设 $\mathfrak{M}, m \nvDash [A]\gamma$。令 $w \in T'$ 满足 $w <' m$。根据定义 3.16(4)，或者 $\mathfrak{M}, \max(T) \upharpoonright_{>w} \vDash \psi$，或者存在 $m' \in T'$ 使得 $m \simeq_A^w m'$ 且 $\mathfrak{M}, m' \nvDash \gamma$。如果前者成立，那么根据归纳假设，$\mathfrak{M} \upharpoonright T', \max(T') \upharpoonright_{>w} \vDash \gamma$；如果后者成立，那么 $\mathfrak{M}, m' \nvDash \gamma$ 且 $m \simeq_A^w m'$，从而由归纳假设可知，$\mathfrak{M} \upharpoonright T', m' \nvDash \gamma$ 且存在 $u, v \in suc_{<'}(w)$ 满足 $u \cong_A^w v$，$u \leqslant m$ 和 $v \leqslant m'$。因此，$\mathfrak{M} \upharpoonright T', m \nvDash [A]\gamma$。 $\qquad \square$

下面这个引理是本节中最核心的命题，它保证了对任意不包含无穷选择链的同步 STIT 模型 $\mathfrak{M}$，存在 $\mathfrak{M}$ 子模型是简单 STIT 模型且保持给定公式 ϕ 的值。

引理 3.18 令 $\mathfrak{M} = \langle T, <, I, \simeq, V \rangle$ 为不包含无穷选择链的同步 $STIT$ 模型，$m \in \max(T)$ 且 ϕ 为任意 $\mathscr{L}_a$-公式。那么存在 $T' \subseteq T$ 使得 $m \in T'$，T' 是在 $\mathfrak{M}$ 上相对于 $sub(\phi)$ 封闭的，且 $\mathfrak{M} \upharpoonright T'$ 是简单 $STIT$ 模型。

证明 首先，对任意 $\square_s \psi \in sub(\phi)$，如果 $\mathfrak{M}, m \nvDash \square_s \psi$，选取一个 $m' \in \max(T)$ 使得 $\mathfrak{M}, m' \nvDash \psi$，并令由这些 m' 构成的集合为 M'。我们

递归定义 $\{M_k\}_{k\in\mathbb{N}}$ 和 $\{W_k\}_{k\in\mathbb{N}}$ 如下：令

$$M_0 = \{m\} \cup M',$$
$$W_0 = \{w : 存在 [A]\psi \in sub(\phi) 使得 \mathfrak{M}, m \vDash [A]\psi$$
$$且\ w\ 是其证据点\ \}.$$

假设对任意 $i < k$，M_i 和 W_i 都已经定义。为了定义 M_k，对所有 $m' \in M_{k-1}$ 和所有 $[A]\psi \in sub(\phi)$，如果 $\mathfrak{M}, m' \vDash [A]\psi$，那么存在 m_1 是 $\mathfrak{M}, m' \vDash [A]\psi$ 的对立点，于是选取一个这样的 m_1；然后令 M_k^1 为所有这样选取的 m_1 构成的集合。对所有 $\langle m_1, w \rangle \in \bigcup_{i<k} M_i \times \bigcup_{i<k} W_i$ 和 $[A]\psi \in sub(\phi)$，如果存在 $m_2 \in T'$ 使得 $m_1 \simeq_A^w m_2$ 且 $\mathfrak{M}, m_2 \nvDash \psi$，那么选取一个这样的 m_2；然后令 M_k^2 为所有这样选取的 m_2 构成的集合。对所有非空的 $A, B \subseteq Agt$，所有 $w \in \bigcup_{i<k} W_i$ 和所有 $m_1, m_2 \in \bigcup_{i<k} M_i$，如果 $w < m_1, w < m_2$ 且 $A \cap B = \varnothing$，那么根据定义 5.4(3)，可以选一个 m_3 使得 $m_1 \simeq_A^w m_3$ 并且 $m_2 \simeq_B^w m_3$；然后令 M_k^3 为所有这样选取的 m_3 构成的集合。最后，定义

$$M_k = M_k^1 \cup M_k^2 \cup M_k^3,$$
$$W_k = \{w : 存在 m' \in M_k 和 [A]\psi \in sub(\phi)$$
$$使得 \mathfrak{M}, m' \vDash [A]\psi 且 w 是其证据点\ \}.$$

令 $T' = \bigcup_{k\in\mathbb{N}} M_k \cup \bigcup_{k\in\mathbb{N}} W_k$，$\mathfrak{M} \upharpoonright T' = \langle T', <', \approx, V' \rangle$ 且 $\mathfrak{T}' = \langle T', <' \rangle$。根据上述构造易见

$$m \in \max(T') \subseteq \max(T) \tag{3.12}$$

$$且\ \mathfrak{T}'\ 是可数且有上界的。 \tag{3.13}$$

另外，根据 M_0，M_k^1 和 M_k^2 的定义，T' 是在 $\mathfrak{M}$ 上相对于 $sub(\phi)$ 封闭的。

下面证明 $\mathfrak{T}'$ 是有根的。显而易见，$M_0 \cup W_0$ 是有穷的 $<$-链，从而

$M_0 \cup W_0$ 中存在最小元。令这个元为 $root$。我们归纳证明：

$$\text{对任意 } k \in \mathbb{N}, \; root <_\forall M_k \text{ 且 } root \leqslant_\forall W_k。 \tag{3.14}$$

然后，运用 (3.14) 可知 $root$ 是 $\mathfrak{T}'$ 的根。归纳基始是显然的。现在考虑归纳步骤：令 $m' \in M_k$，其中 $k > 0$。根据 M_k 的定义，存在 $w \in \bigcup_{i<k} W_i$ 使得 $w < m'$，从而运用归纳假设可得 $root \leqslant w < m'$。因此，$root <_\forall M_k$。令 $w \in W_k$。根据 W_k 的定义，存在 $m' \in M_k$ 和 $[A]\psi \in sub(\phi)$ 使得

$$\mathfrak{M}, m' \vDash [A]\psi \text{ 且 } w \text{ 是其证据点，} \tag{3.15}$$

从而根据 $root <_\forall M_k$ 可得

$$root < m' \text{ 且 } w < m'。 \tag{3.16}$$

于是有

$$root \leqslant w \text{ 或 } w < root。 \tag{3.17}$$

假设 $w < root$。我们有 $w < root <_\forall M_0 = \{m\}$，从而根据 (3.15), (3.16) 和事实 3.3(2) 可知，$\mathfrak{M}, m \vDash [A]\psi$ 且 w 是其证据点。运用事实 3.3(1) 和 W_0 的定义，我们有 $w \in W_0$。因为 $root \leqslant_\forall W_0$，所以 $root \leqslant w$，但这与假设 $w < root$ 相矛盾。故并非 $w < root$，从而根据 (3.17) 得到 $root \leqslant w$。因此，$root \leqslant_\forall W_k$。

我们用反证法证明 $\mathfrak{T}'$ 是历史长度有穷的。令 h 为 $\mathfrak{T}'$ 中任意历史。假设 h 是无穷的。因为 $root$ 是 $\mathfrak{T}'$ 的根，所以 $root \leqslant'_\forall h$，从而 $root \leqslant_\forall h$。根据 (3.13) 可知 $\mathfrak{T}'$ 是有上界的，由此根据 (3.12)，对任意 $m_1 \in h, m_1 \leqslant_\exists i_m$。因此，$h$ 是 $\mathfrak{T} = \langle T, < \rangle$ 中 $<$-链且满足有界性。根据 W_k 的定义，对任意 $w \in T' - \max(T')$，存在 $A \subseteq Agt$ 使得 w 是 A 在 $\mathfrak{M}$ 中的真选择；由此可得 h 是 $\mathfrak{M}$ 中的无穷选择链，但这与 $\mathfrak{M}$ 不包含无穷选择链相矛盾。故

假设不成立，即 h 是有穷的。所以 $\mathfrak{T}'$ 是历史长度有穷的。

最后，我们证明 $\mathfrak{M} \upharpoonright T'$ 满足定义 3.7 中的条件。令 $w \in T - \max(T)$ 且 $m_1, m_2, m_3 \in suc(w)$。假设 $m_1 \cong_A^w m_2$ 且 $m_2 \cong_A^w m_3$。那么存在 $h_1, h_2, h'_2, h_3 \in B$ 使得

$$m_1 \in h_1, m_3 \in h_3, \tag{3.18}$$

$$m_2 \in h_2 \cap h'_2, \tag{3.19}$$

$$h_1 \simeq_A^w h_2 \text{ 且 } h'_2 \simeq_A^w h_3。 \tag{3.20}$$

根据 (3.19) 和定义 5.4(4) 可知 $h_2 \simeq_A^w h'_2$；根据 (3.20) 和定义 5.4(1) 可知，$h_1 \simeq_A^w h_3$；再根据 (3.18) 可知 $m_1 \cong_A^w m_3$。因此，$\mathfrak{M} \upharpoonright T'$ 满足定义 3.7(1)。根据 M_k^3 的定义可知，$\mathfrak{M} \upharpoonright T'$ 满足定义 3.7(3)。根据定义 5.4(2) 可知，$\mathfrak{M} \upharpoonright T'$ 满足定义 3.7(2)。 $\square$

引理 3.19 对任意 $\mathscr{L}_a$-公式 ϕ，如果 ϕ 在不包含无穷选择链的同步 STIT 框架类中可满足，那么 ϕ 在简单 STIT 框架类中可满足。

证明 令 ϕ 为任意 $\mathscr{L}_a$-公式。假设 ϕ 在某个不包含无穷选择链的同步 STIT 框架中可满足。那么存在不包含无穷选择链的同步 STIT 模型 $\mathfrak{M}$ 和 $m/h \in pair(\mathfrak{M})$ 使得 $\mathfrak{M}, m/h \vDash \phi$，从而根据引理 3.13 可知，$\mathfrak{M}|_{\leqslant i_m}$ 是不包含无穷选择链的同步 STIT 模型且存在 m' 是 $\mathfrak{M}|_{\leqslant i_m}$ 中极大元且满足 $\mathfrak{M}|_{\leqslant i_m}, m' \vDash \phi$；由此根据引理 3.18，存在 $T' \subseteq dom(\mathfrak{M}|_{\leqslant i_m})$ 使得 $m' \in T'$，T' 是在 $\mathfrak{M}|_{\leqslant i_m}$ 上相对于 $sub(\phi)$ 封闭的，且 $\mathfrak{M}|_{\leqslant i_m} \upharpoonright T'$ 是简单 STIT 模型；进而根据引理 3.17，$\mathfrak{M}|_{\leqslant i_m} \upharpoonright T', m' \vDash \phi$。因此，$\phi$ 在简单 STIT 框架类中可满足。 $\square$

定理 3.20 对任意 $\mathscr{L}_a$-公式 ϕ，ϕ 在不包含无穷选择链的同步 *STIT* 框架类中可满足当且仅当 ϕ 在简单 *STIT* 框架类中可满足。

证明 运用引理 3.11 和 3.19。 $\square$

3.3　拟模型

在本节，我们引入 ϕ-拟模型，并证明对任意 $\mathscr{L}_a$-公式 ϕ，ϕ 在简单
STIT 模型类中可满足当且仅当存在 ϕ-拟模型，从而把可满足性问题转换
成拟模型的存在性问题。

定义 3.21 令 ϕ 为任意 $\mathscr{L}_a$-公式。定义 $neg(\phi)$ 如下：

$$
neg(\phi) = \begin{cases} \psi & \text{如果存在 } \psi \text{ 使得 } \phi = \neg\psi, \\ \neg\phi & \text{否则}. \end{cases}
$$

然后，令 Π 为任意 $\mathscr{L}_a$-公式集。Π 的闭包（表示为 $CL(\Pi)$）是满足以下
条件的最小公式集 Ψ：

- $\Pi \subseteq \Psi$；

- 对任意 $\mathscr{L}_a$-公式 ϕ，如果 $\phi \in \Psi$，那么 ϕ 的所有子公式也属于 Ψ；

- 对任意 $\mathscr{L}_a$-公式 ϕ，如果 $\phi \in \Psi$，那么 $neg(\phi) \in \Psi$。

对任意 $\mathscr{L}_a$-公式 ϕ，我们用 $CL(\phi)$ 表示 $CL(\{\phi\})$。易见，$CL(\phi)$ 是有穷
的。

定义 3.22 对任意 $A \subseteq CL(\phi)$，A 是 ϕ-极大一致集当且仅当 A 满足
下列条件：

- 对每个 $\psi \wedge \gamma \in CL(\phi)$，$\psi \wedge \gamma \in A$ 当且仅当 $\psi \in A$ 和 $\gamma \in A$；

- 对每个 $\neg\psi \in CL(\phi)$，$\neg\psi \in A$ 当且仅当 $\psi \notin A$。

我们用 $MCSs(\phi)$ 表示所有 ϕ-极大一致集构成的集合。

定义 3.23 令 $\mathfrak{S} = \langle T, <, J \rangle$，其中 $\langle T, < \rangle$ 是简单树状框架且对任意

$m \in \max(T)$，$J(m)$ 是 $\mathscr{L}_a$-公式集。对任意 $w \in T$ 和任意非空 $A \subseteq Agt$，

$$Settle^{\mathfrak{S}}(w) = \bigcap_{m \in \max(T)\restriction_{\geqslant w}} J(m),$$

$$Settle_A^{\mathfrak{S}}(w) = \{[A]\psi : [A]\psi \in Settle^{\mathfrak{S}}(w)\}。$$

对任意非空 $A \subseteq Agt$，定义 W 上的关系 $\frown_A^{\mathfrak{S}}$ 如下：

- 对任意 $u, v \in W$，$u \frown_A^{\mathfrak{S}} v$ 当且仅当对所有非空 $B \subseteq A$，$Settle_B^{\mathfrak{S}}(u) = Settle_B^{\mathfrak{S}}(v)$。

定义 3.24 令 ϕ 为任意 $\mathscr{L}_a$-公式。一个 ϕ-拟模型 $\mathfrak{S}$ 是三元组 $\langle T, <, J \rangle$，其中 $\langle T, < \rangle$ 是简单树状框架，且 J 是定义在 $\max(T)$ 的函数并满足下列条件：

(1) 对任意 $m \in \max(T)$，$J(m) \in MCSs(\phi)$；

(2) 存在 $m \in \max(T)$ 使得 $\phi \in J(m)$；

(3) 对任意 $\mathscr{L}_a$-公式 $\square_s \psi \in CL(\phi)$ 和任意 $m \in \max(T)$，$\square_s \psi \in J(m)$ 当且仅当对所有 $m' \in \max(T)$，$\psi \in J(m')$；

(4) 对任意 $\mathscr{L}_a$-公式 $[A]\psi \in CL(\phi)$ 和任意 $m \in \max(T)$，$[A]\psi \in J(m)$ 当且仅当存在 $w < m$ 使得

    (a) 对任意 $u, v \in suc(w)$，如果 $u \leqslant m$ 且 $u \frown_A^{\mathfrak{S}} v$，那么 $\psi \in Settle^{\mathfrak{S}}(v)$；

    (b) 存在 $m' \in \max(T)\restriction_{\geqslant w}$ 满足 $\psi \notin J(m')$；

(5) 对任意非空 $A, B \subseteq Agt$，任意 $w \in T - \max(T)$ 和任意 $u, v \in suc(w)$，如果 $A \cap B = \varnothing$，那么存在 $v' \in suc(w)$ 使得 $u \frown_A^{\mathfrak{S}} v'$ 且 $v \frown_B^{\mathfrak{S}} v'$。

引理 3.25 对任意 $\mathscr{L}_a$-公式 ϕ，如果 ϕ 在某个简单 $STIT$ 模型中可满足，那么存在 ϕ-拟模型。

证明 令 ϕ 为任意 $\mathscr{L}_a$-公式。假设 $\mathfrak{M}, m_0 \vDash \phi$，其中 $\mathfrak{M} = \langle T, <, \approx, V \rangle$ 是简单 STIT 模型，并且 $m_0 \in \max(T)$。令 $\mathfrak{S} = \langle T, <, J \rangle$，其中 J 是以下列方式定义在 $\max(T)$ 上的函数：对任意 $m \in \max(T)$，

$$J(m) = \{\psi \in CL(\phi) : \mathfrak{M}, m \vDash \psi\}。 \tag{3.21}$$

为了验证 $\mathfrak{S}$ 是 ϕ-拟模型，首先证明下列命题：令 $w \in T, u, v \in suc(w)$ 且 $\varnothing \neq A \subseteq Agt$，

$$\text{如果 } u \approx^w_A v，\text{那么 } Settle^{\mathfrak{S}}_A(u) = Settle^{\mathfrak{S}}_A(v); \tag{3.22}$$

$$\text{如果 } u \approx^w_A v，\text{那么 } u \frown^{\mathfrak{S}}_A v。 \tag{3.23}$$

假设 $u \approx^w_A v$ 且 $[A]\psi \in Settle^{\mathfrak{S}}_A(u)$。令 $m \in \max(T) \restriction_{\geqslant u}$ 且 t 为 $\mathfrak{M}, m \vDash [A]\psi$ 的证据点。我们有 $[A]\psi \in J(m)$，从而由 (3.21) 可得 $\mathfrak{M}, m \vDash [A]\psi$。所以根据事实 3.10，$t < u \leqslant m$，再由事实 3.9 与假设 $u \approx^w_A v$ 可知，对任意 $m \in \max(T) \restriction_{\geqslant v}$，$\mathfrak{M}, m \vDash [A]\psi$；再根据 (3.21)，$[A]\psi \in J(m)$。故 $[A]\psi \in Settle^{\mathfrak{S}}_A(v)$。如果 $u \approx^w_A v$ 且 $[A]\psi \in Settle^{\mathfrak{S}}_A(v)$，那么类似可证 $[A]\psi \in Settle^{\mathfrak{S}}_A(u)$。因此，(3.22) 成立。最后，根据 (3.22) 和定义 3.7(2) 可知 (3.23) 成立。

显而易见，$\mathfrak{S}$ 满足定义 3.24(1)、(2) 和 (3)。下面证明 $\mathfrak{S}$ 满足定义 3.24(4) 和 (5)。令 $\varnothing \neq A \subseteq Agt$ 且 $m \in \max(T)$。假设 $[A]\psi \in J(m)$。根据 (3.21)，$\mathfrak{M}, m \vDash [A]\psi$，从而存在 $w < m$ 使得

$$w \text{ 是 } \mathfrak{M}, m \vDash [A]\psi \text{ 的证据点}, \tag{3.24}$$

并且存在 $m' \in \max(T) \restriction_{\geqslant w}$ 满足 $\mathfrak{M}, m' \nvDash \psi$，从而根据 (3.21)，$\psi \notin J(m')$。令 $u, v \in suc(w)$ 满足 $u \leqslant m$ 和 $u \frown^{\mathfrak{S}}_A v$。根据 (3.21)、(3.24) 和事实 3.9(2) 可知 $[A]\psi \in Settle^{\mathfrak{S}}_A(u)$。根据假设 $u \frown^{\mathfrak{S}}_A v$ 可知，$[A]\psi \in Settle^{\mathfrak{S}}_A(u)$ 当

且仅当 $[A]\psi \in Settle_A^{\mathfrak{S}}(v)$，从而 $[A]\psi \in Settle_A^{\mathfrak{S}}(v) \subseteq Settle^{\mathfrak{S}}(v)$。因为对任意 $m \in \max(T)$，$\mathfrak{M}, m \vDash [A]\psi \to \psi$，所以 $\psi \in Settle^{\mathfrak{S}}(v)$。因此，$\mathfrak{S}$ 满足定义 3.24(4) 的从左到右的方向。定义 3.24(4) 的从右到左的方向是 (3.23) 的直接后承。故 $\mathfrak{S}$ 满足定义 3.24(4)。对任意非空 $A, B \subseteq Agt$，任意 $w \in T$ 和任意 $u, v \in suc(w)$，如果 $A \cap B = \varnothing$，那么根据定义 3.7(3)，存在 $v' \in suc(w)$ 使得 $u \approx_A^w v'$ 且 $v \approx_A^w v'$，从而根据 (3.23)，$u \frown_A^{\mathfrak{S}} v'$ 且 $v \frown_B^{\mathfrak{S}} v'$。因此，$\mathfrak{S}$ 满足定义 3.24(5)。 $\square$

引理 3.26 令 ϕ 为任意公式。如果存在 ϕ-拟模型，那么 ϕ 在某个简单 $STIT$ 模型中可满足。

证明 假设 $\mathfrak{S} = \langle T, <, J \rangle$ 是 ϕ-拟模型。令 $\mathfrak{M} = \langle T, <, \approx, V \rangle$，其中

- 对任意非空 $A \subseteq Agt$，任意 $w \in T - \max(T)$ 和任意 $u, v \in suc(w)$，$u \approx_A^w v$ 当且仅当 $u \frown_A^{\mathfrak{S}} v$；

- 对任意 $p \in Atm$，$m \in V(p)$ 当且仅当 $p \in J(m)$。

因为 $\frown_A^{\mathfrak{S}}$ 限制到 $suc(w)$ 是等价关系，所以 $\mathfrak{M}$ 满足定义 3.7(1)；根据定义 3.24(5) 可知，$\mathfrak{M}$ 满足定义 3.7(3)；$\mathfrak{M}$ 满足定义 3.7(2) 由 $\frown_A^{\mathfrak{S}}$ 的定义保证。因此，$\mathfrak{M}$ 是简单 STIT 模型。运用定义 3.24 (3) 和 (4)，通过在公式复杂度做归纳易证：对于任意 $m \in \max(T)$ 和任意 $\psi \in CL(\phi)$，

$$\mathfrak{M}, m \vDash \psi \text{ 当且仅当 } \psi \in J(m). \tag{3.25}$$

因为 $\mathfrak{S} = \langle T, <, J \rangle$ 是 ϕ-拟模型，所以存在 $m \in T$ 使得 $\phi \in J(m)$，从而根据 (3.25)，$\mathfrak{M}, m \vDash \phi$。因此，$\phi$ 在简单 STIT 模型 $\mathfrak{M}$ 中可满足。 $\square$

定理 3.27 令 ϕ 为任意公式。ϕ 在某个简单 $STIT$ 模型中可满足当且仅当存在 ϕ-拟模型。

证明 运用引理 3.25 和 3.26。 $\square$

3.4　可判定性

在本节，我们运用 Rabin 定理证明：$\mathscr{L}_a$-公式是否有拟模型是可判定的，从而根据定理 3.27 得出，**La** 是可判定的。这部分证明的基本想法是，对每个 $\mathscr{L}_a$-公式 ϕ，构造一个一目二阶句子 α_ϕ 使得

$$\text{存在 } \phi\text{-拟模型当且仅当 } \alpha_\phi \in Th(\mathfrak{R}_\mathbb{N}),$$

其中 $Th(\mathfrak{R}_\mathbb{N})$ 是 Rabin 树理论；再运用定理 3.29 得到，是否存在 ϕ-拟模型是可判定的。对 Rabin 定理的此类应用很多，可参考 [17], [26], [27] 和 [28] 等。

我们先陈述 Rabin 定理。令 $\mathscr{L}_r$ 为只含一元谓词变项且不带等词的二阶语言，其中非逻辑符号包括二元谓词 $<, \prec$ 和函数符号 r_i $(i \in \mathbb{N})$。对于等词，可以把它作为简写引入：$x = y$ 当且仅当 $\forall P(Px \leftrightarrow Py)$。对于任意序列 s_1 和 s_2，我们用 $s_1 \circ s_2$ 表示 s_1 之后接上 s_2 所得的序列。对任意序列 s_1 和 s_2，s_1 是 s_2 的*初始段*当且仅当存在序列 s_3 使得 s_2 是 s_1 之后接上 s_3 所得的序列；s_1 是 s_2 的*真初始段*当且仅当 s_1 是 s_2 的初始段且 $s_1 \neq s_2$。注意，为了简洁，我们把 Rabin 树中解释 $\mathscr{L}_r$ 中非逻辑符号的对象依旧写作 $\prec, <$ 和 r_i 等。

定义 3.28 *Rabin* 树是有序组 $\mathfrak{R}_\mathbb{N} = \langle \mathbb{N}^*, \{r_i\}_{i \in \mathbb{N}}, <, \prec \rangle$，其中

(1) $\mathbb{N}^*$ 是自然数的有穷序列构成的集合；

(2) 对任意 $i \in \mathbb{N}$ 和任意 $s \in \mathbb{N}^*$，$r_i(s) = s \circ \langle i \rangle$；

(3) 对任意 $s, s' \in \mathbb{N}^*$，$s < s'$ 当且仅当 s 为 s' 的真初始段；

(4) $\prec$ 是根据自然数上小于关系生成的字典序，亦即，对任意 $s, s' \in \mathbb{N}^*, s \prec s'$ 当且仅当或者 $s < s'$，或者存在 $t, u, v \in \mathbb{N}^*$ 和 $i < j \in \mathbb{N}$ 使得 $s = t \circ \langle i \rangle \circ u$ 且 $s' = t \circ \langle j \rangle \circ v$。

我们称树 $\mathfrak{T}$ 是 $\mathbb{N}$-型的当且仅当 $\mathfrak{T}$ 中历史都与自然数上的序同构。根据上述定义 3.28(1) 和 (3)，$\langle \mathbb{N}^*, < \rangle$ 是 $\mathbb{N}$-型树，并且有唯一的根是空序列 $\langle \rangle$。根据定义 3.28(4)，$\prec$ 是 $\mathbb{N}^*$ 上的严格线序，并且 $<$ 是 $\prec$ 的真子集。根据定义 3.28(2) 和 (3)，对任意 $s \in \mathbb{N}^*$，$\{r_i(s)\}_{i \in \mathbb{N}}$ 是 s 的直接 $<$-后继集 $suc_<(s)^3$ 的一个划分。

令 $Th(\mathfrak{R}_{\mathbb{N}})$ 为 $\mathfrak{R}_{\mathbb{N}}$ 满足的所有 $\mathcal{L}_r$-句子集。下列定理出自于 [43]。

定理 3.29 (Rabin 定理) $Th(\mathfrak{R}_{\mathbb{N}})$ 是可判定的。

在具体构造 α_ϕ 之前，为了方便表达，先引入下面这些辅助公式，其中 T, C, P 是谓词变元：

- $Max(x, T) \equiv \neg \exists x' \in T(x < x')$;

- $Suc(y, z) \equiv y < z \wedge \neg \exists x(y < x \wedge x < z)$;

- $Chain(C) \equiv \forall x, y \in C(x \leqslant y \vee y \leqslant x)$;

- $Finite(P) \equiv \forall Q(\exists x Q(x) \wedge Q \subseteq P \rightarrow \exists y(Q(y) \wedge \forall w(Q(w) \rightarrow y \preceq w) \wedge \exists z(Q(z) \wedge \forall w(Q(w) \rightarrow w \preceq z))$。

下面这三个 $\mathcal{L}_r$-公式分别表达向下封闭、有根和历史长度有穷：

- $DWC(T) \equiv \forall x, x'(x' \in T \wedge x < x' \rightarrow x \in T)$;

- $Rooted(T) \equiv \exists x \in T \forall x' \in T(x \leqslant x')$;

- $FH(T) \equiv \forall C \subseteq T(Chain(C) \rightarrow Finite(C))$。

定理 3.30 对任意 $\mathcal{L}_a$-公式 ϕ，可以构造 $\mathcal{L}_r$-句子 α_ϕ 使得

$$存在 \ \phi\text{-拟模型当且仅当} \ \alpha_\phi \in Th(\mathfrak{R}_{\mathbb{N}})。$$

---

3    $suc_\prec(s) = \{s' \in \mathbb{N}^* : \neg \exists s'' \in \mathbb{N}^*(s \prec s'' \prec s')\}$。

证明 令 ϕ 为任意 $\mathscr{L}_a$-公式。构造 $\mathscr{L}_r$-句子 α_ϕ 表达"存在 ϕ-拟模型"。令 $ST(T)$ 为 $DWC(T) \wedge Rooted(T) \wedge FH(T)$。因为 Rabin 树是可数的，所以 $ST(T)$ 表达 $\langle T, < \rangle$ 是简单的树状框架。因此，下面只需用 $\mathscr{L}_r$-句子表达：存在从 $\max(T)$ 到 $MCSs(\phi)$ 的函数 J 满足定义 3.24 中的条件。为此，我们对每个 $a \in MCSs(\phi)$ 指定一个 $\mathscr{L}_r$ 语言中的谓词变元 P_a。从直观上看，$P_a(m)$ 成立当且仅当 $J(m) = a$。为了方便书写，引入下述辅助公式：

- 对任意 $\mathscr{L}_a$-公式 $\psi \in CL(\phi)$，令 $True_\psi(x) \equiv \bigvee_{\substack{a \in MCSs(\phi) \\ \psi \in a}} P_a(x)$；

- 对任意 $\mathscr{L}_a$-公式 $\psi \in CL(\phi)$，令 $Settle_\psi(w) \equiv \forall x \in T(Max(x,T) \wedge w \leqslant x \to True_\psi(x)))$；

- 对任意非空 $A \subseteq Agt$，令 $Equi_A(x,y) \equiv \bigwedge_{\substack{[B]\psi \in CL(\phi) \\ \varnothing \neq B \subseteq A}} (Settle_{[B]\psi}(x) \leftrightarrow Settle_{[B]\psi}(y))$。

从直观上看，$True_\psi(m)$ 成立当且仅当 $\psi \in J(m)$；$Settle_\psi(w)$ 成立当且仅当 $\psi \in \bigcap_{m \in \max(T)\restriction_{\geqslant w}} J(m)$；并且 $Equi_A(w,u)$ 成立当且仅当 $w \curvearrowright_A^{\mathfrak{S}} u$，其中 $\mathfrak{S} = \langle T, <, J \rangle$。现在依次用 $\mathscr{L}_r$-公式表达定义 3.24 中的条件如下：

(1) $\forall x \in T(Max(x,T) \to \bigvee_{a \in MCSs(\phi)} P_a(x) \wedge \bigwedge_{\substack{a,a' \in MCSs(\phi) \\ a \neq a'}} \neg(P_a(x) \wedge P_{a'}(x))$；

(2) $\exists x \in T(True_\phi(x))$；

(3) $\bigwedge_{\square_s \psi \in CL(\phi)} \forall x \in T(Max(x,T) \to (True_{\square_s \psi}(x) \leftrightarrow \forall y(Max(y,T) \to True_\psi(y))))$；

(4) $\bigwedge_{[A]\psi \in CL(\phi)} \forall x \in T\{Max(x,T) \to (True_{[A]\psi}(x) \leftrightarrow \exists w < x$

    (a) $[\forall y,z \in T(suc(w,y) \wedge suc(w,z) \wedge y \leqslant x \wedge Equi_A(y,z) \to Settle_\psi(z))$

    (b) $\wedge \exists x' \in T(Max(x',T) \wedge w \leqslant x' \wedge \neg True_\psi(x'))])\}$；

(5) $\bigwedge_{\substack{\varnothing \neq A, B \subseteq Agt \\ A \cap B \neq \varnothing}} \forall x, y, z \in T[suc(x,y) \wedge suc(x,z) \rightarrow \exists z' \in T(suc(x,z') \wedge Equi_A(y,z) \wedge Equi_B(z',z))]$。

最后，令 $Quasi(P_{a_1}, \ldots, P_{a_n})$ 为上述四个公式的合取，其中 $\{a_1, \ldots, a_n\} = MCSs(\phi)$，并且令

$$\alpha_\phi = \exists T[ST(T) \wedge \exists P_{a_1} \cdots \exists P_{a_n}(Quasi(P_{a_1}, \ldots, P_{a_n}))].$$

根据 α_ϕ 的构造易见，存在 ϕ-拟模型当且仅当 $\alpha_\phi \in Th(\mathfrak{R}_\mathbb{N})$。　　　　□

最后，结合定理 3.27 和定理 3.30 可知，$\mathscr{L}_a$-公式 ϕ 在简单 STIT 模型类中的可满足性是可判定的，从而根据定理 3.20 得到下列定理。

定理 3.31 La 是可判定的。

本章证明了满足单调性的 ASTIT 逻辑是可判定的。在文献 [31] 中，该文作者证明了，如果 STIT 框架满足可加性且主体的数量大于 2，则相应的 CSTIT 逻辑是不可判定的。因此，一个很自然的问题是，满足可加性的 ASTIT 逻辑是否也具有不可判定性？在文献 [58] 中，作者引入了一种新型的二元 ASTIT 算子 $[A](\phi, \psi)$，其直观意义是，在过去某个时刻，ψ 是无可避免的且 A 在这个时刻的选择使得 ϕ 在当下成立。显然，该算子的表达力更强，本书所研究的一元 ASTIT 算子可以由其定义：$[A]\phi = [A](\phi, \top)$。在该文中，作者证明了当主体的数量大于 2 时，包含这种二元 ASTIT 算子且满足可加性的 ASTIT 逻辑是不可判定的。然而，对于仅包含一元 ASTIT 算子且满足可加性的 ASTIT 逻辑，其可判定性问题仍然是一个尚未解决的问题。

第四章　时态 STIT 逻辑 (一)

本章旨在证明两种时态 STIT 逻辑 **Lcx** 和 **Lcx**$^+$ 的可判定性。**Lcx** 的对象语言 $\mathscr{L}_{cx}$ 包含 CSTIT 算子、一元时态算子 X, Y 和历史必然算子，而 **Lcx**$^+$ 的对象语言 $\mathscr{L}_{cx+}$ 在语言 $\mathscr{L}_{cx}$ 基础上增加了同时算子。逻辑 **Lcx** 和 **Lcx**$^+$ 分别是由满足子 Z-型性的 STIT 框架类确定的逻辑和满足子 Z-型性的同步 STIT 框架类确定的逻辑。需要注意的是，同步 STIT 框架要求其基于树状框架中的历史是同构的，而 STIT 框架却没有这一限制。因此，即使去除同步 STIT 框架类中解释同时算子的瞬间集，也并不能得到所有的 STIT 框架。这意味着，尽管语言 $\mathscr{L}_{cx+}$ 是语言 $\mathscr{L}_{cx}$ 的扩张，但逻辑 **Lcx** 却无法简单地通过相等函数嵌入到逻辑 **Lcx**$^+$ 中。尽管如此，本章将通过统一的方法证明这两个逻辑的可判定性。

Lcx 和 **Lcx**$^+$ 可判定性证明的基本步骤与第二章中 **Lc** 可判定性的证明类似，主要分为两大步骤：第一步引入语言 $\mathscr{L}_{cx}$ 和 $\mathscr{L}_{cx+}$ 的克里普克语义学，并探讨它们与基于树状框架的 STIT 标准语义学的对应关系，从而得到这两种语义学的等价性；第二步采用子模型和滤模型的方法，证明 **Lcx** 和 **Lcx**$^+$ 相对于克里普克语义学具有强有穷框架性，从而得出它们的可判定性。

尽管本章的主要证明步骤与第二章中的证明类似，但时态算子的引入要求我们必须考虑时间维度，这使得上述两部分的证明比之前复杂很多，尤其是第二部分。这里简要阐述第二步证明的基本思路：$\mathscr{L}_{cx}$ 和 $\mathscr{L}_{cx+}$ 的克里普克框架可以被看成某种二维结构，其中一个维度是时间，而另一个维度是同时的世界数量。因此，它们的大小可以由这两个维度的大小来决定。于是，在第二步中，首先通过子模型转换得到时间维度有穷的框架，然后再通过一种修改的滤模型构造出同时维度也有穷的框架，从而最终得到所需的有穷框架。

本章的第一节介绍 $\mathscr{L}_{cx}$ 和 $\mathscr{L}_{cx+}$ 的基本语法、标准语义学和克里普克语义学，第二节探讨两种语义学之间的对应关系，第三节采用子模型进行限制时间维度的构造。最后，第四节采用滤模型证明 **Lcx** 和 **Lcx⁺** 的强有穷框架性，从而得出它们的可判定性。

4.1 语法与语义

4.1.1 语法

令 Agt 为非空且有穷的主体集合。语言 $\mathscr{L}_{cx}$ 包括一个可数无穷的命题变元集 Atm、真值函数联结词 $\neg$ 和 $\wedge$、时态算子 X,Y、历史必然算子 $\Box$ 以及对每个非空的 $A \subseteq Agt$，CSTIT 算子 $[A]_c$。该语言中的合法公式称为 $\mathscr{L}_{cx}$-公式，它们由下列巴科斯范式定义：

$$\phi ::= p \mid \neg\phi \mid \phi \wedge \phi \mid X\phi \mid Y\phi \mid \Box\phi \mid [A]_c\phi,$$

其中 $p \in Atm$ 并且 $\varnothing \neq A \subseteq Agt$。

语言 $\mathscr{L}_{cx+}$ 在语言 $\mathscr{L}_{cx}$ 之上增加了同时算子 $\Box_s$。该语言中的合法公式称为 $\mathscr{L}_{cx+}$-公式，它们由下列巴科斯范式定义：

$$\phi ::= p \mid \neg\phi \mid \phi \wedge \phi \mid X\phi \mid Y\phi \mid \Box\phi \mid \Box_s\phi \mid [A]_c\phi,$$

其中 $p \in Atm$ 并且 $\varnothing \neq A \subseteq Agt$。因为这章只涉及 CSTIT 算子，所以我们把 $[A]_c$ 简写为 $[A]$。

4.1.2 标准语义

$\mathscr{L}_{cx}$ 的标准语义学采用 STIT 框架和模型，而 $\mathscr{L}_{cx+}$ 的标准语义学采用同步 STIT 框架和模型，这两者在第一章中已定义。下面给出 STIT 模型和 $\mathscr{L}_{cx}$-公式之间满足关系的递归定义。

定义 4.1 令 $\mathfrak{M} = \langle T, <, \simeq, V \rangle$ 为 STIT 模型且 $m/h \in pairs(\mathfrak{M})$，且 ϕ 为任意 $\mathscr{L}_{cx}$-公式。递归定义 ϕ 在模型 $\mathfrak{M}$ 中 m/h 上满足（或为真）如下：

$$\mathfrak{M}, m/h \vDash p \quad \text{当且仅当} \quad m/h \in V(p);$$

$$\mathfrak{M}, m/h \vDash \neg\psi \quad \text{当且仅当} \quad \mathfrak{M}, m/h \nvDash \psi;$$

$$\mathfrak{M}, m/h \vDash \psi \wedge \chi \quad \text{当且仅当} \quad \mathfrak{M}, m/h \vDash \psi \text{ 且 } \mathfrak{M}, m/h \vDash \chi;$$

$$\mathfrak{M}, m/h \vDash X\psi \quad \text{当且仅当} \quad \mathfrak{M}, suc(m,h)/h \vDash \psi;$$

$$\mathfrak{M}, m/h \vDash Y\psi \quad \text{当且仅当} \quad \mathfrak{M}, pred(m)/h \vDash \psi;$$

$$\mathfrak{M}, m/h \vDash \Box\psi \quad \text{当且仅当} \quad \text{对所有 } h' \in H_m, \ \mathfrak{M}, m/h' \vDash \psi;$$

$$\mathfrak{M}, m/h \vDash [A]\psi \quad \text{当且仅当} \quad \text{对所有 } h' \simeq^m_A h, \ \mathfrak{M}, m/h' \vDash \psi_\circ$$

令 ϕ 为任意 $\mathscr{L}_{cx}$-公式。ϕ 在 $\mathfrak{M}$ 上为真（表示为 $\mathfrak{M} \vDash \phi$）当且仅当对任意 $m/h \in pairs(\mathfrak{M})$，$\mathfrak{M}, m/h \vDash \phi$；$\phi$ 在 $\mathfrak{M}$ 中可满足当且仅当存在 $m/h \in pairs(\mathfrak{M})$ 使得 $\mathfrak{M}, m/h \vDash \phi$。对任意 STIT 框架 $\mathfrak{F}$，ϕ 在 $\mathfrak{F}$ 上有效（表示为 $\mathfrak{F} \vDash \phi$）当且仅当对任意的 STIT 模型 $\mathfrak{M} = \langle \mathfrak{F}, V \rangle$，$\mathfrak{M} \vDash \phi$；$\phi$ 在 $\mathfrak{F}$ 中可满足当且仅当存在 STIT 模型 $\mathfrak{M} = \langle \mathfrak{F}, V \rangle$ 使得 ϕ 在 $\mathfrak{M}$ 中可满足。对任意 STIT 框架类 $\mathcal{C}$，ϕ 在 $\mathcal{C}$ 上有效当且仅当 ϕ 在 $\mathcal{C}$ 中的每个 $\mathfrak{F}$ 上都有效；ϕ 在 $\mathcal{C}$ 中可满足当且仅当 ϕ 在 $\mathcal{C}$ 中的某个 $\mathfrak{F}$ 中可满足。

对任意 STIT 框架 $\mathfrak{F}$ 和任意 STIT 模型 $\mathfrak{M}$，$\mathfrak{F}$（或 $\mathfrak{M}$）是子 $\mathbb{Z}$-型的当且仅当它基于的树状框架满足子 $\mathbb{Z}$-型性。本章考虑的时态 STIT 逻辑 **Lcx** 是在所有子 $\mathbb{Z}$-型的 STIT 框架上都有效的 $\mathscr{L}_{cx}$-公式构成的集合。

定义 4.2 $\mathbf{Lcx} = \{\phi \in \mathscr{L}_{cx} : \forall \mathfrak{F} \in \mathcal{C}_{zs}, \mathfrak{F} \vDash \phi\}$，其中 $\mathcal{C}_{zs}$ 为所有子 $\mathbb{Z}$-型的 STIT 框架构成的类。

下面给出同步 STIT 模型和 $\mathscr{L}_{cx+}$-公式之间满足关系的递归定义，这里只列出同时算子 $\square_s$ 的定义，因为其他的部分与定义 4.1 中 $\mathscr{L}_{cx}$-公式满足的定义相同。注意，对任意同步树状框架 $\langle T, <, I \rangle$ 和任意 $m \in T$，i_m 是 I 中包含 m 的那个元素。

定义 4.3 令 $\mathfrak{M} = \langle T, <, I, \simeq, V \rangle$ 为同步 STIT 模型且 $m/h \in pairs(\mathfrak{M})$。

$$\mathfrak{M}, m/h \vDash \square_s \phi \quad \text{当且仅当} \quad \text{对任意 } m' \in i_m \text{ 和任意 } h' \in H_{m'},$$
$$\mathfrak{M}, m'/h' \vDash \phi。$$

关于 $\mathscr{L}_{cx+}$-公式相对同步 STIT 模型、同步 STIT 框架和同步 STIT 框架类的可满足性和有效性等概念，类似于 $\mathscr{L}_{cx}$-公式相对 STIT 模型、STIT 框架和 STIT 框架类的可满足性和有效性等来定义。

对任意同步 STIT 框架 $\mathfrak{F}$ 和任意同步 STIT 模型 $\mathfrak{M}$，$\mathfrak{F}$（或 $\mathfrak{M}$）是子 $\mathbb{Z}$-型的当且仅当它基于的树状框架满足子 $\mathbb{Z}$-型性。本章考虑的时态 STIT 逻辑 $\mathbf{Lcx}^+$ 是在所有子 $\mathbb{Z}$-型的同步 STIT 框架上都有效的 $\mathscr{L}_{cx+}$-公式构成的集合。

定义 4.4 $\mathbf{Lcx}^+ = \{\phi \in \mathscr{L}_{cx+} : \forall \mathfrak{F} \in \mathcal{C}_{zsi}, \mathfrak{F} \vDash \phi\}$，其中 $\mathcal{C}_{zsi}$ 为所有子 $\mathbb{Z}$-型的同步 STIT 框架构成的类。

鉴于 $\mathscr{L}_{cx}$-公式和 $\mathscr{L}_{cx+}$-公式的真值条件几乎相同，只是后者多出同时算子的部分，并且决定逻辑 $\mathbf{Lcx}$ 和 $\mathbf{Lcx}^+$ 的框架类满足相同的条件子 $\mathbb{Z}$-型性。读者也许会认为：对任意 $\mathscr{L}_{cx}$-公式 ϕ，

$$\phi \in \mathbf{Lcx} \quad \text{当且仅当} \quad \phi \in \mathbf{Lcx}^+。$$

但是这并不成立，比如 $X(p \vee \neg p) \to Y \square X X(p \vee \neg p) \in \mathbf{Lcx}^+ - \mathbf{Lcx}$。这

是因为同步 STIT 框架中所有的历史都是同构的，但 STIT 框架中的历史却可以不是同构的。

4.1.3 克里普克语义

本小节引入时态 STIT 逻辑的克里普克语义学，我们先定义基底框架和同步基底框架，它们分别对应于树状框架和同步树状框架。

基底框架的基本想法来自 Kamp 框架和 Ockhamist 框架 [38, 47]。尽管从定义形式上看，基底框架更加接近 Ockhamist 框架，因为它们都是含有多个关系的克里普克框架，但实际上基底框架等价于时序关系可以同构嵌入到 $\langle \mathbb{Z}, < \rangle$ 的 Kamp 框架。

定义 4.5 一个基底框架是一个三元组 $\langle W, \lhd, \sim \rangle$，其中 W 为非空集合，$\lhd$ 是从 W 到 W 的一对一的部分函数[1]，$\sim$ 为 W 上的等价关系，且它们满足以下条件：

(1) 对任意的自然数 $n > 0$ 和任意的 $w, u \in W$，并非 $w \lhd^n u \wedge w \sim u$；

(2) 对任意的 $w, u, u' \in W$，如果 $w \lhd u \sim u'$，那么存在 $w' \in W$ 使得 $w \sim w' \lhd u'$。

一个基底模型是一个有序对 $\mathfrak{M} = \langle \mathfrak{F}, V \rangle$，其中 $\mathfrak{F} = \langle W, \lhd, \sim \rangle$ 是一个基底框架，而 V 是一个从 Atm 到 $\mathcal{P}(W)$ 的赋值函数。

令 $\mathfrak{F} = \langle W, \lhd, \sim \rangle$ 为一个基底框架。W 是 $\mathfrak{F}$ 的论域，并用 $dom(\mathfrak{F})$ 表示，W 中的元通常被称为点，并用 w, u, v 等表示。我们用 $w \unlhd u$ 表示 $w \lhd u \vee w = u$，并且用 $\lhd^+$ 和 $\unlhd^+$ 分别表示 $\lhd$ 和 $\unlhd$ 的传递闭包；另外，$\rhd$ 和 $\unrhd$ 分别表示 $\lhd$ 和 $\unlhd$ 的逆关系。因为 $\lhd$ 是一对一的部分函数，所以对任意点 w，如果它的 $\lhd$-直接前驱或是 $\lhd$-直接后继存在，那么必定唯一；我们用 w^- 和 w^+ 分别表示 w 的 $\lhd$-直接前驱和 $\lhd$-直接后继。当使用 w^-

---

1 $\lhd$ 也是 W 上的二元关系。我们将主要用关系的方式来表示 $\lhd$，也就是说，用 $w \lhd u$ 而不是 $\lhd(w) = u$ 来表示函数 $\lhd$ 把 w 映射到了 u。

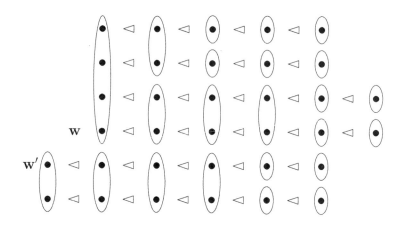

图 4.1 一个简单的基底框架

和 w^+ 时，我们预设 w 的 ⊲-直接前驱和 ⊲-直接后继的存在性。对任意 $\mathbf{w} \subseteq W$，$\mathbf{w}$ 是 $\mathfrak{F}$ 中的世界当且仅当 $\mathbf{w}$ 是 $\langle W, \triangleleft^+ \rangle$ 中一条极大的 $\triangleleft^+$-链，我们用 $\mathbf{w}, \mathbf{w}'$ 等来表示世界；对任意 $w \in W$，$\mathbf{w}_w$ 表示包含 w 的世界。对任意 $\mathbf{m} \subseteq W$，$\mathbf{m}$ 是 $\mathfrak{F}$ 中的时间点当且仅当 $\mathbf{m} \in W/\sim$。我们说世界 $\mathbf{w}$ 经过时间点 $\mathbf{m}$ 如果 $\mathbf{w} \cap \mathbf{m} \neq \varnothing$。图 4.1 给出了一个简单的基底框架，其中 ⊲ 关系是从左向右的，椭圆表示时间点，水平线上的点构成世界。注意，我们允许存在世界不经过同一个时间点，例如图中的 $\mathbf{w}, \mathbf{w}'$，但是，如果两个世界经过了同一个时间点，那么根据定义 4.5(2)，在这个时间点的过去，这两个世界也必定经过同样的时间点，也就是说，椭圆的大小是向右非严格递减的。

为了使得基底框架与树状框架更好地相对应，下面考虑基底框架的两个基本条件：

定义 4.6 令 $\mathfrak{F} = \langle W, \triangleleft, \sim \rangle$ 为一个基底框架。

弱分支性　　对任意 $w, w', u \in W$，如果 $w' \sim w \triangleleft u$，那么存在 $u' \in W$ 使得 $w' \triangleleft u'$；

分支性　　对任意 $w, w' \in W$，如果 $w \sim w'$ 并且 $w \neq w'$，那么存在

图 4.2 分支性不成立

$u \in W$ 使得 $w \lhd^+ u$ 且对任意 $u' \in W$，如果 $w' \lhd^+ u'$，那么并非 $u \sim u'$。

弱分支性说不存在两个世界，前者经过的时间点构成的集合是后者经过的时间点构成的集合的真子集，即不存在图 4.2 中左边的情况；分支性说不存在两个世界，前者经过的时间点构成的集合是后者经过的时间点构成的集合的子集，即图 4.2 中的情况都不存在。

事实 4.7 对于任意基底框架 $\mathfrak{F}$，如果 $\mathfrak{F}$ 满足分支性，那么 $\mathfrak{F}$ 满足弱分支性。

在 [38] 中，该文作者在 Ockhamist 框架上添加了同时关系，从而得到等价于 $\mathbf{T} \times \mathbf{W}$ 框架的同步 Ockhamist 框架。这里基于类似的想法，在基底框架上引入同时关系，从而用它们来建立基底框架中点的时序关系。

定义 4.8 一个同步基底框架是一个四元组 $\langle W, \lhd, \sim, \sim_s \rangle$，其中 $\langle W, \lhd, \sim \rangle$ 是一个基底框架，$\sim_s$ 是 W 上的等价关系且满足 $\sim \, \subseteq \, \sim_s$；除此之外，该框架还满足以下条件：

(1) 不存在点序列 $w_1, \ldots, w_{2n} \in W$ $(n \geqslant 1)$ 满足对每个 $1 \leqslant k \leqslant n$，$w_{2k-1} \sim_s w_{2k}$，对每个 $1 \leqslant k \leqslant n-1$，$w_{2k} \lhd w_{2k+1}$ 且 $w_{2n} \lhd w_1$；

(2) 对所有 $w, w', u, u' \in W$，如果 $w \lhd u$ 和 $w' \lhd u'$，那么 $w \sim_s w'$ 当且仅当 $u \sim_s u'$；

(3) 对所有 $w, u \in W$，存在自然数 n 使得 $wR^n u$，其中 $R = \lhd \cup \lhd^{-1} \cup \sim_s$。

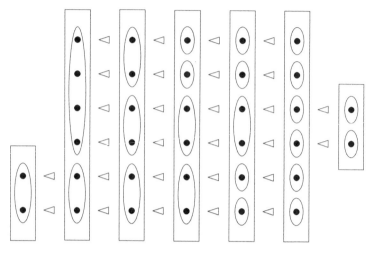

图 4.3 一个同步基底框架

一个同步基底模型是一个有序对 $\mathfrak{M} = \langle \mathfrak{F}, V \rangle$，其中 $\mathfrak{F} = \langle W, \triangleleft, \sim, \sim_s \rangle$ 是一个同步基底框架，而 V 是一个从 Atm 到 $\mathcal{P}(W)$ 的赋值函数。

令 $\mathfrak{M} = \langle \mathfrak{F}, V \rangle$ 为一个同步基底模型，其中 $\mathfrak{F} = \langle W, \triangleleft, \sim, \sim_s \rangle$。我们把 $W/\sim_s$ 中的元称为瞬间；为了简洁性，我们用 $[w]_s$ 表示 $[w]_{\sim_s}$。对任意 $w, u \in W$，$[w]_s \blacktriangleleft [u]_s$ 当且仅当存在 $w' \in [w]_s$ 和 $u' \in [u]_s$ 使得 $w' \triangleleft u'$；我们用 $\blacktriangleleft^+$ 表示 $\blacktriangleleft$ 的传递闭包。定义 4.8(1) 说 $\blacktriangleleft^+$ 是禁自反的，因此它蕴涵定义 4.5(1)；定义 4.8(2) 说 $\blacktriangleleft^+$ 是弱可比较的[2]；定义 4.8(3) 说的是连通性，它与定义 4.8(2) 一起蕴含 $\blacktriangleleft^+$ 是可比较的；这三个条件一起蕴含 $\blacktriangleleft^+$ 是严格线序[3]。图 4.3 中给出了一个同步基底框架，它是由图 4.1 中的基底框架扩充而来的，其中矩形表示同时关系。我们定义 $\mathfrak{F}$（或 $\mathfrak{M}$）的长度为集合 $W/\sim_s$ 的基数，并用符号 $len(\mathfrak{F})$（或 $len(\mathfrak{M})$）来表示，例如图 4.3 中的框架的长度为 7。最后，我们用 $\blacktriangleright$ 表示 $\blacktriangleleft$ 的逆关系。

值得注意的是，与同步树状框架不同，同步基底框架并不对它们基于

2　一个关系 R 是弱可比较的当且仅当它满足以下两条：
$$\forall x \forall y \forall z (xRz \wedge yRz \rightarrow xRy \vee x = y \vee yRx);$$
$$\forall x \forall y \forall z (zRx \wedge zRy \rightarrow xRy \vee x = y \vee yRx).$$

3　R 是集合 W 上的一个严格线序，如果 R 是 W 上的一个严格偏序并且是可比较的。

的基底框架增加额外的要求，所以每个基底框架都被包含于某个同步基底框架。因此，同步基底框架中的世界并不一定是同构的，但我们可以加入下列条件来表达这一点。

定义 4.9 令 $\mathfrak{F} = \langle W, \lhd, \sim, \sim_s \rangle$ 为一个同步基底框架。

左对齐　　对于所有 $w, u' \in W$，如果存在 $u \in W$ 使得 $w \lhd u \sim_s u'$，那么存在 $w' \in W$ 使得 $w \sim_s w' \lhd u'$；

右对齐　　对于所有 $w, u' \in W$，如果存在 $w' \in W$ 使得 $w \sim_s w' \lhd u'$，那么存在 $u \in W$ 使得 $w \lhd u \sim_s u'$。

值得注意的是，因为左对齐和右对齐一起蕴含同步基底框架中的所有世界都是同构的，所以当一个同步基底框架满足它们时，这个框架则是一个同步 Ockhamist 框架 [38]。

下面基于基底框架和同步基底框架，我们分别定义 $\mathscr{L}_{cx}$-克里普克框架和 $\mathscr{L}_{cx+}$-克里普克框架。

定义 4.10 一个 $\mathscr{L}_{cx}$-克里普克框架是一个有序组

$$\mathfrak{F} = \langle W, \lhd, \sim, \{\simeq_A\}_{\varnothing \neq A \subseteq Agt} \rangle,$$

其中 $\langle W, \lhd, \sim \rangle$ 是一个基底框架且 $\simeq_A$ 是 W 上的等价关系并满足下列条件：

(1) 对所有非空的 $A \subseteq Agt$，$\simeq_A \subseteq \sim$；

(2) 对所有非空的 $A, B \subseteq Agt$，如果 $A \subseteq B$，那么 $\simeq_B \subseteq \simeq_A$；

(3) 对所有非空的 $A, B \subseteq Agt$ 和所有 $w, u \in W$，如果 $A \cap B = \varnothing$ 且 $w \sim u$，那么存在 $v \in W$ 使得 $w \simeq_A v$ 且 $u \simeq_B v$；

(4) 对所有非空的 $A \subseteq Agt$ 和所有 $w, u, v \in W$，如果 $w \lhd^+ u$ 并且 $u \sim v$，那么存在 u' 使得 $w \simeq_A u'$ 且 $u' \lhd^+ v$。

类似地，一个 $\mathscr{L}_{cx+}$-克里普克框架是一个有序组

$$\mathfrak{F} = \langle W, \lhd, \sim, \sim_s, \{\simeq_A\}_{\varnothing \neq A \subseteq Agt} \rangle,$$

其中 $\langle W, \lhd, \sim, \sim_s \rangle$ 是一个同步基底框架且 $\simeq_A$ 是 W 上的等价关系并满足上述条件 (1)、(2)、(3) 和 (4)。

一个 $\mathscr{L}_{cx}$-克里普克模型（或 $\mathscr{L}_{cx+}$-克里普克模型）是一个有序对 $\langle \mathfrak{F}, V \rangle$，其中 $\mathfrak{F}$ 是 $\mathscr{L}_{cx}$-克里普克框架（或 $\mathscr{L}_{cx+}$-克里普克框架）而 V 是 $\mathfrak{F}$ 上的赋值函数，它把每个 $p \in Atm$ 映射到 $\mathfrak{F}$ 论域的一个子集。

注意，因为 $\mathscr{L}_{cx}$-克里普克框架和 $\mathscr{L}_{cx}$-克里普克模型是在基底框架基础上定义的，所以之前相对基底框架定义的概念和条件可以被直接推广到它们之上。类似地，因为 $\mathscr{L}_{cx+}$-克里普克框架和 $\mathscr{L}_{cx+}$-克里普克模型是在同步基底框架基础上定义的，所以之前相对同步基底框架定义的概念和条件也可以被直接推广到它们之上。下面是 $\mathscr{L}_{cx}$-克里普克模型和 $\mathscr{L}_{cx}$-公式之间满足关系的递归定义。

定义 4.11 令 $\mathfrak{M} = \langle W, \lhd, \sim, \{\simeq_A\}_{\varnothing \neq A \subseteq Agt}, V \rangle$ 为 $\mathscr{L}_{cx}$-克里普克模型且 $w \in W$，且 ϕ 为任意 $\mathscr{L}_{cx}$-公式。递归定义 ϕ 在模型 $\mathfrak{M}$ 中 w 上满足（或为真）如下：

$$
\begin{array}{lll}
\mathfrak{M}, w \vDash p & \text{当且仅当} & w \in V(p); \\
\mathfrak{M}, w \vDash \neg\psi & \text{当且仅当} & \text{并非 } \mathfrak{M}, w \vDash \psi; \\
\mathfrak{M}, w \vDash \psi \wedge \chi & \text{当且仅当} & \mathfrak{M}, w \vDash \psi \text{ 且 } \mathfrak{M}, w \vDash \chi; \\
\mathfrak{M}, w \vDash X\psi & \text{当且仅当} & \mathfrak{M}, w^+ \vDash \psi; \\
\mathfrak{M}, w \vDash Y\psi & \text{当且仅当} & \mathfrak{M}, w^- \vDash \psi; \\
\mathfrak{M}, w \vDash \Box\psi & \text{当且仅当} & \text{对所有 } w' \sim w, \mathfrak{M}, w' \vDash \psi; \\
\mathfrak{M}, w \vDash [A]\psi & \text{当且仅当} & \text{对所有 } w' \simeq_A w, \mathfrak{M}, w' \vDash \psi。
\end{array}
$$

令 ϕ 为任意 $\mathscr{L}_{cx}$-公式。ϕ 在 $\mathfrak{M}$ 上为真（表示为 $\mathfrak{M} \vDash \phi$）当且仅当对任

意 $w \in dom(\mathfrak{M})$，$\mathfrak{M}, w \models \phi$；$\phi$ 在 $\mathfrak{M}$ 中可满足当且仅当存在 $w \in dom(\mathfrak{M})$ 使得 $\mathfrak{M}, w \models \phi$；对任意 $\mathscr{L}_{cx}$-克里普克框架 $\mathfrak{F}$，ϕ 在 $\mathfrak{F}$ 上有效（表示为 $\mathfrak{F} \models \phi$）当且仅当对任意的 $\mathscr{L}_{cx}$-克里普克模型 $\mathfrak{M} = \langle \mathfrak{F}, V \rangle$，$\mathfrak{M} \models \phi$；$\phi$ 在 $\mathfrak{F}$ 中可满足当且仅当存在 $\mathscr{L}_{cx}$-克里普克模型 $\mathfrak{M} = \langle \mathfrak{F}, V \rangle$ 使得 ϕ 在 $\mathfrak{M}$ 中可满足；对任意 $\mathscr{L}_{cx}$-克里普克框架类 $\mathcal{C}$，ϕ 在 $\mathcal{C}$ 上有效当且仅当 ϕ 在 $\mathcal{C}$ 中的每个 $\mathfrak{F}$ 上都有效；ϕ 在 $\mathcal{C}$ 中可满足当且仅当 ϕ 在 $\mathcal{C}$ 中的某个 $\mathfrak{F}$ 中可满足。

下面是 $\mathscr{L}_{cx+}$-克里普克模型和 $\mathscr{L}_{cx+}$-公式之间满足关系的递归定义，我们只给出同时算子 $\Box_s$ 的定义，因为其他的部分与定义 4.11 中 $\mathscr{L}_{cx}$-公式满足的定义一样。

定义 4.12 令 $\mathfrak{M} = \langle W, \lhd, \sim, \sim_s, \{\simeq_A\}_{\varnothing \neq A \subseteq Agt}, V \rangle$ 为 $\mathscr{L}_{cx+}$-克里普克模型且 $w \in W$。

$$\mathfrak{M}, w \models \Box_s \phi \quad \text{当且仅当} \quad \text{对所有 } w' \sim_s w, \mathfrak{M}, w' \models \phi.$$

关于 $\mathscr{L}_{cx+}$-公式相对 $\mathscr{L}_{cx+}$-克里普克模型、$\mathscr{L}_{cx+}$-克里普克框架和 $\mathscr{L}_{cx+}$-克里普克框架类的可满足性和有效性等概念，类似于 $\mathscr{L}_{cx}$-公式相对 $\mathscr{L}_{cx}$-克里普克模型、$\mathscr{L}_{cx}$-克里普克框架和 $\mathscr{L}_{cx}$-克里普克框架类的可满足性和有效性等来定义。

定义 4.13 令 $\mathfrak{M}$ 为 $\mathscr{L}_{cx}$-克里普克模型且 $\mathfrak{M}^+$ 为 $\mathscr{L}_{cx+}$-克里普克模型。$\mathfrak{M}^+$ 是 $\mathfrak{M}$ 的一个扩张当且仅当去除 $\mathfrak{M}^+$ 中解释 $\Box_s$ 的关系后，$\mathfrak{M}^+$ 的其他部分构成 $\mathfrak{M}$。

对于扩张，在公式 ϕ 的复杂度上做归纳易证下列事实成立：

事实 4.14 令 $\mathfrak{M}$ 为 $\mathscr{L}_{cx}$-克里普克模型且并令 $\mathfrak{M}^+$ 为 $\mathscr{L}_{cx+}$-克里普克模型。如果 $\mathfrak{M}^+$ 是 $\mathfrak{M}$ 的一个扩张，那么对任意的 $\mathscr{L}_{cx}$-公式 ϕ 和任意 $w \in dom(\mathfrak{M})$，$\mathfrak{M}, w \models \phi$ 当且仅当 $\mathfrak{M}^+, w \models \phi$。

在本章，我们始终用 **Con** 表示弱分支性和分支性这两个条件构成的集合，且用 $\mathbf{Con}^+$ 表示 **Con** 加上左对齐和右对齐这两个条件构成的集合。我们关注满足 **Con** 中条件组合的 $\mathscr{L}_{cx}$-克里普克框架类所确定的逻辑和满足 $\mathbf{Con}^+$ 中条件组合的 $\mathscr{L}_{cx+}$-克里普克框架类所确定的逻辑。对任意框架条件集 Ψ，$\mathcal{C}_\Psi$ 是由所有满足 Ψ 的 $\mathscr{L}_{cx}$-克里普克框架组成的类且 $\mathcal{C}_\Psi^+$ 是由所有满足 Ψ 的 $\mathscr{L}_{cx+}$-克里普克框架组成的类；对任意 $\mathscr{L}_{cx}$-克里普克框架类（或 $\mathscr{L}_{cx+}$-克里普克框架类）$\mathcal{C}$，

$$\mathbf{Log}(\mathcal{C}) = \{\phi \in \mathscr{L}_{cx}(\text{或 } \mathscr{L}_{cx+}) : \forall \mathfrak{F} \in \mathcal{C}, \mathfrak{F} \vDash \phi\}。$$

最后，我们定义框架长度强有穷性和强有穷框架性。对任意公式 ϕ，$|\phi|$ 表示公式 ϕ 作为符号串的长度。

定义 4.15 对任意框架条件集 Ψ，$\mathbf{Log}(\mathcal{C}_\Psi^+)$ 有框架长度强有穷性当且仅当存在一个可计算的函数 f 使得：对任意 $\mathscr{L}_{cx+}$-公式 $\phi \notin \mathbf{Log}(\mathcal{C}_\Psi^+)$，存在 $\mathfrak{F} \in \mathcal{C}_\Psi^+$ 满足 $\neg\phi$ 且 $len(\mathfrak{F}) \leq f(|\phi|)$；$\mathbf{Log}(\mathcal{C}_\Psi)$（或 $\mathbf{Log}(\mathcal{C}_\Psi^+)$）有强有穷框架性当且仅当存在一个可计算的函数 f 使得：对任意 $\mathscr{L}_{cx}$-公式 $\phi \notin \mathbf{Log}(\mathcal{C}_\Psi)$（或 $\mathscr{L}_{cx+}$-公式 $\phi \notin \mathbf{Log}(\mathcal{C}_\Psi^+)$），存在 $\mathfrak{F} \in \mathcal{C}_\Psi$（或 $\mathcal{C}_\Psi^+$）满足 $\neg\phi$ 且 $|dom(\mathfrak{F})| \leq f(|\phi|)$。

4.2　两种语义之间的对应关系

本节讨论标准语义学和克里普克语义学之间的对应关系。我们首先考虑从标准语义学到克里普克语义学的转换，然后再考虑从克里普克语义学到标准语义学的转换。除此之外，我们还证明：如果 $\mathbf{Log}(\mathcal{C}_{\mathbf{Con}}^+)$ 有框架长度强有穷性，那么

$$\mathbf{Lcx} = \mathbf{Log}(\mathcal{C}_{\mathbf{Con}}) = \mathbf{Log}(\mathcal{C}_{\mathbf{Con}}^+) \cap \mathscr{L}_{cx}。$$

下一节将证明 $\mathbf{Log}(\mathcal{C}^+_{\mathbf{Con}})$ 的确具有框架长度强有穷性。因此，恒等映射是一个从逻辑 **Lcx** 到逻辑 $\mathbf{Log}(\mathcal{C}^+_{\mathbf{Con}})$ 的嵌入。这使得我们之后只需要考虑 $\mathscr{L}_{cx+}$-克里普克框架类确定的逻辑的可判定性。

4.2.1 从标准语义到克里普克语义

这里首先定义从树状框架到基底框架的转换，并把它扩充到从同步树状框架到同步基底框架的转换。然后，再考虑从 STIT 模型到 $\mathscr{L}_{cx}$-克里普克模型的转换和从同步 STIT 模型到 $\mathscr{L}_{cx+}$-克里普克模型的转换。下面先证明有关基底框架的几个基本性质。

命题 4.16 令 $\mathfrak{F} = \langle W, \lhd, \sim \rangle$ 为一个基底框架。我们有：

(1) $\lhd^+$ 是禁自反、传递且弱可比较的；

(2) 对 $\mathfrak{F}$ 中任意的世界 $\mathbf{w}$，$\langle \mathbf{w}, \lhd^+ \!\upharpoonright\! \mathbf{w} \rangle$ 都可以同构嵌入 $\langle \mathbb{Z}, < \rangle$；

(3) 对任意 $w, u \in W$，$\exists u' \in [u]_\sim \exists w' \in [w]_\sim (w' \lhd^+ u')$ 当且仅当 $\forall u' \in [u]_\sim \exists w' \in [w]_\sim (w' \lhd^+ u')$；

(4) 令 $w_1, w_2 \in W$，并且令 $W_1 = \{u : u \unlhd^+ w_1\}, W_2 = \{u : u \unlhd^+ w_2\}$。假设 $w_1 \sim w_2$。我们有 $\sim \cap (W_1 \times W_2)$ 是一个从 $\langle W_1, \lhd^+ \!\upharpoonright\! W_1 \rangle$ 到 $\langle W_2, \lhd^+ \!\upharpoonright\! W_2 \rangle$ 的同构映射。

证明 (1) 显然，$\lhd^+$ 是传递的；同时，因为 $\lhd$ 是一对一的部分函数，所以 $\lhd^+$ 是弱可比较的。为了证明 $\lhd^+$ 是禁自反的，假设存在 $w \in W$ 满足 $w \lhd^+ w$。因为 $\sim$ 是等价关系且 $\lhd^+$ 为 $\lhd$ 的传递闭包，所以存在自然数 n 使得 $w \lhd^n w \wedge w \sim w$；但这与定义 4.5(1) 相矛盾。故假设不成立，即 $\lhd^+$ 是禁自反的。

(2) 令 $\mathbf{w}$ 为 $\mathfrak{F}$ 中任意的世界。因为 $\mathbf{w}$ 是极大的 $\lhd^+$-链，所以 $\lhd^+\!\upharpoonright\! \mathbf{w}$ 是 $\mathbf{w}$ 上的严格线序；再因为 $\lhd^+$ 为 $\lhd$ 的传递闭包，所以 $\mathbf{w}$ 中没有无穷点[4]。因此，$\langle \mathbf{w}, \lhd^+\!\upharpoonright\! \mathbf{w} \rangle$ 可以同构嵌入到 $\langle \mathbb{Z}, < \rangle$。

4　$w \in \mathbf{w}$ 是一个 $\langle \mathbf{w}, \lhd^+ \!\upharpoonright\! \mathbf{w} \rangle$ 上无穷点当且仅当下列之一成立：

(3) 从右到左是显然的。令 $w, u \in W$。假设 $\exists u' \in [u]_\sim \exists w' \in [w]_\sim (w' \lhd^+ u')$。我们有对任意 $u'' \in [u]_\sim$，$w' \lhd^+ u' \sim u''$；再根据定义 4.5(2)，存在 $w'' \in W$ 满足 $w' \sim w'' \lhd^+ u''$，从而 $w'' \in [w]_\sim$ 且 $w'' \lhd^+ u''$。

(4) 令 $\sim' = \sim \cap (W_1 \times W_2)$。先证明 $\sim'$ 是一个从 W_1 到 W_2 的部分函数。令 $u \in W_1$ 且 $u', u'' \in W_2$。假设 $u \sim' u' \wedge u \sim' u''$。因为 $u' \unlhd^+ w_2 \wedge u'' \unlhd^+ w_2$，所以根据 (1)，$u' \lhd^+ u'' \vee u' = u'' \vee u'' \lhd^+ u'$；再根据定义 4.5(1) 可知 $\lhd^+ \cap \sim = \varnothing$；同时由假设可得，$u' \sim u''$，由此蕴涵 $u' = u''$。因此，$\sim'$ 是一个部分函数。同理，可证 $\sim'$ 是一对一的。我们证明 $\sim'$ 是全函数。对任意的 $u \lhd^+ w_1$，因为 $w_1 \sim w_2$，所以根据定义 4.5(2)，存在 $u' \in W_2$ 使得 $u \sim u' \lhd^+ w_2$。故 $\sim'$ 是全函数。同理可得 $\sim'$ 是满射。因此，$\sim'$ 是一个从 W_1 到 W_2 的双射。下面证明 $\sim'$ 保持序关系。假设 $v \lhd^+ u \unlhd^+ w_1, v \sim' v'$ 且 $u \sim' u'$。根据 (1) 可得，

$$v' \lhd^+ u' \vee v' = u' \vee u' \lhd^+ v'. \tag{4.1}$$

如果 $v' = u'$，那么 $v \sim' v' = u' \sim' u$，从而 $v \sim' u$；再根据 $\lhd^+ \cap \sim = \varnothing$，我们有并非 $v \lhd^+ u$；但这与假设 $v \lhd^+ u$ 相矛盾。故 $v' \neq u'$。如果 $u' \lhd^+ v'$，那么 $u \sim' u' \lhd^+ v' \sim' v$；根据 4.5(2)，存在 $u'' \in W$ 使得 $u \sim' u' \sim' u'' \lhd^+ v$；再因为 $v \lhd^+ u$，所以有 $u'' \lhd^+ u$ 且 $u \sim u''$；但这与 $\lhd^+ \cap \sim = \varnothing$ 相矛盾。故并非 $u' \lhd^+ v'$。最后，根据 (4.1) 可知 $v' \lhd^+ u'$。当 $v' \lhd^+ u' \unlhd^+ w_2, v \sim' v'$ 且 $u \sim' u'$ 时，同理可证 $v \lhd^+ u$。因此，$\sim'$ 是一个同构映射。 $\qquad \square$

下面定义从子 $\mathbb{Z}$-型树状框架映到基底框架的转换。在开始前，这里先给出一个例子，见图 4.4，左边为一个基底框架，而右边为与之相对应的树状框架。简单地说，基底框架上的时间点将对应到树状框架中的时刻，

- 存在 $\mathbf{w}$ 中的无穷序列 $w_0 \lhd^+ w_1 \lhd^+ \cdots \lhd^+ w_n \lhd^+ \cdots$ 使得对所有 $i \in \mathbb{N}$, $w_i \lhd^+ w$;
- 存在 $\mathbf{w}$ 中的无穷序列 $\cdots \lhd^+ w_n \lhd^+ \cdots \lhd^+ w_1 \lhd^+ w_0$ 使得对所有 $i \in \mathbb{N}$, $w \lhd^+ w_i$.

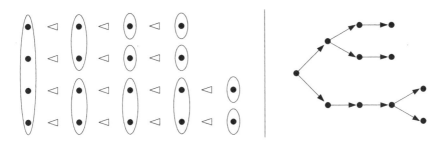

图 4.4 基底框架与树状框架的对应

而基底框架上的世界对应到树状框架中的历史。

对任意子 $\mathbb{Z}$-型树状框架 $\mathfrak{T} = \langle T, < \rangle$，$\mathcal{T}_1(\mathfrak{T})$ 是三元组 $\langle W, \lhd, \sim \rangle$，其中

- $W = \{\langle m, h \rangle : m \in h\}$；

- 对任意 $\langle m, h \rangle, \langle m', h' \rangle \in W$，$\langle m, h \rangle \lhd \langle m', h' \rangle$ 当且仅当 $h = h'$ 且 $suc(m, h) = m'$；

- 对任意 $\langle m, h \rangle, \langle m', h' \rangle \in W$，$\langle m, h \rangle \sim \langle m', h' \rangle$ 当且仅当 $m = m'$。

引理 4.17 令 $\mathfrak{T} = \langle T, < \rangle$ 为子 $\mathbb{Z}$-型树状框架。我们有 $\mathcal{T}_1(\mathfrak{T})$ 是一个基底框架，并满足 **Con** 中条件，即弱分支性与分支性。

证明 令 $\mathcal{T}_1(\mathfrak{T}) = \langle W, \lhd, \sim \rangle$。根据 $\mathcal{T}_1$ 的构造，$\lhd$ 显然是一个从 W 到 W 的一对一的部分函数，并且 $\sim$ 是等价关系。假设存在 $\langle m_1, h_1 \rangle, \langle m_2, h_2 \rangle \in W$ 使得 $\langle m_1, h_1 \rangle \lhd^n \langle m_2, h_2 \rangle$ 且 $\langle m_1, h_1 \rangle \sim \langle m_2, h_2 \rangle$。由前者可得，$m_1 < m_2$，而由后者可得，$m_1 = m_2$，但这与 $<$ 的禁自反性相矛盾。故假设不成立，从而 $\mathcal{T}_1(\mathfrak{T})$ 满足定义 4.5(1)。令 $\langle m_1, h_1 \rangle, \langle m_2, h_2 \rangle, \langle m_3, h_3 \rangle \in W$。假设 $\langle m_1, h_1 \rangle \lhd \langle m_2, h_2 \rangle \sim \langle m_3, h_3 \rangle$。我们有 $m_2 = suc(m_1, h_1)$ 且 $m_2 = m_3$，从而 $m_2^- = m_1 = m_3^-$；进而 $\langle m_1, h_1 \rangle \sim \langle m_3^-, h_3 \rangle \lhd \langle m_3, h_3 \rangle$。故 $\mathcal{T}_1(\mathfrak{T})$ 满足定义 4.5(2)。综上，$\mathcal{T}_1(\mathfrak{T})$ 是一个基底框架。

下面证明 $\mathcal{T}_1(\mathfrak{T})$ 满足弱分支性和分支性。根据事实 4.7，只需证明 $\mathcal{T}_1(\mathfrak{T})$ 满足分支性即可。令 $\langle m_1, h_1 \rangle, \langle m_2, h_2 \rangle \in W$。假设 $\langle m_1, h_1 \rangle \sim$

$\langle m_2, h_2 \rangle$ 并且 $\langle m_1, h_1 \rangle \neq \langle m_2, h_2 \rangle$。我们有 $m_1 = m_2$ 并且 $h_1 \neq h_2$；根据后者可知存在 $m_3 \in h_1$ 并且 $m_3 \notin h_2$；再因为 $m_1 = m_2 \in h_1 \cap h_2$，所以 $m_3 > m_1 = m_2$；从而 $\langle m_1, h_1 \rangle \lhd^+ \langle m_3, h_1 \rangle$。另外，对任意 $\langle m_4, h_2 \rangle \in W$ 满足 $\langle m_2, h_2 \rangle \lhd^+ \langle m_4, h_2 \rangle$，因为 $m_3 \notin h_2$ 且 $m_4 \in h_2$，所以并非 $\langle m_3, h_1 \rangle \sim \langle m_4, h_2 \rangle$。因此，$\mathcal{T}_1(\mathfrak{T})$ 满足分支性。 □

下面这个命题告诉我们，任意一个基底框架都可以扩充为一个同步基底框架。

引理 4.18 令 $\mathfrak{F} = \langle W, \lhd, \sim \rangle$ 为一个基底框架。我们有：存在 W 上的等价关系 $\sim_s$ 使得 $\langle \mathfrak{F}, \sim_s \rangle$ 为一个同步基底框架。

证明 先定义 $\mathfrak{F}$ 上的连通关系 C 如下：

$$w C u \text{ 当且仅当存在 } n \in \mathbb{N} \text{ 使得 } w R^n u,$$

其中 $R = \lhd \cup \rhd \cup \sim$。令 $[w]_C \in W/C$ 且 $w_1, w_2 \in [w]_C$。我们定义 w_1 相对于 w_2 的位置 $d(w_1, w_2)$ 为自然数 $m - n$，其中 m, n 满足

$$\text{存在 } u_1, u_2 \in [w]_C \text{ 使得 } u_1 \lhd^m w_1, u_2 \lhd^n w_2 \text{ 且 } u_1 \sim u_2.$$

命题 4.16(4) 保证 $d(w_1, w_2)$ 的值不依赖 u_1, u_2 的选择。下面逐步地定义一个从 W 到 $\mathbb{Z}$ 的函数 g 如下：

- 令 f 为 W/C 上的一个选择函数；

- 对任意 $[w]_C \in W/C$，令 $g(f([w]_C)) = 0$；

- 对任意 $[w]_C \in W/C$ 和任意 $u \in [w]_C - f([w]_C)$，令 $g(u) = d(f([w]_C), u)$。

最后，构造 $\sim_s$ 如下：

$$\text{对任意 } w, u \in W, \ w \sim_s u \text{ 当且仅当 } g(w) = g(u).$$

从上述构造过程易证，$\langle \mathfrak{F}, \sim_s \rangle$ 的确为同步基底框架。 □

下面基于 $\mathcal{T}_1$ 定义从子 $\mathbb{Z}$-型同步树状框架映到同步基底框架的转换 $\mathcal{T}_1^+$。对任意子 $\mathbb{Z}$-型同步树状框架 $\mathfrak{T} = \langle T, <, I \rangle$，$\mathcal{T}_1^+(\mathfrak{T})$ 是四元组

$$\langle W, \lhd, \sim, \sim_s \rangle,$$

其中

- $W = \{\langle m, h \rangle : m \in h\}$；

- 对任意 $\langle m, h \rangle, \langle m', h' \rangle \in W$，$\langle m, h \rangle \lhd \langle m', h' \rangle$ 当且仅当 $h = h'$ 且 $suc(m, h) = m'$；

- 对任意 $\langle m, h \rangle, \langle m', h' \rangle \in W$，$\langle m, h \rangle \sim \langle m', h' \rangle$ 当且仅当 $m = m'$；

- 对任意 $\langle m, h \rangle, \langle m', h' \rangle \in W$，$\langle m, h \rangle \sim_s \langle m', h' \rangle$ 当且仅当 $i_m = i_{m'}$。

引理 4.19 令 $\mathfrak{T} = \langle T, <, I \rangle$ 为子 $\mathbb{Z}$-型同步树状框架。我们有 $\mathcal{T}_1^+(\mathfrak{T})$ 是一个同步基底框架，并满足 $\mathbf{Con}^+$ 中条件，即弱分支性、分支性、左对齐和右对齐。

证明 令 $\mathcal{T}_1^+(\mathfrak{T}) = \langle W, \lhd, \sim, \sim_s \rangle$。根据引理 4.17 可得，$\langle W, \lhd, \sim \rangle$ 是基底框架且满足弱分支性和分支性。因为 I 是一个划分，所以 $\sim_s$ 是一个等价关系。对任意 $i, i' \in I$，令 $i \prec i'$ 当且仅当存在 $m \in i$ 和 $m' \in i'$ 使得 $m < m$。根据定义 1.6，$\prec$ 是一个严格线序，从而 $\blacktriangleleft^+$ 是严格线序，进而得出 $\mathcal{T}_1^+(\mathfrak{T})$ 满足定义 4.8(1)。对任意 $\langle m, h \rangle, \langle m', h' \rangle, \langle m_1, h_1 \rangle, \langle m_1', h_1' \rangle \in W$，如果 $\langle m, h \rangle \lhd \langle m', h' \rangle$ 且 $\langle m_1, h_1 \rangle \lhd \langle m_1', h_1' \rangle$，那么 $suc(m, h) = m'$ 且 $suc(m_1, h_1) = m_1'$；从而 $\langle m, h \rangle \sim_s \langle m_1, h_1 \rangle$ 当且仅当 $i_m = i_{m_1}$ 当且仅当 $i_{m'} = i_{m_1'}$ 当且仅当 $\langle m', h' \rangle \sim_s \langle m_1', h_1' \rangle$。所以 $\mathcal{T}_1^+(\mathfrak{T})$ 满足定义 4.8(2)。根据 $\mathfrak{T}$ 是子 $\mathbb{Z}$-型的，易见 $\mathcal{T}_1^+(\mathfrak{T})$ 满足定义 4.8(3)。最后，根据定义 1.6 可知，$\mathfrak{T}$ 中的历史都是同构的，所以 $\mathcal{T}_1^+(\mathfrak{T})$ 满足左对齐和右对齐。 □

下面基于 $\mathcal{T}_1$ 定义从子 $\mathbb{Z}$-型 STIT 模型到 $\mathscr{L}_{cx}$-克里普克模型的转换 $\mathcal{T}_2$。对任意子 $\mathbb{Z}$-型 STIT 模型 $\mathfrak{M} = \langle T, <, \simeq, V \rangle$，$\mathcal{T}_2(\mathfrak{M})$ 是有序组

$$\langle W, \lhd, \sim, \{\simeq_A\}_{\varnothing \neq A \subseteq Agt}, V' \rangle,$$

其中

- $W = \{\langle m, h \rangle : m \in h\}$；

- 对任意 $\langle m, h \rangle, \langle m', h' \rangle \in W$，$\langle m, h \rangle \lhd \langle m', h' \rangle$ 当且仅当 $h = h'$ 且 $suc(m, h) = m'$；

- 对任意 $\langle m, h \rangle, \langle m', h' \rangle \in W$，$\langle m, h \rangle \sim \langle m', h' \rangle$ 当且仅当 $m = m'$；

- 对任意非空 $A \subseteq Agt$ 和任意 $\langle m, h \rangle, \langle m', h' \rangle \in W$，$\langle m, h \rangle \simeq_A \langle m', h' \rangle$ 当且仅当 $m = m'$ 且 $h \simeq_A^m h'$；

- 对任意 $p \in Atm$，$V'(p) = \{\langle m, h \rangle : m/h \in V(p)\}$。

引理 4.20 对任意子 $\mathbb{Z}$-型 *STIT* 模型 $\mathfrak{M} = \langle T, <, \simeq, V \rangle$，$\mathcal{T}_2(\mathfrak{M})$ 是 $\mathscr{L}_{cx}$-克里普克模型且满足 **Con** 中条件。

证明 令 $\mathcal{T}_2(\mathfrak{M}) = \langle W, \lhd, \sim, \{\simeq_A\}_{\varnothing \neq A \subseteq Agt}, V' \rangle$。根据引理 4.17 可知，$\langle W, \lhd, \sim \rangle$ 是基底框架并满足 **Con** 中条件。下面只需证明定义 4.10 中条件成立：

对任意非空 $A \subseteq Agt$ 和任意 $m \in T$，因为 $\simeq_A^m$ 是等价关系，所以 $\simeq_A$ 是等价关系。对任意非空 $A \subseteq Agt$ 和任意 $\langle m, h \rangle, \langle m', h' \rangle \in W$，如果 $\langle m, h \rangle \simeq_A \langle m', h' \rangle$，那么 $m = m'$，从而 $\langle m, h \rangle \sim \langle m', h' \rangle$。所以 $\mathcal{T}_2(\mathfrak{M})$ 满足定义 4.10(1)。

对任意非空 $A, B \subseteq Agt$，如果 $A \subseteq B$，那么根据定义 1.9(2) 有对任意 $m \in T$，$\simeq_B^m \subseteq \simeq_A^m$，进而 $\simeq_B \subseteq \simeq_A$。所以 $\mathcal{T}_2(\mathfrak{M})$ 满足定义 4.10(2)。

对任意非空 $A, B \subseteq Agt$ 和任意 $\langle m, h \rangle, \langle m', h' \rangle \in W$，如果 $A \cap B = \varnothing$ 且 $\langle m, h \rangle \sim \langle m', h' \rangle$，那么 $m = m'$ 和 $h, h' \in H_m$；从而根据定义 1.9(3)，

存在 $h'' \in H_m$ 使得 $h \simeq_A^m h''$ 并且 $h' \simeq_B^m h''$，这蕴涵 $\langle m, h \rangle \simeq_A \langle m, h'' \rangle$ 和 $\langle m, h' \rangle \simeq_B \langle m, h'' \rangle$；再根据 $m = m'$，得出 $\langle m', h' \rangle \simeq_B \langle m, h'' \rangle$。所以 $\mathcal{T}_2(\mathfrak{M})$ 满足定义 4.10(3)。

对任意非空的 $A \subseteq Agt$ 和任意 $\langle m_1, h_1 \rangle, \langle m_2, h_2 \rangle, \langle m_3, h_3 \rangle \in W$，如果 $\langle m_1, h_1 \rangle \lhd^+ \langle m_2, h_2 \rangle$ 且 $\langle m_2, h_2 \rangle \sim \langle m_3, h_3 \rangle$，那么 $m_1 < m_2, h_1 = h_2$ 且 $m_2 = m_3 \in h_2 \cap h_3$；从而根据定义 1.9(4)，$h_1 \simeq_A^{m_1} h_3$，那么 $\langle m_1, h_1 \rangle \simeq_A \langle m_1, h_3 \rangle$ 且 $\langle m_1, h_3 \rangle \lhd^+ \langle m_2, h_3 \rangle = \langle m_3, h_3 \rangle$。所以 $\mathcal{T}_2(\mathfrak{M})$ 满足定义 4.10(4)。 $\qquad\square$

下面这个引理告诉我们，在 $\mathcal{T}_2$ 转换下，公式的值是保持的。

引理 4.21 令 $\mathfrak{M} = \langle T, <, \simeq, V \rangle$ 为子 $\mathbb{Z}$-型 $STIT$ 模型。对任意 $\mathscr{L}_{cx}$-公式 ϕ 和任意 $m/h \in pairs(\mathfrak{M})$，$\mathfrak{M}, m/h \vDash \phi$ 当且仅当 $\mathcal{T}_2(\mathfrak{M}), \langle m, h \rangle \vDash \phi$。

证明 令 $\mathcal{T}_2(\mathfrak{M}) = \langle W, \lhd, \sim, \{\simeq_A\}_{\varnothing \neq A \subseteq Agt}, V' \rangle$。该证明在公式 ϕ 的复杂度上做归纳，这里略去真值联结词和原子公式的情况：

令 $\phi = X\psi$。$\mathfrak{M}, m/h \vDash X\psi$ 当且仅当 $\mathfrak{M}, suc(m, h)/h \vDash \psi$，根据归纳假设，当且仅当 $\mathcal{T}_2(\mathfrak{M}), \langle suc(m, h), h \rangle \vDash \psi$，根据 $\lhd$ 的定义，当且仅当 $\mathcal{T}_2(\mathfrak{M}), \langle m, h \rangle^+ \vDash \psi$ 当且仅当 $\mathcal{T}_2(\mathfrak{M}), \langle m, h \rangle \vDash X\psi$。对于 $\phi = Y\psi$ 的情况，类似可证。

令 $\phi = \Box\psi$。$\mathfrak{M}, m/h \vDash \Box\psi$ 当且仅当对任意 $h' \in H_m$，$\mathfrak{M}, m/h' \vDash \psi$，根据归纳假设和 $\sim$ 的定义可得，当且仅当对任意 $\langle m, h' \rangle \sim \langle m, h \rangle$，$\mathcal{T}_2(\mathfrak{M}), \langle m, h' \rangle \vDash \psi$ 当且仅当 $\mathcal{T}_2(\mathfrak{M}), \langle m, h \rangle \vDash \Box\psi$。

令 $\phi = [A]\psi$。$\mathfrak{M}, m/h \vDash [A]\psi$ 当且仅当对任意 $h' \simeq_A^m h$，$\mathfrak{M}, m/h' \vDash \psi$，根据归纳假设和 $\simeq_A$ 的定义可得，当且仅当对任意 $\langle m, h' \rangle \simeq_A \langle m, h \rangle$，$\mathcal{T}_2(\mathfrak{M}), \langle m, h' \rangle \vDash \psi$ 当且仅当 $\mathcal{T}_2(\mathfrak{M}), \langle m, h \rangle \vDash [A]\psi$。 $\qquad\square$

命题 4.22 对任意 $\mathscr{L}_{cx}$-公式 ϕ，如果 ϕ 在一个子 $\mathbb{Z}$-型 $STIT$ 模型中可满足，那么 ϕ 在一个满足 **Con** 中条件的 $\mathscr{L}_{cx}$-克里普克模型中可满足。

证明 令 ϕ 在一个子 $\mathbb{Z}$-型 STIT 模型 $\mathfrak{M}$ 中可满足。则存在 $m/h \in pairs(\mathfrak{M})$ 使得 $\mathfrak{M}, m/h \vDash \phi$。根据引理 4.20 可得，$\mathcal{T}_2(\mathfrak{M})$ 是 $\mathscr{L}_{cx}$-克里普克模型且满足 **Con** 中条件。根据引理 4.21，$\mathcal{T}_2(\mathfrak{M}), \langle m, h \rangle \vDash \phi$，从而 ϕ 在 $\mathcal{T}_2(\mathfrak{M})$ 中可满足。 $\square$

下面基于 $\mathcal{T}_1^+$ 定义从子 $\mathbb{Z}$-型同步 STIT 模型到 $\mathscr{L}_{cx+}$-克里普克模型的转换 $\mathcal{T}_2^+$。对任意子 $\mathbb{Z}$-型同步 STIT 模型 $\mathfrak{M} = \langle T, <, I, \simeq, V \rangle$，$\mathcal{T}_2^+(\mathfrak{M})$ 是有序组

$$\langle W, \lhd, \sim, \sim_s, \{\simeq_A\}_{\varnothing \neq A \subseteq Agt}, V' \rangle,$$

其中

- $W = \{\langle m, h \rangle : m \in h\}$；

- 对任意 $\langle m, h \rangle, \langle m', h' \rangle \in W$，$\langle m, h \rangle \lhd \langle m', h' \rangle$ 当且仅当 $h = h'$ 且 $suc(m, h) = m'$；

- 对任意 $\langle m, h \rangle, \langle m', h' \rangle \in W$，$\langle m, h \rangle \sim \langle m', h' \rangle$ 当且仅当 $m = m'$；

- 对任意 $\langle m, h \rangle, \langle m', h' \rangle \in W$，$\langle m, h \rangle \sim_s \langle m', h' \rangle$ 当且仅当 $i_m = i_{m'}$；

- 对任意非空 $A \subseteq Agt$ 和任意 $\langle m, h \rangle, \langle m', h' \rangle \in W$，$\langle m, h \rangle \simeq_A \langle m', h' \rangle$ 当且仅当 $m = m'$ 且 $h \simeq_A^m h'$；

- 对任意 $p \in Atm$，$V'(p) = \{\langle m, h \rangle : m/h \in V(p)\}$。

根据引理 4.19 和 4.20 可知下列引理成立：

引理 4.23 对任意子 $\mathbb{Z}$-型 STIT 模型 $\mathfrak{M} = \langle T, <, I, \simeq, V \rangle$，$\mathcal{T}_2^+(\mathfrak{M})$ 是 $\mathscr{L}_{cx+}$-克里普克模型且满足 **Con$^+$** 中条件。

下面引理说，在 $\mathcal{T}_2^+$ 转换下，公式的值是保持的。

引理 4.24 令 $\mathfrak{M} = \langle T, <, I, \simeq, V \rangle$ 为子 $\mathbb{Z}$-型 STIT 模型。对任意 $\mathscr{L}_{cx+}$-公式 ϕ 和任意 $m/h \in pairs(\mathfrak{M})$，$\mathfrak{M}, m/h \vDash \phi$ 当且仅当 $\mathcal{T}_2^+(\mathfrak{M}), \langle m, h \rangle \vDash \phi$。

证明 令 $\mathcal{T}_2^+(\mathfrak{M}) = \langle W, \lhd, \sim, \sim_s, \{\simeq_A\}_{\emptyset \neq A \subseteq agt}, V' \rangle$。该证明在公式 ϕ 的复杂度上做归纳，这里只证明 $\phi = \Box_s \psi$ 的情况，其他部分类似于引理 4.21 可证。

令 $\phi = \Box_s \psi$。$\mathfrak{M}, m/h \vDash \Box_s \psi$ 当且仅当对任意 $m' \in i_m$ 和任意 $h' \in H_{m'}$，$\mathfrak{M}, m'/h' \vDash \psi$，根据归纳假设和 $\sim_s$ 的定义，当且仅当对任意 $\langle m', h' \rangle \sim_s \langle m, h \rangle$，$\mathcal{T}_2^+(\mathfrak{M}), \langle m', h' \rangle \vDash \psi$ 当且仅当 $\mathcal{T}_2^+(\mathfrak{M}), \langle m, h \rangle \vDash \Box_s \psi$。 $\qquad\square$

命题 4.25 对任意 $\mathscr{L}_{cx+}$-公式 ϕ，如果 ϕ 在一个子 $\mathbb{Z}$-型 *STIT* 模型模型中可满足，那么 ϕ 在一个满足 $\mathbf{Con}^+$ 中条件的 $\mathscr{L}_{cx+}$-克里普克模型中可满足。

证明 令 ϕ 在一个子 $\mathbb{Z}$-型 STIT 模型 $\mathfrak{M}$ 中可满足。那么存在 $m/h \in pairs(\mathfrak{M})$ 使得 $\mathfrak{M}, m/h \vDash \phi$。根据引理 4.24 可得，$\mathcal{T}_2^+(\mathfrak{M})$ 是 $\mathscr{L}_{cx+}$-克里普克模型且满足 $\mathbf{Con}^+$ 中条件。根据引理 4.24，$\mathcal{T}_2^+(\mathfrak{M}), \langle m, h \rangle \vDash \phi$，从而 ϕ 在 $\mathcal{T}_2^+(\mathfrak{M})$ 中可满足。 $\qquad\square$

4.2.2 从克里普克语义到标准语义

本小节探讨从克里普克语义到标准语义的转换。下面我们先定义从同步基底框架到树状框架和同步树状框架的转换。简单地说，同步基底框架中的时间点将对应到树状框架中的时刻，同步基底框架中的世界对应到树状框架中的历史，而同步基底框架中的瞬间对应到同步树状框架中的瞬间。

令 $\mathfrak{F} = \langle W, \lhd, \sim, \sim_s \rangle$ 为一个同步基底框架。$\mathcal{T}_3(\mathfrak{F})$ 和 $\mathcal{T}_3^+(\mathfrak{F})$ 分别是有序对 $\langle T, < \rangle$ 和三元组 $\langle T, <, I \rangle$，其中

- $T = \{[w]_\sim : w \in W\}$；

- 对任意 $[w]_\sim, [u]_\sim \in T$，$[w]_\sim < [u]_\sim$ 当且仅当对任意 $u' \in [u]_\sim$，存在 $w' \in [w]_\sim$ 使得 $w' \lhd^+ u'$；

- $I = \{[w]_s/\sim\,:\, w \in W\}$。

命题 4.26 令 $\mathfrak{F} = \langle W, \lhd, \sim, \sim_s \rangle$ 为同步基底框架，$\mathbf{W}$ 为 $\mathfrak{F}$ 上所有世界构成的集合，且 f 为定义在 $\mathbf{W}$ 的函数满足：

$$\text{对每个 } \mathbf{w} \in \mathbf{W},\ f(\mathbf{w}) = \{[u]_\sim : u \in \mathbf{w}\}.$$

我们有 $\mathcal{T}_3(\mathfrak{F})$ 是子 $\mathbb{Z}$-型树状框架，且如果 $\mathfrak{F}$ 满足左对齐和右对齐，那么 $\mathcal{T}_3^+(\mathfrak{F})$ 是子 $\mathbb{Z}$-型同步树状框架。令 H 为 $\mathcal{T}_3(\mathfrak{F})$ 中所有历史构成的集合。下列成立：

(1) 如果 $\mathfrak{F}$ 满足弱分支性，$f[\mathbf{W}] \subseteq H$；

(2) 如果 $\mathfrak{F}$ 满足分支性，那么 f 是一对一的；

(3) 如果 $\mathfrak{F}$ 的长度有穷，那么 $f[\mathbf{W}] = H$；

(4) 如果 $\mathfrak{F}$ 满足分支性且 $\mathfrak{F}$ 的长度有穷，那么对任意 $w \in W$，$f{\upharpoonright} \{\mathbf{w}_u : u \sim w\}$ 是从 $\{\mathbf{w}_u : u \sim w\}$ 到 $H_{[w]_\sim}$ 的双射。

证明 令 $\mathcal{T}_3(\mathfrak{F}) = \langle T, < \rangle$ 且 $\mathcal{T}_3^\dagger(\mathfrak{F}) = \langle T, <, I \rangle$。首先，我们证明 $<$ 是 T 上的严格偏序。假设存在 $[w]_\sim \in T$ 使得 $[w]_\sim < [w]_\sim$。我们有：存在 $w' \in [w]_\sim$ 使得 $w' \lhd^+ w$，但这与定义 4.5(1) 相矛盾。故 $<$ 是禁自反的。任取 $[w]_\sim, [u]_\sim, [v]_\sim \in T$。假设 $[w]_\sim < [u]_\sim < [v]_\sim$。我们有

$$\forall u' \in [u]_\sim \exists w' \in [w]_\sim (w' \lhd^+ u'),$$
$$\forall v' \in [v]_\sim \exists u'' \in [u]_\sim (u'' \lhd^+ v').$$

于是根据 $\lhd^+$ 的传递性，我们推出 $\forall v' \in [v]_\sim \exists w' \in [w]_\sim (w' \lhd^+ v')$，即 $[w]_\sim < [v]_\sim$。故 $<$ 是传递的。下面证明 $<$ 是向过去不分支的。假设 $[w]_\sim < [v]_\sim$ 且 $[u]_\sim < [v]_\sim$。我们有 $\forall v' \in [v]_\sim \exists w' \in [w]_\sim (w' \lhd^+ v')$ 且

$\forall v' \in [v]_{\sim} \exists u' \in [u]_{\sim}(u' \lhd^+ v')$; 从而

$$\exists w' \in [w]_{\sim} \exists u' \in [u]_{\sim}(w' \lhd^+ v \wedge u' \lhd^+ v);$$

又根据命题 4.16(1)，$w' \lhd^+ u' \vee w' = u' \vee u' \lhd^+ w'$。如果 $w' \lhd^+ u'$，那么根据 $w' \in [w]_{\sim}, u' \in [u]_{\sim}$ 和命题 4.16(3)，我们有 $\forall u' \in [u]_{\sim} \exists w' \in [w]_{\sim}(w' \lhd^+ v')$，即 $[w]_{\sim} < [u]_{\sim}$；对于 $u' \lhd^+ w'$ 的情况，类似可证 $[u]_{\sim} < [w]_{\sim}$；最后，对于 $w' = u'$ 的情况，显然有 $[w]_{\sim} = [u]_{\sim}$。因此，$<$ 是向过去不分支的。综上，我们有 $\mathcal{T}_3(\mathfrak{F})$ 是树状框架。

为了得出 $\mathcal{T}_3(\mathfrak{F})$ 是子 $\mathbb{Z}$-型的，对每个 $\mathbf{w} \in \mathbf{W}$，我们定义从 $\mathbf{w}$ 到 $f(\mathbf{w})$ 的函数 g：对任意 $w \in \mathbf{w}$，$g(w) = [w]_{\sim}$，并证明

$$g \text{ 是从 } \langle \mathbf{w}, \lhd^+ {\upharpoonright} \mathbf{w} \rangle \text{ 到 } \langle f(\mathbf{w}), < {\upharpoonright} f(\mathbf{w}) \rangle \text{ 的同构映射。} \qquad (4.2)$$

然后根据命题 4.16(2) 可知，$\langle f(\mathbf{w}), < {\upharpoonright} f(\mathbf{w}) \rangle$ 可以同构嵌入到 $\langle \mathbb{Z}, < \rangle$，从而得到 $\mathcal{T}_3(\mathfrak{F})$ 是子 $\mathbb{Z}$-型的。显然，g 是一个双射，下面只需证明：

$$\text{对所有 } w, u \in \mathbf{w}, \ w \lhd^+ u \text{ 当且仅当 } [w]_{\sim} < [u]_{\sim}。$$

根据命题 4.16(3)，从左到右方向成立。令 $w, u \in \mathbf{w}$。假设 $[w]_{\sim} < [u]_{\sim}$。那么存在 $w' \in [w]_{\sim}$ 使得 $w' \lhd^+ u$；再因为 $[w]_{\sim} \cap \mathbf{w}$ 是一个单元集，所以 $w' = w$；从而 $w \lhd^+ u$。因此，g 是从 $\langle \mathbf{w}, \lhd^+ {\upharpoonright} \mathbf{w} \rangle$ 到 $\langle f(\mathbf{w}), < {\upharpoonright} f(\mathbf{w}) \rangle$ 的同构映射。

假设 $\mathfrak{F}$ 满足左对齐和右对齐。首先，因为 $\sim_s$ 是一个等价关系，所以 I 是划分。根据假设可知，对任意 $\mathbf{w}, \mathbf{u} \in \mathbf{W}$，$\sim_s \cap (\mathbf{w} \times \mathbf{u})$ 是从 $\langle \mathbf{w}, \lhd^+ {\upharpoonright} \mathbf{w} \rangle$ 到 $\langle \mathbf{u}, \lhd^+ {\upharpoonright} \mathbf{u} \rangle$ 的同构映射；从而根据 (4.2) 得出，$\mathcal{T}_3^+(\mathfrak{F})$ 满足定义 1.6，进而根据 $\mathcal{T}_3(\mathfrak{F})$ 是子 $\mathbb{Z}$-型树状框架可知，$\mathcal{T}_3^+(\mathfrak{F})$ 是子 $\mathbb{Z}$-型同步树状框架。

(1) 假设 $\mathfrak{F}$ 满足弱分支性。令 $\mathbf{w} \in \mathbf{W}$。对任意 $[w]_{\sim}, [u]_{\sim} \in f(\mathbf{w})$，因为 $\mathbf{w}$ 是一条 $\lhd^+$-链，所以存在 $w' \in [w]_{\sim}$ 和 $u' \in [u]_{\sim}$ 使得 $w' \lhd^+$

$u' \vee w' = u' \vee u' \lhd^+ w'$；从而根据命题 4.16(3) 可得，$[w]_\sim < [u]_\sim \vee [w]_\sim = [u]_\sim \vee [u]_\sim < [w]_\sim$。故 $f(\mathbf{w})$ 是一条 $<$-链。现在证明 $f(\mathbf{w})$ 同时也是极大的，此时需要用到 $\mathfrak{F}$ 满足 弱分支性。假设 $f(\mathbf{w})$ 不是极大的 $<$-链。那么存在 $[u]_\sim \notin f(\mathbf{w})$ 满足

$$\forall [w]_\sim \in f(\mathbf{w})([w]_\sim < [u]_\sim \vee [u]_\sim < [w]_\sim)。 \tag{4.3}$$

我们用反证法证明：

$$\text{不存在 } [w]_\sim \in f(\mathbf{w}) \text{ 使得 } [u]_\sim < [w]_\sim。 \tag{4.4}$$

假设存在 $[w]_\sim \in f(\mathbf{w})$ 使得 $[u]_\sim < [w]_\sim$。那么 $\forall w' \in [w]_\sim \exists u' \in [u]_\sim (u' \lhd^+ w')$。令 $w' \in [w]_\sim \cap \mathbf{w}$。我们有存在 $u' \in [u]_\sim$ 使得 $u' \lhd^+ w'$；因为 $w' \in \mathbf{w}$，所以 $u' \in \mathbf{w}$，这与 $[u]_\sim \notin f(\mathbf{w})$ 相矛盾。因此，(4.4) 成立，再根据 (4.3) 可知

$$\forall [w]_\sim \in f(\mathbf{w})([w]_\sim < [u]_\sim)。$$

由此运用命题 4.16(2) 可知，$\mathbf{w}$ 中必定包含 $\lhd^+$-极大元，令它为 w。因为 $[w]_\sim < [u]_\sim$，所以存在 $w' \in [w]_\sim$ 使得 $w \sim w' < u$；从而存在 $v \in W$ 使得 $w \sim w' \lhd v$；又因为 w 是 $\mathbf{w}$ 中的 $\lhd^+$-极大元，所以不存在 $v' \in W$ 使得 $w \lhd v'$；这与弱分支性矛盾。故假设 $f(\mathbf{w})$ 不是极大的 $<$-链不成立。因此，我们有 $f(\mathbf{w}) \in H$。

(2) 假设 $\mathfrak{F}$ 满足分支性。令 $\mathbf{w}, \mathbf{w}'$ 为 $\mathfrak{F}$ 上两个不同的世界。如果不存在 $w \in \mathbf{w}$ 和 $w' \in \mathbf{w}'$ 使得 $w \sim w'$，那么显然 $f(\mathbf{w}) \neq f(\mathbf{w}')$；如果存在 $w \in \mathbf{w}$ 和 $w' \in \mathbf{w}'$ 使得 $w \sim w'$，那么根据 $\mathbf{w} \neq \mathbf{w}'$ 知 $w \neq w'$，从而根据假设 $\mathfrak{F}$ 满足分支性，存在 u 使得 $w \lhd^+ u$ 且对任意 u'，如果 $w' \lhd^+ u'$，那么并非 $u \sim u'$；进而 $[u]_\sim \in f(\mathbf{w})$ 但 $[u]_\sim \notin f(\mathbf{w}')$；由此蕴含，$f(\mathbf{w}) \neq f(\mathbf{w}')$。故 f 是一对一的。

(3) 假设 $\mathfrak{F}$ 的长度有穷。令 U 为 $\mathfrak{F}$ 中 $\lhd$-极大的元素构成的集合。那

么对任意 $w \in W$, 存在 $u \in U$ 使得 $w \trianglelefteq^+ u$; 从而根据 (4.2), 对任意 $m \in T$ 存在 $u \in U$ 使得 $[w]_\sim \leqslant [u]_\sim$; 故 $H = \{h_{[u]_\sim} : u \in U\}$, 其中 $h_{[u]_\sim} = \{[w]_\sim : [w]_\sim \leqslant [u]_\sim\}$。所以, 对任意 $h \in H$, 存在 $u \in U$ 使得 $h = h_{[u]_\sim}$, 从而 $f(\{w : w \trianglelefteq^+ u\}) = h_{[u]_\sim}$。因此, $f[\mathbf{W}] \supseteq H$, 那么再根据 (2) 可得, $f[\mathbf{W}] = H$。

(4) 易见, 对任意 $w \in W$, $f[\{\mathbf{w}_u : u \sim w\}] = H_{[w]_\sim}$。又因为分支性蕴涵弱分支性, 所以根据 (1, 2, 3) 可得, $f \upharpoonright \{\mathbf{w}_u : u \sim w\}$ 是从 $\{\mathbf{w}_u : u \sim w\}$ 到 $H_{[w]_\sim}$ 的双射。 □

下面定义从 $\mathscr{L}_{cx+}$-克里普克模型到树状模型和同步树状模型的转换。对任意 $\mathscr{L}_{cx+}$-克里普克模型 $\mathfrak{M} = \langle W, \triangleleft, \sim, \sim_s, \{\simeq_A\}_{\emptyset \neq A \subseteq Agt}, V \rangle$, 令 $\mathbf{W}$ 为 $\mathfrak{M}$ 上所有世界构成的集合, 且 f 为定义在 $\mathbf{W}$ 的函数满足:

$$\text{对每个 } \mathbf{w} \in \mathbf{W}, \ f(\mathbf{w}) = \{[u]_\sim : u \in \mathbf{w}\}。$$

我们定义 $\mathcal{T}_4(\mathfrak{M})$ 和 $\mathcal{T}_4^+(\mathfrak{M})$ 分别为

$$\langle T, <, \simeq, V' \rangle \ \text{和} \ \langle T, <, I, \simeq, V' \rangle,$$

其中

- $T = \{[w]_\sim : w \in W\}$;

- 对任意 $[w]_\sim, [u]_\sim \in T$, $[w]_\sim < [u]_\sim$ 当且仅当 $\forall u' \in [u]_\sim \exists w' \in [w]_\sim (w' \triangleleft^+ u')$;

- $I = \{[w]_s/\sim : w \in W\}$;

- 对任意非空 $A \subseteq Agt$, 任意 $[w]_\sim \in T$ 和任意 $u, v \in [w]_\sim, f(\mathbf{w}_u) \simeq_A^{[w]_\sim} f(\mathbf{w}_v)$ 当且仅当 $u \simeq_A v$;

- 对任意 $p \in Atm$, $V'(p) = \{[w]_\sim/f(\mathbf{w}_w) : w \in V(p)\}$。

引理 4.27 令 $\mathfrak{M} = \langle W, \lhd, \sim, \sim_s, \{\simeq_A\}_{\emptyset \neq A \subseteq Agt}, V \rangle$ 为长度有穷的 $\mathscr{L}_{cx+}$-克里普克模型。我们有：

(1) 如果 $\mathfrak{M}$ 满足 **Con** 中条件，那么 $\mathcal{T}_4(\mathfrak{M})$ 是子 $\mathbb{Z}$-型 *STIT* 模型；

(2) 如果 $\mathfrak{M}$ 满足 **Con$^+$** 中条件，那么 $\mathcal{T}_4^+(\mathfrak{M})$ 是子 $\mathbb{Z}$-型同步 *STIT* 模型。

证明 (1) 令 $\mathcal{T}_4(\mathfrak{M}) = \langle T, <, \simeq, V' \rangle$。假设 $\mathfrak{M}$ 满足 **Con** 中条件。根据引理 4.26，$\langle T, < \rangle$ 是子 $\mathbb{Z}$-型树状框架；根据引理 4.26(4)，对任意 $w \in W$，$f \upharpoonright \{\mathbf{w}_u : u \sim w\}$ 是从 $\{\mathbf{w}_u : u \sim w\}$ 到 $H_{[w]_\sim}$ 的双射。下面只需证明 $\simeq$ 是主体选择函数，即满足定义 1.9 中条件。

对任意非空 $A \subseteq Agt$ 和任意 $[w]_\sim \in T$，因为 $\simeq_A$ 是等价关系，所以 $\simeq_A^{[w]_\sim}$ 是 $H_{[w]_\sim}$ 上的等价关系。所以 $\mathcal{T}_4(\mathfrak{M})$ 满足定义 1.9(1)。

对任意非空 $A, B \subseteq Agt$ 和任意 $[w]_\sim \in T$，如果 $A \subseteq B$，那么根据定义 4.10(2) 可得 $\simeq_B \subseteq \simeq_A$，从而 $\simeq_B^{[w]_\sim} \subseteq \simeq_A^{[w]_\sim}$。所以 $\mathcal{T}_4(\mathfrak{M})$ 满足定义 1.9(2)。

对任意非空 $A, B \subseteq Agt$，任意 $[w]_\sim \in T$ 和任意 $u, v \in [w]_\sim$，如果 $A \cap B = \emptyset$，那么根据定义 4.10(3)，存在 $w' \in [w]_\sim$ 使得 $u \simeq_A w'$ 且 $v \simeq_B^m w'$，这蕴涵 $f(\mathbf{w}_u) \simeq_A^{[w]_\sim} f(\mathbf{w}_{w'})$ 和 $f(\mathbf{w}_{w'}) \simeq_A^{[w]_\sim} f(\mathbf{w}_v)$。所以 $\mathcal{T}_4(\mathfrak{M})$ 满足定义 1.9(3)。

对任意非空的 $A \subseteq Agt$，任意 $[w]_\sim, [u]_\sim \in T$ 和任意 $v, s \in [u]_\sim$，如果 $[w]_\sim < [u]_\sim$，那么 $[w]_\sim < [v]_\sim$，从而存在 $w' \in [w]_\sim$ 使得 $w' \lhd^+ v$ 且 $v \sim s$，进而根据定义 4.10(4)，存在 w'' 使得 $w' \simeq_A w''$ 且 $w'' \lhd^+ s$，从而 $f(\mathbf{w}_v) \simeq_A^{[u]_\sim} f(\mathbf{w}_s)$。所以 $\mathcal{T}_4(\mathfrak{M})$ 满足定义 1.9(4)。

(2) 类似于 (1) 可证。 □

引理 4.28 令 $\mathfrak{M} = \langle W, \lhd, \sim, \sim_s, \{\simeq_A\}_{\emptyset \neq A \subseteq Agt}, V \rangle$ 为长度有穷的 $\mathscr{L}_{cx+}$-克里普克模型。我们有：

(1) 如果 $\mathfrak{M}$ 满足 **Con** 中条件,那么对任意 $\mathscr{L}_{cx}$-公式 ϕ 和任意 $w \in W$,$\mathfrak{M}, w \vDash \phi$ 当且仅当 $\mathcal{T}_4(\mathfrak{M}), [w]_\sim / f(\mathbf{w}_w) \vDash \phi$;

(2) 如果 $\mathfrak{M}$ 满足 **Con$^+$** 中条件,那么对任意 $\mathscr{L}_{cx+}$-公式 ϕ 和任意 $w \in W$,$\mathfrak{M}, w \vDash \phi$ 当且仅当 $\mathcal{T}_4^+(\mathfrak{M}), [w]_\sim / f(\mathbf{w}_w) \vDash \phi$。

证明 (1) 令 $\mathcal{T}_4(\mathfrak{M}) = \langle T, <, \simeq, V' \rangle$ 且 H 为 $\mathcal{T}_4(\mathfrak{M})$ 中所有历史构成的集合。假设 $\mathfrak{M}$ 满足 **Con** 中条件。下面在公式 ϕ 的复杂度上进行归纳证明,这里略去真值联结词和原子公式的情况:

令 $\phi = X\psi$。$\mathfrak{M}, w \vDash X\psi$ 当且仅当 $\mathfrak{M}, w^+ \vDash \psi$,根据归纳假设,当且仅当 $\mathcal{T}_4(\mathfrak{M}), [w^+]_\sim / f(\mathbf{w}_{w^+}) \vDash \psi$ 当且仅当

$$\mathcal{T}_4(\mathfrak{M}), suc([w]_\sim, f(\mathbf{w}_{w^+})) / f(\mathbf{w}_{w^+}) \vDash \psi,$$

根据 $\mathbf{w}_w = \mathbf{w}_{w^+}$,当且仅当 $\mathcal{T}_4(\mathfrak{M}), [w]_\sim / f(\mathbf{w}_w) \vDash X\psi$。对于 $\phi = Y\psi$ 的情况,类似可证。

令 $\phi = \Box\psi$。$\mathfrak{M}, w \vDash \Box\psi$ 当且仅当对任意 $u \sim w$,$\mathfrak{M}, u \vDash \psi$,根据归纳假设,当且仅当对任意 $u \sim w$,$\mathcal{T}_4(\mathfrak{M}), [u]_\sim / f(\mathbf{w}_u) \vDash \psi$,当且仅当对任意 $u \sim w$,$\mathcal{T}_4(\mathfrak{M}), [w]_\sim / f(\mathbf{w}_u) \vDash \psi$,根据引理 4.26(4),当且仅当 $\mathcal{T}_4(\mathfrak{M}), [w]_\sim / f(\mathbf{w}_w) \vDash \Box\psi$。

令 $\phi = [A]\psi$。$\mathfrak{M}, w \vDash [A]\psi$ 当且仅当对任意 $u \simeq_A w$,$\mathfrak{M}, u \vDash \psi$,根据归纳假设,当且仅当对任意 $u \simeq_A w$,$\mathcal{T}_4(\mathfrak{M}), [u]_\sim / f(\mathbf{w}_u) \vDash \psi$ 当且仅当对任意 $u \sim w$ 满足 $f(\mathbf{w}_u) \simeq_A^{[w]_\sim} f(\mathbf{w}_w)$,$\mathcal{T}_4(\mathfrak{M}), [u]_\sim / f(\mathbf{w}_u) \vDash \psi$ 当且仅当 $\mathcal{T}_4(\mathfrak{M}), [w]_\sim / f(\mathbf{w}_w) \vDash [A]\psi$。

(2) 类似于 (1) 可证。 $\square$

命题 4.29 令 $\mathfrak{M}$ 为长度有穷的 $\mathscr{L}_{cx+}$-克里普克模型且 ϕ 为任意 $\mathscr{L}_{cx}$-公式。假设 ϕ 在 $\mathfrak{M}$ 中可满足且 $\mathfrak{M}$ 满足 **Con** 中条件。那么 ϕ 在一个子 $\mathbb{Z}$-型 *STIT* 模型中可满足。

证明 根据引理 4.27(1) 可得，$\mathcal{T}_4(\mathfrak{M})$ 是子 $\mathbb{Z}$-型 STIT 模型。因为 ϕ 在 $\mathfrak{M}$ 中可满足，所以存在 $w \in dom(\mathfrak{M})$ 使得 $\mathfrak{M}, w \vDash \phi$，从而根据引理 4.28(1)，$\mathcal{T}_4(\mathfrak{M}), [w]_\sim / f(\mathbf{w}_w) \vDash \phi$，故 ϕ 在 $\mathcal{T}_4(\mathfrak{M})$ 中可满足。 □

命题 4.30 令 $\mathfrak{M}$ 为长度有穷的 $\mathscr{L}_{cx+}$-克里普克模型且 ϕ 为任意 $\mathscr{L}_{cx+}$-公式。如果 ϕ 在 $\mathfrak{M}$ 中可满足且 $\mathfrak{M}$ 满足 $\mathbf{Con}^+$ 中条件，那么 ϕ 在一个子 $\mathbb{Z}$-型同步 *STIT* 模型中可满足。

证明 根据引理 4.27(2) 可得，$\mathcal{T}_4^+(\mathfrak{M})$ 是子 $\mathbb{Z}$-型同步 STIT 模型。因为 ϕ 在 $\mathfrak{M}$ 中可满足，所以存在 $w \in dom(\mathfrak{M})$ 使得 $\mathfrak{M}, w \vDash \phi$，从而根据引理 4.28(2)，$\mathcal{T}_4^+(\mathfrak{M}), [w]_\sim / f(\mathbf{w}_w) \vDash \phi$，故 ϕ 在 $\mathcal{T}_4^+(\mathfrak{M})$ 中可满足。 □

最后的两个定理建立标准语义学和克里普克语义学之间的等价性。

定理 4.31 如果 $\mathbf{Log}(\mathcal{C}_{\mathbf{Con}}^+)$ 有框架长度强有穷性，那么 $\mathbf{Log}(\mathcal{C}_{\mathbf{Con}}) = \mathbf{Lcx} = \mathbf{Log}(\mathcal{C}_{\mathbf{Con}}^+) \cap \mathscr{L}_{cx}$。

证明 首先，根据引理 4.18，每个 $\mathscr{L}_{cx}$-克里普克模型都可以被扩张为一个 $\mathscr{L}_{cx+}$-克里普克模型，从而运用事实 4.14 可得，$\mathbf{Log}(\mathcal{C}_{\mathbf{Con}}) = \mathbf{Log}(\mathcal{C}_{\mathbf{Con}}^+) \cap \mathscr{L}_{cx}$。

令 ϕ 为任意 $\mathscr{L}_{cx}$-公式。如果 $\phi \notin \mathbf{Lcx}$，那么 $\neg\phi$ 在某个子 $\mathbb{Z}$-型 STIT 模型中可满足，从而根据命题 4.22，$\neg\phi$ 在某个满足 $\mathbf{Con}$ 中条件的 $\mathscr{L}_{cx}$-克里普克模型中可满足，所以 $\phi \notin \mathbf{Log}(\mathcal{C}_{\mathbf{Con}})$。

假设 $\mathbf{Log}(\mathcal{C}_{\mathbf{Con}}^+)$ 有框架长度强有穷性。如果 $\phi \notin \mathbf{Log}(\mathcal{C}_{\mathbf{Con}}^+) \cap \mathscr{L}_{cx}$，那么 $\neg\phi$ 在某个长度有穷的且满足 $\mathbf{Con}$ 中条件的 $\mathscr{L}_{cx+}$-克里普克模型中可满足，从而根据命题 4.29，$\neg\phi$ 在某个子 $\mathbb{Z}$-型 STIT 模型中可满足，所以 $\phi \notin \mathbf{Lcx}$。 □

类似地，根据命题 4.25 和 4.30，可以证明下面的定理。

定理 4.32 如果 $\mathbf{Log}(\mathcal{C}_{\mathbf{Con}^+}^+)$ 有框架长度强有穷性，那么 $\mathbf{Lcx}^+ = \mathbf{Log}(\mathcal{C}_{\mathbf{Con}^+}^+)$。

4.3 框架长度强有穷性

本节证明对任意 $\Psi \subseteq \mathbf{Con}^+$, $\mathbf{Log}(\mathcal{C}_\Psi^+)$ 有框架长度强有穷性。首先，我们引入同步基底框架上的区间概念并用有穷长度的区间构造子模型，从而将同步基底模型和 $\mathscr{L}_{cx}$-克里普克模型转换为有穷长度的模型。然后，我们证明公式的值在子模型下可以保持不变。这里关于公式保值的基本想法是：$\mathscr{L}_{cx+}$ 只有时态算子可以谈到不同瞬间的点，但解释它们的关系都是禁传递的，从而根据它们在一个公式中镶嵌的层数，我们可以知道这个公式最远可以谈到的瞬间，进而由公式长度的有穷性得到：任何单独的公式只能谈到有穷个瞬间中的点。

令 $\mathfrak{F} = \langle W, \lhd, \sim, \sim_s \rangle$ 为同步基底框架，且 $w, u \in W$。注意，我们用 $[w]_s$ 表示 $[w]_{\sim_s}$，$[w]_s \blacktriangleleft [u]_s$ 当且仅当存在 $w' \in [w]_s$ 和 $u' \in [u]_s$ 使得 $w' \lhd u'$，并且 $\blacktriangleleft^+$ 表示 $\blacktriangleleft$ 的传递闭包。

定义 4.33 对任意 $w \in W$，$\mathfrak{F}$ 上基于点 w 的一个闭区间是 $dom(\mathfrak{F})$ 的一个子集，其中 $m, n \in \mathbb{N}$：

$$[m, w, n]_\mathfrak{F} = \{u \in W : \exists k \in \mathbb{N}(k \leqslant m \wedge [u]_s \blacktriangleleft^k [w]_s) \vee$$
$$\exists k \in \mathbb{N}(k \leqslant n \wedge [w]_s \blacktriangleleft^k [u]_s)\}。$$

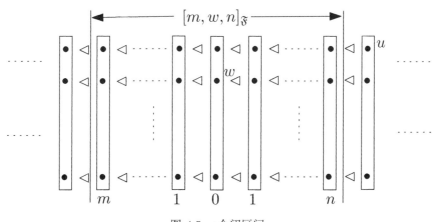

图 4.5 一个闭区间

图 4.5 给出了一个具体的闭区间 $[m,w,n]_{\mathfrak{F}}$。如果不影响理解的话，我们通常省略参数 $\mathfrak{F}$，另外，如果具体的参数 m,w,n 在具体讨论中不相关，那么我们用符号 $\rho,\rho',\ldots$ 等来表示闭区间。下面的事实陈述有关闭区间的几条基本性质，它们的证明是显然的。

事实 4.34 令 $\mathfrak{F}=\langle W,\lhd,\sim,\sim_s\rangle$ 为同步基底框架。对所有 $w,w',w'',u\in W$ 和所有 $m,n,k\in\mathbb{N}$，下列命题成立：

(1) 如果 $w',w''\in[m,w,n]$ 并且 $[w']_s \blacktriangleleft^+ [u]_s \blacktriangleleft^+ [w'']_s$，那么 $u\in[m,w,n]$；

(2) 如果 $[w]\blacktriangleleft^k[w']$ 并且 $n\geqslant k$，那么 $[m+k,w',n-k]=[m,w,n]$；

(3) 如果 $[w']\blacktriangleleft^k[w]$ 并且 $m\geqslant k$，那么 $[m-k,w',n+k]=[m,w,n]$；

(4) 如果 $w'\in[m,w,n]$，那么 $[w']_s\subseteq[m,w,n]$；

(5) 如果 $w'\in[m,w,n]$，那么 $[w']_\sim\subseteq[m,w,n]$。

引理 4.35 令 $\mathfrak{F}=\langle W,\lhd,\sim,\sim_s\rangle$ 为一个同步基底框架，并且令 $w,u,v\in W$。那么下列成立：

$$\text{如果 } [w]_s \blacktriangleleft [u]_s \blacktriangleleft^{-1} [v]_s，\text{ 那么 } [w]_s=[v]_s；$$
$$\text{如果 } [w]_s \blacktriangleleft^{-1} [u]_s \blacktriangleleft [v]_s，\text{ 那么 } [w]_s=[v]_s；$$

即 $\blacktriangleleft$ 是一个从 $W/\sim_s$ 到 $W/\sim_s$ 的一对一的部分函数。

证明 假设 $[w]_s \blacktriangleleft [u]_s \blacktriangleleft^{-1} [v]_s$。存在 $w'\in[w]_s$，$u',u''\in[u]_s$ 和 $v'\in[v]_s$ 使得 $w'\lhd u'$ 且 $v'\lhd u''$；从而根据定义 4.8(2) 可得，$w'\sim_s v'$，进而 $[w]_s=[v]_s$。另一种情况类似可证。　　　　　　　　　　□

子框架和子模型是模态逻辑中的基本构造，其定义可以类似于 2.3.1 小节给出。令 $\mathfrak{F}$ 为模态框架，$\mathfrak{M}$ 为模态模型且 $U\subseteq W$。我们用 $\mathfrak{F}{\upharpoonright}U$ 表示 U 确定的 $\mathfrak{F}$ 子框架，且用 $\mathfrak{M}{\upharpoonright}U$ 表示 U 确定的 $\mathfrak{M}$ 子模型。对任意

同步基底框架 $\mathfrak{F}$ (或模型 $\mathfrak{M}$) 和 $\mathfrak{F}$ (或 $\mathfrak{M}$) 上任意闭区间 ρ，我们称 $\mathfrak{F} \upharpoonright \rho$ (或 $\mathfrak{M} \upharpoonright \rho$) 为区间子框架（或区间子模型）。对任意 $\mathscr{L}_{cx+}$-克里普克框架 $\mathfrak{F}$ (或模型 $\mathfrak{M}$)，$\mathfrak{F}$（或 $\mathfrak{M}$）上的闭区间是它基于的同步框架上的闭区间。类似地，对 $\mathfrak{F}$ (或 $\mathfrak{M}$) 上任意闭区间 ρ，我们称 $\mathfrak{F} \upharpoonright \rho$（或 $\mathfrak{M} \upharpoonright \rho$）为区间子框架（或区间子模型）。

下面这个命题陈述的是，同步基底框架的区间子框架仍然是同步基底框架。

命题 4.36 令 $\mathfrak{F} = \langle W, \lhd, \sim, \sim_s \rangle$ 为一个同步基底框架，令 ρ 为 $\mathfrak{F}$ 上的任意闭区间，并且令 Γ 为弱分支性、左对齐和右对齐构成的条件集合。我们有 $\mathfrak{F} \upharpoonright \rho$ 是一个同步基底框架。另外，对任意的 $c \in \Gamma$，如果 $\mathfrak{F}$ 满足 c，那么 $\mathfrak{F} \upharpoonright \rho$ 也满足 c。

证明 首先，我们证明 $\mathfrak{F} \upharpoonright \rho$ 是一个基底框架。值得注意的是，对于基底框架定义中的条件，"$\lhd$ 是一对一函数" 和 "$\sim$ 是等价关系" 都可以用一阶 $\forall$-句子表达[5]。根据一阶模型论的经典结论可知，一阶 $\forall$-句子是在一阶子模型下保持的。显然，$\mathfrak{F} \upharpoonright \rho$ 是 $\mathfrak{F}$ 的一阶子模型。因此，要证明 $\mathfrak{F} \upharpoonright \rho$ 是一个基底框架，我们只需证明 $\mathfrak{F} \upharpoonright \rho$ 满足定义 4.5(1, 2)。对于定义 4.5(1)，尽管它不能由一个一阶 $\forall$-句子所表达，但是，$\mathfrak{F}$（或是 $\mathfrak{F} \upharpoonright \rho$）满足定义 4.5(1) 当且仅当 $\mathfrak{F}$（或是 $\mathfrak{F} \upharpoonright \rho$）满足下述一阶 $\forall$-句子：

$$\forall x_1 \forall x_2 \neg(x_1 \sim x_2 \wedge x_1 \lhd x_2),$$
$$\forall x_1 \forall x_2 \forall x_3 \neg(x_1 \sim x_3 \wedge x_1 \lhd x_2 \wedge x_2 \lhd x_3),$$

$$\cdots\cdots$$

因此，由 $\mathfrak{F}$ 满足定义 4.5(1) 可得，$\mathfrak{F} \upharpoonright \rho$ 满足定义 4.5(1)。下面证明 $\mathfrak{F} \upharpoonright \rho$ 满足定义 4.5(2)。令 $w, u, u' \in \rho$。假设 $w \lhd u \sim u'$。由 $\mathfrak{F}$ 满足定义 4.5(2) 可得，存在 $w' \in W$ 使得 $w \sim w' \lhd u'$。因为 $w \sim w'$ 且 $w \in \rho$，所以根据事实 4.34(4) 可知 $w' \in \rho$，从而存在 $w' \in \rho$ 使得 $w \sim w' \lhd u'$。因此，

5　一个一阶句子 α 是 $\forall$-句子当且仅当 α 的前束范式只包含 $\forall$-量词。

$\mathfrak{F} \upharpoonright \rho$ 满足定义 4.5(2)。综上可知，$\mathfrak{F} \upharpoonright \rho$ 是一个基底框架。

有关同步基底框架定义中其它条件，除了定义 4.8(1, 3) 外，剩下的条件也都可以用一阶 $\forall$-句子表达。对于定义 4.8(1)，尽管它不能由一个一阶 $\forall$-句子所表达，但是 $\mathfrak{F}$（或是 $\mathfrak{F} \upharpoonright \rho$）满足定义 4.8(1) 当且仅当 $\mathfrak{F}$（或是 $\mathfrak{F} \upharpoonright \rho$）满足下述一阶 $\forall$-句子：

$$\forall x_1 \forall x_2 \neg (x_1 \sim_s x_2 \wedge x_2 \lhd x_1),$$
$$\forall x_1 \forall x_2 \forall x_3 \forall x_4 \neg (x_1 \sim_s x_2 \wedge x_2 \lhd x_3 \wedge x_3 \sim_s x_4 \wedge x_4 \lhd x_1),$$
$$\cdots\cdots$$

因此，由 $\mathfrak{F}$ 满足定义 4.8(1) 可得，$\mathfrak{F} \upharpoonright \rho$ 满足定义 4.8(1)。最后，我们证明 $\mathfrak{F} \upharpoonright \rho$ 满足定义 4.8(3)。令 $\rho = [m, w, n]$ 且 $u, v \in \rho$。那么存在自然数 k, h 使得

$$([w]_s \blacktriangleleft^k [u]_s \wedge 0 < k \leqslant n) \vee ([u]_s \blacktriangleleft^k [w]_s \wedge 0 \leqslant k \leqslant m) \text{ 且}$$
$$([w]_s \blacktriangleleft^h [v]_s \wedge 0 < h \leqslant n) \vee ([v]_s \blacktriangleleft^h [w]_s \wedge 0 \leqslant h \leqslant m)。$$

这里只考虑 $[w]_s \blacktriangleleft^k [u]_s \wedge 0 < k \leqslant n$ 和 $[w]_s \blacktriangleleft^h [v]_s \wedge 0 < h \leqslant n$ 成立的情况，其它三种情况类似可证。首先，我们知道 $[v]_s \blacktriangleright^h [w]_s \blacktriangleleft^k [u]_s$。不妨设 $h \geqslant k$，因为情况 $k < h$ 类似可证。根据引理 4.35 可得，$[u]_s \blacktriangleleft^{h-k} [v]_s$，从而

$$[u]_s = [u_0]_s \blacktriangleleft [u_1]_s \blacktriangleleft \cdots \blacktriangleleft [u_{h-k}]_s = [v]_s。$$

同时，对任意 $0 < i < h - k$，因为 $[u]_s \blacktriangleleft^+ [u_i]_s \blacktriangleleft^+ [v]_s$，所以由事实 4.34(1) 可得 $[u_i]_s \in \rho$。根据事实 4.34(4)，$\mathfrak{F} \upharpoonright \rho$ 满足定义 4.8(3)。综上可得，$\mathfrak{F} \upharpoonright \rho$ 是一个同步基底框架。

最后，Γ 中的条件显然是保持的。 $\square$

由于 $\mathscr{L}_{cx+}$-克里普克框架中解释 STIT 算子的关系不涉及不同瞬间，定义 4.10 中的条件显然在区间子框架下保持，从而得到下列命题成立。

命题 4.37 令 $\mathfrak{F} = \langle W, \lhd, \sim, \sim_s, \{\simeq_A\}_{\varnothing \neq A \subseteq Agt} \rangle$ 为 $\mathscr{L}_{cx+}$-克里普克框架，令 ρ 为 $\mathfrak{F}$ 上的任意闭区间，并且令 Γ 为弱分支性、左对齐和右对齐构成的条件集合。我们有 $\mathfrak{F} \upharpoonright \rho$ 是 $\mathscr{L}_{cx+}$-克里普克框架。另外，对任意的 $c \in \Gamma$，如果 $\mathfrak{F}$ 满足 c，那么 $\mathfrak{F} \upharpoonright \rho$ 也满足 c。

下面考虑 $\mathscr{L}_{cx+}$-公式在区间子模型下保值的问题。为此，我们先定义类似于模态逻辑中模态度的概念，不过，与模态逻辑中模态度不同的是，我们此时只关心时态算子的镶嵌层数；又因为 $\mathscr{L}_{cx+}$ 包含过去和将来时态算子且解释它们的关系是互为逆关系，所以我们同时递归定义一个公式的过去时态度和将来时态度如下。

定义 4.38 对于任意 $\mathscr{L}_{cx+}$-公式 ϕ，它的过去时态度 $d_P(\phi)$ 和将来时态度 $d_F(\phi)$ 的递归定义如下，其中 $p \in Atm$ 且 $\varnothing \neq A \subseteq Agt$：

(1) $d_P(p) = d_F(p) = 0$；

(2) $d_P(\neg\phi) = d_P(\Box\phi) = d_P(\Box_s\phi) = d_P([A]\phi) = d_P(\phi)$；

(3) $d_F(\neg\phi) = d_F(\Box\phi) = d_F(\Box_s\phi) = d_F([A]\phi) = d_F(\phi)$；

(4) $d_P(\phi \wedge \psi) = max\{d_P(\phi), d_P(\psi)\}$；

(5) $d_F(\phi \wedge \psi) = max\{d_F(\phi), d_F(\psi)\}$；

(6) $d_P(Y\phi) = d_P(\phi) + 1$；

(7) $d_F(Y\phi) = \begin{cases} d_F(\phi) - 1 & \text{如果 } d_F(\phi) \geq 1; \\ 0 & \text{否则;} \end{cases}$

(8) $d_P(X\phi) = \begin{cases} d_P(\phi) - 1 & \text{如果 } d_P(\phi) \geq 1; \\ 0 & \text{否则;} \end{cases}$

(9) $d_F(X\phi) = d_F(\phi) + 1$。

下面证明 $\mathscr{L}_{cx+}$-公式在区间子模型下保值这个重要命题，在本节的后续讨论中将多次用到它。

命题 4.39 令 $\mathfrak{M} = \langle W, \lhd, \sim, \sim_s, \{\simeq_A\}_{\emptyset \neq A \subseteq Agt}, V \rangle$ 为 $\mathscr{L}_{cx+}$-克里普克模型。我们有：对任意 $\mathscr{L}_{cx+}$-公式 ϕ，对 $\mathfrak{M}$ 上的任意闭区间 $[m, w, n]$ 满足 $d_P(\phi) \leqslant m$ 和 $d_F(\phi) \leqslant n$，$\mathfrak{M}, w \vDash \phi$ 当且仅当 $\mathfrak{M} \upharpoonright [m, w, n], w \vDash \phi$。

证明 该证明在 ϕ 的复杂度上做归纳。归纳基始和真值函数联结词的步骤是显然的，我们略去该部分的证明。

令 $\phi = X\psi$。我们有 $\mathfrak{M}, w \vDash X\psi$ 当且仅当存在 $u \in W$ 使得 $w \lhd u$ 且 $\mathfrak{M}, u \vDash \psi$；同时 $\mathfrak{M} \upharpoonright [m, w, n], w \vDash X\psi$ 当且仅当存在 $u \in [m, w, n]$ 使得 $w \lhd u$ 且 $\mathfrak{M} \upharpoonright [m, w, n], u \vDash \psi$。从 $w \lhd u$ 可得 $[w]_s \blacktriangleleft^1 [u]_s$；再因为 $n \geqslant d_F(X\psi) > 0$，所以由事实 4.34(2) 可知 $[m, w, n] = [m+1, u, n-1]$，从而 $\mathfrak{M} \upharpoonright [m+1, u, n-1]$ 等同于 $\mathfrak{M} \upharpoonright [m, w, n]$。另外，$d_P(\psi) \leqslant m+1$ 并且 $d_F(\psi) \leqslant n-1$，这是因为 $d_P(X\psi) \leqslant m$ 并且 $d_F(X\psi) \leqslant n$。根据归纳假设，我们有 $\mathfrak{M}, u \vDash \psi$ 当且仅当 $\mathfrak{M} \upharpoonright [m+1, u, n-1], u \vDash \psi$ 当且仅当 $\mathfrak{M} \upharpoonright [m, w, n], u \vDash \psi$。因此，$\mathfrak{M}, w \vDash X\psi$ 当且仅当 $\mathfrak{M} \upharpoonright [m, w, n], w \vDash X\psi$。

对于 $\phi = Y\psi$ 的情况，用与上面类似的方法可证。

令 $\phi = \Box\psi$。假设 $\mathfrak{M}, w \vDash \Box\psi$。令 u 为 $[m, w, n]$ 中任意一点满足 $w \sim u$。那么 $\mathfrak{M}, u \vDash \psi$。根据事实 4.34(2)，我们有 $[m, w, n] = [m, u, n]$。因为 $d_P(\psi) = d_P(\Box\psi) \leqslant m$ 和 $d_F(\psi) = d_F(\Box\psi) \leqslant n$，所以根据归纳假设，$\mathfrak{M}, u \vDash \psi$ 当且仅当 $\mathfrak{M} \upharpoonright [m, u, n], u \vDash \psi$ 当且仅当 $\mathfrak{M} \upharpoonright [m, w, n], u \vDash \psi$，从而 $\mathfrak{M} \upharpoonright [m, w, n], u \vDash \psi$。故 $\mathfrak{M} \upharpoonright [m, w, n], w \vDash \Box\psi$。相反的，假设 $\mathfrak{M} \upharpoonright [m, w, n], w \vDash \Box\psi$。令 u 为 W 的任意一点满足 $w \sim u$。根据事实 4.34(5)，我们有 $[w]_\sim \subseteq [m, w, n]$，从而 $\mathfrak{M} \upharpoonright [m, w, n], u \vDash \psi$。再因为 $d_P(\psi) \leqslant m$，$d_F(\psi) \leqslant n$ 并且 $[m, w, n] = [m, u, n]$，所以根据归纳假设，$\mathfrak{M}, u \vDash \psi$ 当且仅当 $\mathfrak{M} \upharpoonright [m, u, n], u \vDash \psi$ 当且仅当 $\mathfrak{M} \upharpoonright [m, w, n], u \vDash \psi$，从而 $\mathfrak{M}, u \vDash \psi$。因此，$\mathfrak{M}, w \vDash \Box\psi$。

对于 $\phi = \Box_s\psi$ 和 $\phi = [A]\psi$ 的情况，类似于 $\phi = \Box\psi$ 可证。 $\quad\square$

通过应用命题 4.36 和 4.39，马上可以得到下列定理。

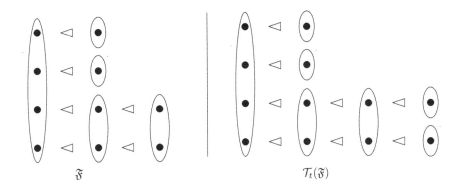

图 4.6 增加 "尾部"

定理 4.40 令 Γ 为弱分支性、左对齐和右对齐构成的集合且 $\Psi \subseteq \Gamma$。对任意 $\mathscr{L}_{cx+}$-公式 ϕ，如果 ϕ 在 $\mathcal{C}_\Psi^+$ 中可满足，那么存在 $\mathfrak{F} \in \mathcal{C}_\Psi^+$ 满足 ϕ 并且 $len(\mathfrak{F}) \leqslant d_P(\phi) + d_F(\phi) + 1$；从而 $\mathbf{Log}(\mathcal{C}_\Psi^+)$ 有框架长度强有穷性。

在本节的以下部分，我们证明即使 Ψ 包含分支性时，$\mathbf{Log}(\mathcal{C}_\Psi^+)$ 也有框架长度强有穷性。这个证明的基本想法是：即使分支性在采用闭区间做的子框架下并不保持，但是，比它们弱的条件极大弱分支是可以保持的。当一个区间子框架 $\mathfrak{F} \upharpoonright \rho$ 满足条件极大弱分支时，我们可以在 $\mathfrak{F} \upharpoonright \rho$ 的 "尾"（最右边）分别添加一层点，使得得到的新框架满足分支性。图 4.6 中给出了一个具体的例子。注意，我们只需要对部分世界增加新的点。下面给出增加 "尾" 的构造 $\mathcal{T}_t$。

令 $\mathfrak{F} = \langle W, \lhd, \sim, \sim_s, \{\simeq_A\}_{\emptyset \neq A \subseteq Agt} \rangle$ 为长度有穷的 $\mathscr{L}_{cx+}$-克里普克框架且满足

极大弱分支 对任意 $w, w', u \in W$，$w' \sim w \lhd u$ 蕴涵存在 $u' \in W$ 使得 $w' \lhd u'$；同时，对任意 $w \in W$，如果 $[w]_s$ 是 $\lhd$ 极大的但不是 $\blacktriangleleft$-极大的，那么 $[w]_\sim$ 为单元集。

令 $M = \{\mathbf{w} : \mathbf{w}$ 为 $\mathfrak{F}$ 中的世界并存在 $w \in \mathbf{w}$ 使得 $[w]_s$ 是 $\blacktriangleleft$-极大$\}$。我们

定义 $\mathcal{T}_t(\mathfrak{F})$ 为有序组

$$\langle W', \lhd', \sim', \sim'_s, \{\simeq'_A\}_{\varnothing \neq A \subseteq Agt} \rangle,$$

其中

- $W' = W \cup M$；

- $\lhd' = \lhd \cup \{\langle w, \mathbf{w} \rangle : \mathbf{w} \in M$ 且 w 为 $\mathbf{w}$ 中的 $\lhd$-极大元$\}$；

- $\sim' = \sim \cup \{\langle \mathbf{w}, \mathbf{w} \rangle : \mathbf{w} \in M\}$；

- $\sim'_s = \sim_s \cup \{\langle \mathbf{w}, \mathbf{w}' \rangle : \mathbf{w}, \mathbf{w}' \in M\}$；

- 对任意 $\varnothing \neq A \subseteq Agt$，$\simeq'_A = \simeq_A \cup \{\langle \mathbf{w}, \mathbf{w} \rangle : \mathbf{w} \in M\}$。

根据上述构造，$\mathcal{T}_t(\mathfrak{F})$ 显然为 $\mathscr{L}_{cx+}$-克里普克框架并且满足分支性，不仅如此，这个构造不影响左对齐和右对齐，也就是说，如果 $\mathfrak{F}$ 满足它们，那么得到的 $\mathcal{T}_t(\mathfrak{F})$ 也满足它们。因此，我们有下面这个引理。

引理 4.41 令 $\mathfrak{F}$ 为一个满足极大弱分支且长度有穷的 $\mathscr{L}_{cx+}$-克里普克框架，并且令 Γ 为弱分支性、左对齐和右对齐构成的集合。对任意 $\Psi \subseteq \Gamma$，如果 $\mathfrak{F}$ 满足 Ψ，那么 $\mathcal{T}_t(\mathfrak{F})$ 为 $\mathscr{L}_{cx+}$-克里普克框架且满足 $\Psi \cup \{$分支性$\}$。

定理 4.42 令 $\Psi \subseteq \mathbf{Con}^+$ 且 ϕ 为 $\mathscr{L}_{cx+}$-公式。如果 ϕ 在 $\mathcal{C}_\Psi^+$ 中可满足，那么存在 $\mathfrak{F} \in \mathcal{C}_\Psi^+$ 满足 ϕ 且 $len(\mathfrak{F}) \leqslant d_P(\phi) + d_F(\phi) + 3$；从而 $\mathbf{Log}(\mathcal{C}_\Psi^+)$ 有框架长度强有穷性。

证明 首先，不妨设 Ψ 包含分支性，因为不包含分支性的情况可由定理 4.40 得出。假设 ϕ 在 $\mathcal{C}_\Psi^+$ 中可满足。我们有：存在 $\mathfrak{F} \in \mathcal{C}_\Psi^+$ 使得 ϕ 在 $\mathfrak{F}$ 中可满足，从而存在模型 $\mathfrak{M} = \langle \mathfrak{F}, V \rangle$ 满足 ϕ，也就是说，存在 $w \in dom(\mathfrak{M})$ 使得 $\mathfrak{M}, w \vDash \psi$。根据命题 4.39 可知

$$\mathfrak{M} \upharpoonright [d_P(\phi), w, d_F(\phi)], w \vDash \phi。 \tag{4.5}$$

令 $\mathfrak{F}_1 = \mathfrak{F} \upharpoonright [d_P(\phi), w, d_F(\phi)]$。显而易见，$len(\mathfrak{F}_1) \leqslant d_P(\phi) + d_F(\phi) + 1$。如果 $\{[u]_s : [w]_s \blacktriangleleft^+ [u]_s\}$ 的基数小于等于 $d_F(\phi)$，那么根据 $\mathfrak{F}$ 满足分支性 可，$\mathfrak{F}_1$ 满足分支性；从而由命题 4.36 和 4.39 可得，$\mathfrak{F}_1 \in \mathcal{F}_\Psi$ 满足 ϕ 且 $len(\mathfrak{F}) \leqslant d_P(\phi) + d_F(\phi) + 1$。

设 $\{[u]_s : [w]_s \blacktriangleleft^+ [u]_s\}$ 的基数大于 $d_F(\phi)$。根据 $\mathfrak{F}$ 满足分支性 可知 $\mathfrak{F}$ 满足 极大弱分支，从而根据命题 4.36 可知 $\mathfrak{F}_1 \in \mathcal{C}_{\Psi'}^+$，其中 $\Psi' = \Psi \cup \{$极大弱分支$\} - \{$分支性$\}$；再根据引理 4.41，$\mathcal{T}_t(\mathfrak{F}_1)$ 为一个满足 Ψ 的 $\mathscr{L}_{cx+}$-克里普克框架。同时易见，$\mathcal{T}_t(\mathfrak{F}_1) \upharpoonright [d_P(\phi), w, d_F(\phi)] = \mathfrak{F}_1$。现在构造 $\mathcal{T}_t(\mathfrak{F}_1)$ 上的模型 $\mathfrak{M}' = \langle \mathcal{T}_t(\mathfrak{F}_1), V' \rangle$，其中对任意 $p \in Atm, V'(p) = V(p) \cap dom(\mathfrak{M}')$。根据命题 4.39 和 (4.5) 可得 $\mathfrak{M}', w \vDash \phi$。最后，因为 $len(\mathfrak{F}_1) \leqslant d_P(\phi) + d_F(\phi) + 1$，所以 $len(\mathcal{T}_t(\mathfrak{F}_1)) \leqslant d_P(\phi) + d_F(\phi) + 2$。因此，$\mathcal{T}_t(\mathfrak{F}_1)$ 即为我们所要的框架。 □

最后，结合上述定理和定理 4.31 与 4.32，我们得到下面的定理。

定理 4.43 $\mathbf{Lcx} = \mathbf{Log}(\mathcal{C}_{\mathbf{Con}}) = \mathbf{Log}(\mathcal{C}_{\mathbf{Con}}^+) \cap \mathscr{L}_{cx}$ 且 $\mathbf{Lcx}^+ = \mathbf{Log}(\mathcal{C}_{\mathbf{Con}+}^+)$。

4.4　可判定性

上一节证明了对任意 $\Psi \subseteq \mathbf{Con}^+$，$\mathbf{Log}(\mathcal{C}_\Psi^+)$ 都有框架长度强有穷性。不过，有穷长度的 $\mathscr{L}_{cx+}$-克里普克框架可能包含无穷个世界，从而它们仍然可能是无穷框架。在本节中，我们采用一种修改的滤模型构造有穷的模型，并保持所要求的框架条件，从而得到对任意 $\Psi \subseteq \mathbf{Con}^+$，$\mathbf{Log}(\mathcal{C}_\Psi^+)$ 有强有穷框架性。因此，它们都是可判定的。

4.4.1　滤模型

我们采用的滤模型将有别于普通的滤模型 [8, 20]，它们之间的主要区别在于滤模型论域确定的方式上。普通滤模型的论域是由相关的公式集来决定的，而我们的滤模型的论域是由一个等价关系来确定的，这个新的等价关系的引入放松了滤模型构造的要求，从而便于保持框架性质。

对任意 $\mathscr{L}_{cx+}$-克里普克模型 $\mathfrak{M}$，任意 $\mathscr{L}_{cx+}$-公式集 Γ 和任意 $w, u \in dom(\mathfrak{M})$，$w \cong_{\Gamma}^{\mathfrak{M}} u$ 如果对所有 $\psi \in \Gamma$，$\mathfrak{M}, w \vDash \psi$ 当且仅当 $\mathfrak{M}, u \vDash \psi$；在不会引起混淆时，我们把 $\cong_{\Gamma}^{\mathfrak{M}}$ 简写为 $\cong_{\Gamma}$。

定义 4.44 令 $\mathfrak{M} = \langle W, \lhd, \sim, \sim_s, \{\cong_A\}_{\varnothing \neq A \subseteq Agt}, V \rangle$ 为 $\mathscr{L}_{cx+}$-克里普克模型，Γ 为在子公式下封闭的公式集且 $\approx$ 为 W 上的等价关系满足 $\approx \subseteq \cong_{\Gamma}$。$\mathfrak{M}$ 通过 Γ 和 $\approx$ 的滤模型是有序组

$$\mathfrak{M}' = \langle W', \lhd', \sim', \sim'_s, \{\cong'_A\}_{\varnothing \neq A \subseteq Agt}, V' \rangle,$$

其中

(1) $W' = W/\approx$；

(2) 对每个 $R \in \{\lhd, \sim, \sim_s\} \cup \{\cong_A : \varnothing \neq A \subseteq Agt\}$ 和每个 $w, u \in W$，如果 wRu 那么 $[w]_{\cong_{\Gamma}} R' [u]_{\cong_{\Gamma}}$；

(3) 对每个 $w, u \in W$，如果 $[w]_{\approx} \lhd' [u]_{\approx}$，那么对每个 $X\phi \in \Gamma$，$\mathfrak{M}, u \models \phi$ 蕴涵 $\mathfrak{M}, w \models X\phi$；

(4) 对每个 $w, u \in W$，如果 $[w]_{\approx} \lhd' [u]_{\approx}$，那么对每个 $Y\phi \in \Gamma$，$\mathfrak{M}, w \models \phi$ 蕴涵 $\mathfrak{M}, u \models Y\phi$；

(5) 对每个 $w, u \in W$ 和每个 $\boxminus \in \{\Box, \Box_s\} \cup \{[A] : \varnothing \neq A \subseteq Agt\}$，如果 $[w]_{\approx} R'_{\boxminus} [u]_{\approx}$，那么对每个 $\boxminus\phi \in \Gamma$，$\mathfrak{M}, w \models \boxminus\phi$ 蕴涵 $\mathfrak{M}, u \models \phi$，其中 $R'_{\boxminus}$ 代表滤模型中解释模态算子 $\boxminus$ 的关系；

(6) 对每个 $w \in W$ 和每个 $p \in \Gamma$，$[w]_{\approx} \in V'(p)$ 当且仅当 $w \in V(p)$。

注意，$\approx \subseteq \cong_{\Gamma}$ 保证了上述定义的最后一条可以满足；当使用的等价关系 $\approx$ 等同于 $\cong_{\Gamma}$ 时，我们的滤模型将和普通滤模型相同。因此，我们的滤模

型可以看成是普通滤模态的一种扩展。在不会引起误解时，我们用 $[w]$ 代替 $[w]_\approx$。之后，当说 $\mathfrak{M}'$ 是 $\mathfrak{M}$ 通过 Γ 和 $\approx$ 的滤模型时，将隐含的假设 Γ 是在子公式下封闭的公式集，并且 $\approx$ 是 $dom(\mathfrak{M})$ 上的等价关系且满足 $\approx \subseteq \cong_\Gamma$。注意，$\mathfrak{M}$ 通过 Γ 的滤模型不一定是 $\mathscr{L}_{cx+}$-克里普克模型。下面是关于公式在滤模型转换下保值的定理。

定理 4.45 令 $\mathfrak{M}$ 为 $\mathscr{L}_{cx+}$-克里普克模型，$\mathfrak{M}'$ 是 $\mathfrak{M}$ 通过 Γ 和 $\approx$ 的滤模型且 $\mathfrak{M}'$ 是 $\mathscr{L}_{cx+}$-克里普克模型。我们有：对每个 $\phi \in \Gamma$ 和每个 $w \in dom(\mathfrak{M})$，$\mathfrak{M}, w \vDash \phi$ 当且仅当 $\mathfrak{M}', [w]_{\cong_\Gamma} \vDash \phi$。

证明 在公式的复杂度上归纳证明。 □

4.4.2 互模拟与互拟商

对于新的滤模型，它们论域的大小依赖于定义时采用的等价关系而非公式集，所以需要选择合适的等价关系保证有穷性。本节引入同步基底框架上的互模拟关系，它们将成为之后构造滤模型的等价关系。

在模态逻辑中，互模拟（bisimulation）是框架之间或是模型之间的关系。这里只讨论一个框架或是一个模型与其自身的互模拟，且只要求保持某个特定集合内的命题变元值。

定义 4.46 令 $\mathfrak{F} = \langle W, \lhd, \sim, \sim_s \rangle$ 为同步基底框架且 $R \in \{\lhd, \rhd, \sim, \sim_s\}$。$\mathfrak{F}$ 上相对于 R 的互模拟是 W 上的一个关系 Z 满足：

(1) 对所有 $w, u, t \in W$，如果 wZu 并且 uRt，那么存在 $s \in W$ 使得 wRs 且 sZt；

(2) 对所有 $w, u, s \in W$，如果 wZu 并且 wRs，那么存在 $t \in W$ 使得 uRt 且 sZt。

$\mathfrak{F}$ 上的一个互模拟是 W 上的一个关系 Z 满足对于任意 $R \in \{\lhd, \rhd, \sim, \sim_s\}$，$Z$ 是 $\mathfrak{F}$ 上相对于 R 的互模拟。对 $\mathfrak{F}$ 上的任意互模拟 Z，如果 Z 是 W 上

的等价关系，那么我们称 Z 为等价互模拟。令 $\mathfrak{M} = \langle \mathfrak{F}, V \rangle$ 为一个同步基底模型，并且令 $\Lambda \subseteq Atm$。$\mathfrak{M}$ 上的 Λ-互模拟是 W 上的一个关系 Z 满足 Z 是 $\mathfrak{F}$ 上的一个互模拟，并且

(3) 对所有 $w, u \in W$，如果 wZu，那么对每个 $p \in \Lambda$，$w \in V(p)$ 当且仅当 $u \in V(p)$。

注意，我们只在定义模型上的互模拟时，才考虑 Λ 集合。对于所有 $w, u \in W$，我们说 w, u 是在 $\mathfrak{M}$ 中 Λ-互模拟的，如果存在 $\mathfrak{M}$ 上的 Λ-互模拟 Z 使得 wZu。$\mathfrak{M}$ 上的一个 Λ-互模拟 Z 是最大的，如果对 $\mathfrak{M}$ 上的每个 Λ-互模拟 Z'，$Z' \subseteq Z$。对于 $\mathfrak{M}$ 上的任意 Λ-互模拟 Z，如果 Z 是 W 上的等价关系，那么我们称 Z 为 Λ-等价互模拟。注意，并非 $\mathfrak{M}$ 上的所有 Λ-互模拟 Z 都是 W 上的等价关系，尽管它们都可以被扩充为 Λ-等价互模拟，见命题 4.48(2)。下面两个命题陈述一些关于互模拟的基本事实。我们用 $R \circ S$ 表示关系 R 和 S 的复合，即 $\{\langle x, y \rangle : \exists z(xRz \wedge zSy)\}$。

命题 4.47 令 $\mathfrak{F} = \langle W, \lhd, \sim, \sim_s \rangle$ 为一个同步基底框架且 Z 为 $\mathfrak{F}$ 上的一个互模拟。我们有下述命题成立：

(1) 对所有 $R \in \{\lhd, \rhd, \sim, \sim_s\}$，$Z \circ R = R \circ Z$；

(2) 对所有 $w, u \in W$，如果 wZu 并且 $\mathfrak{F}$ 的长度有穷，那么 $w \sim_s u$。

证明 (1) 令 $s, w, u \in W$。假设 $s \lhd wZu$。那么根据定义 4.46(2)，存在 $t \in W$ 使得 $sZt \lhd u$。类似地，假设 $sZw \lhd u$。那么根据定义 4.46(1)，存在 $t \in W$ 使得 $s \lhd tZu$。因此，$Z \circ \lhd = \lhd \circ Z$。因为 $\rhd$ 是 $\lhd$ 的逆关系，所以 $Z \circ \rhd = \rhd \circ Z$ 可以从 $Z \circ \lhd = \lhd \circ Z$ 得出。至于 R 为 $\sim$ 或是 $\sim_s$ 的情况，它们可以从 $\sim, \sim_s$ 具有对称性和 Z 是 $\mathfrak{F}$ 上相对于 $\sim, \sim_s$ 的互模拟轻易推出。

(2) 该命题可以由 $Z \circ \lhd = \lhd \circ Z$ 轻易得出。 □

命题 4.48 令 $\mathfrak{M} = \langle \mathfrak{F}, V \rangle$ 为一个同步基底框架，其中 $\mathfrak{F} = \langle W, \lhd, \sim, \sim_s \rangle$，令 $\Lambda \subseteq Atm$ 且 Z 为 $\mathfrak{M}$ 上的一个 Λ-互模拟。下列命题成立：

(1) 对 $\mathfrak{M}$ 上的 Λ-互模拟组成的任意非空集合 A，$\bigcup A$ 仍然是 $\mathfrak{M}$ 上的一个 Λ-互模拟；

(2) Z 的自反闭包、对称闭包和传递闭包都是 $\mathfrak{M}$ 上的 Λ-互模拟；

(3) 如果 Z 是最大的，那么它是 W 上的等价关系。

证明 (1) 令 A 为 $\mathfrak{M}$ 上的 Λ-互模拟组成的一个非空集合。假设 $\langle w, u \rangle \in \bigcup A$。那么存在 $Z' \in A$ 使得 $wZ'u$。因为 Z' 是 $\mathfrak{M}$ 上的一个 Λ-互模拟，所以对任意 $p \in \Lambda$，$w \in V(p)$ 当且仅当 $u \in V(p)$。令 $R \in \{\lhd, \rhd, \sim, \sim_s\}$。假设 uRt。因为 $wZ'u$ 并且 Z' 是 $\mathfrak{M}$ 上的一个 Λ-互模拟，所以存在 $s \in W$ 使得 wRs 并且 $sZ't$，由此得出 wRs 并且 $\langle s, t \rangle \in \bigcup A$。因此，$\bigcup A$ 满足定义 4.46(1)。$\bigcup A$ 满足定义 4.46(2) 可以类似地证明。故 $\bigcup A$ 是 $\mathfrak{M}$ 上的一个 Λ-互模拟。

(2) 显而易见，Z 的自反闭包和对称闭包都是 $\mathfrak{M}$ 上的 Λ-互模拟。因此，我们只证明 Z 的传递闭包 Z^+ 也是 $\mathfrak{M}$ 上的 Λ-互模拟。首先，我们证明下列事实，

$$\text{对于每个自然数 } n > 0, \ Z^n \text{ 是 } \mathfrak{M} \text{ 上的 } \Lambda\text{-互模拟。} \tag{4.6}$$

因为 $Z^1 = Z$，所以归纳基始成立。令 $n = k + 1$。易见，Z^n 满足定义 4.46(3)。令 $R \in \{\lhd, \rhd, \sim, \sim_s\}$。假设 $wZ^{k+1}u$ 且 uRt。那么 $wZ^k w'Zu$ 并且 uRt。因为 Z 是 $\mathfrak{M}$ 上的 Λ-互模拟，所以存在 $s \in W$ 使得

$$wZ^k w' Rs \ \text{并且} \ sZt. \tag{4.7}$$

根据归纳假设，我们有 Z^k 是 $\mathfrak{M}$ 上的 Λ-互模拟，从而根据 (4.7) 得到，存在 $s' \in W$ 使得 wRs' 并且 $s'Z^k sZt$。故有 wRs' 和 $s'Z^{k+1}t$。Z^n 满足

定义 4.46(2) 可以类似地证明。因此，(4.6) 成立。由此，根据 (1) 可得，$Z^+ = \bigcup \{Z^n : n > 0\}$ 是 $\mathfrak{M}$ 上的 Λ-互模拟。

(3) 假设 Z 是最大的。根据 (2) 可得，Z 的自反闭包是 $\mathfrak{M}$ 上的一个 Λ-互模拟，再由 Z 是最大的可知，Z 的自反闭包等于 Z。因此，Z 是自反的。类似的理由可以用于证明，Z 是对称的和传递的。因此，Z 是 W 上的一个等价关系。 $\square$

下面定义本节最重要的一个概念：Λ-互拟商。

定义 4.49 令 $\mathfrak{F} = \langle W, \lhd, \sim, \sim_s \rangle$ 为一个同步基底框架，并且令 $\approx$ 为 $\mathfrak{F}$ 上的一个等价互模拟。$\mathfrak{F}$ 在 $\approx$ 下的互拟商（用符号 $\mathfrak{F}/\approx$ 表示）为有序四元组 $\langle W', \lhd', \sim', \sim_s' \rangle$，其中

- $W' = W/\approx$;

- 对每个 $R \in \{\lhd, \sim, \sim_s\}$，$R' = R/\approx$，即对每个 $w, u \in W$，$[w]_\approx R'[u]_\approx$ 当且仅当存在 $w' \in [w]_\approx$ 和 $u' \in [u]_\approx$ 使得 $w'Ru'$。

令 $\mathfrak{M} = \langle \mathfrak{F}, V \rangle$ 为一个同步基底模型，$\Lambda \subseteq Atm$ 且 $\approx$ 为 $\mathfrak{M}$ 上的 Λ-等价互模拟。$\mathfrak{M}$ 在 $\approx$ 下的 Λ-互拟商（用符号 $\mathfrak{M}/\approx$ 表示）为有序对 $\langle \mathfrak{F}/\approx, V' \rangle$ 满足对每个 $p \in \Lambda$，$V'(p) = \{[w]_\approx : w \in V(p)\}$。如果不会引起误解的话，我们用 $[w]$ 表示 $[w]_\approx$。注意，只在定义模型下的互拟商时，我们才考虑 Λ 集合。

令 $\mathfrak{F} = \langle W, \lhd, \sim, \sim_s \rangle$ 为一个同步基底框架，并且令 $w \in W$。w 在 $\mathfrak{F}$ 中的深度（表示为 $depth_\mathfrak{F}(w)$）是集合 $\{[u]_s : [w]_s \blacktriangleleft^+ [u]_s\}$ 的基数。易见，如果 $w \sim_s u$，那么 $depth_\mathfrak{F}(w) = depth_\mathfrak{F}(u)$；同时，如果 $\mathfrak{F}$ 的长度是有穷的，那么 $w \blacktriangleleft^+ u$ 蕴含 $depth_\mathfrak{F}(w) > depth_\mathfrak{F}(u)$。如果不会引起误解的话，我们用 $depth(w)$ 表示 $depth_\mathfrak{F}(w)$。通过下面这个命题，我们证明：对任意同步基底框架 $\mathfrak{F}$ 和 $\mathfrak{F}$ 上的任意等价互模拟 $\approx$，如果 $\mathfrak{F}$ 的长度是有穷的，那么 $\mathfrak{F}/\approx$ 也是一个长度有穷的同步基底框架。

命题 4.50 令 $\mathfrak{F} = \langle W, \lhd, \sim, \sim_s \rangle$ 为一个同步基底框架，$\approx$ 为 $\mathfrak{F}$ 上的等价互模拟且 $\mathfrak{F}/{\approx} = \langle W', \lhd', \sim', \sim'_s \rangle$。假设 $\mathfrak{F}$ 的长度是有穷的。我们有 $\mathfrak{F}/{\approx}$ 是一个同步基底框架，并且

$$\text{对每个 } w \in W, \ depth([w]) = depth(w). \tag{4.8}$$

证明 首先我们证明 $\lhd'$ 是从 W' 到 W' 的一对一的部分函数。令 $w, u, v \in W$。假设 $[w] \lhd' [u]$ 并且 $[w] \lhd' [v]$。那么存在 $w_1, w_2 \in [w], u_1 \in [u]$ 和 $v_1 \in [v]$，使得 $w_1 \lhd u_1$ 且 $w_2 \lhd v_1$，从而 $w_2 \approx w_1 \lhd u_1$。因为 $\approx$ 是 $\mathfrak{F}$ 上的一个互模拟，所以根据命题 4.47(1) 可知，存在 $u_2 \in W$ 使得 $w_2 \lhd u_2 \approx u_1$。又因为 $\lhd$ 是一对一的部分函数，并且 $w_2 \lhd v_1$，所以我们有 $v_1 = u_2$，从而根据 $u_2 \in [u]$ 和 $v_1 \in [v]$ 得到 $[u] = [v]$。因此，$\lhd'$ 是一个从 W' 到 W' 的部分函数。"$\lhd'$ 是一对一的"可以类似地证明。

下面证明 $\sim'$ 和 $\sim'_s$ 都是 W' 上的等价关系。因为它们的自反性和对称性是定义 4.49 的明显后承，所以只需证明 $\sim'$ 和 $\sim'_s$ 都是传递的。令 $w, u, v \in W$。假设 $[w] \sim' [u] \sim' [v]$。我们有：存在 $w_1 \in [w], u_1, u_2 \in [u]$ 和 $v_1 \in [v]$ 使得 $w_1 \sim u_1$ 和 $u_2 \sim v_1$，从而由命题 4.47(1) 可得，存在 $w_2 \in W$ 使得 $w_1 \approx w_2 \sim u_2 \sim v_1$。又因为 $\sim$ 是传递的，所以 $w_1 \approx w_2 \sim v_1$。根据 $w_1 \in [w]$ 和 $v_1 \in [v]$ 得到 $[w] \sim' [v]$。因此，$\sim'$ 是传递的。最后，$\sim'_s$ 的传递性可以类似地证明。

定义 4.5(1) 和定义 4.8(1) 是命题 4.47(2) 的显然后承。下面证明 $\mathfrak{F}/{\approx}$ 满足定义 4.5(2)。令 $w, u, v \in W$。假设 $[w] \lhd' [u] \sim' [v]$。那么存在 $w_1 \in [w], u_1, u_2 \in [u]$ 和 $v_1 \in [v]$ 使得 $w_1 \lhd u_1 \approx u_2 \sim v_1$。根据命题 4.47(1) 可知，存在 $w_2 \in W$ 使得 $w_1 \approx w_2 \lhd u_2 \sim v_1$。又因为 $\mathfrak{F}$ 满足定义 4.5(2)，所以存在 $s \in W$ 使得 $w_2 \sim s \lhd v_1$，进而么从 $w_2 \in [w]$ 和 $v_1 \in [v]$ 可得 $[w] \sim' [s] \lhd' [v]$。因此，$\mathfrak{F}/{\approx}$ 满足定义 4.5(2)。综上可知，$\langle W, \lhd, \sim \rangle$ 为一个基底框架。

根据定义 4.49，明显的有 $\sim' \subseteq \sim'_s$ 成立且 $\mathfrak{F}/{\approx}$ 满足定义 4.8(3)。

因此，为了得出 $\mathfrak{F}/\approx$ 是同步基底框架，只需要证明 $\mathfrak{F}/\approx$ 也满足定义 4.8(2)。令 $w, w', u, u' \in W$。假设 $[w] \lhd' [u]$ 和 $[w'] \lhd' [u']$。那么存在 $w_1 \in [w], u_1 \in [u], w_1' \in [w']$ 和 $u_1' \in [u']$ 使得，

$$w_1 \lhd u_1 \text{ 并且 } w_1' \lhd u_1'。 \tag{4.9}$$

再假设 $[w] \sim_s' [w']$。那么存在 $w_2 \in [w]$ 和 $w_2' \in [w']$ 使得

$$w_2 \sim_s w_2'。 \tag{4.10}$$

结合 (4.9) 得出，$w_2 \approx w_1 \lhd u_1$ 且 $w_2' \approx w_1' \lhd u_1'$。根据命题 4.47(1)，存在 $u_2 \in W$ 使得 $w_2 \lhd u_2 \approx u_1$，并且存在 $u_2' \in W$ 使得 $w_2' \lhd u_2' \approx u_1'$。再根据 (4.10) 和 $\mathfrak{F}$ 满足定义 4.8(2) 可得，$u_2 \sim_s u_2'$，从而由 $u_2 \approx u_1 \in [u]$ 和 $u_2' \approx u_1' \in [u']$ 推出 $[u] \sim_s' [u']$。当 $[u] \sim_s' [u']$ 时，类似的方法可证 $[w] \sim_s' [w']$。故 $\mathfrak{F}/\approx$ 满足定义 4.8(2)。因此，$\mathfrak{F}/\approx$ 是一个同步基底框架。

最后，我们通过在 $depth(w)$ 上做归纳证明 (4.8)。首先，归纳基始是命题 4.47(2) 的显然后承。现在假设 $depth(w) = k+1$。那么存在 $u \in W$ 使得 $[w]_s \blacktriangleleft [u]_s$ 且 $depth(u) = k$。根据归纳假设，$depth([u]) = depth(u) = k$。再根据 $[w]_s \blacktriangleleft [u]_s$，存在 $u' \in [u]_s$ 和 $w' \in [w]_s$ 使得 $[w'] \lhd' [u']$。从而 $[[w]]_{s'} \blacktriangleleft' [[u]]_{s'}$。最后，因为 $depth([u]) = k$，所以 $depth([w]) = k+1 = depth(w)$。 $\qquad\square$

下面这个命题说如果 $\mathfrak{F}$ 的长度有穷，那么 $\mathbf{Con}^+$ 中所有条件都从 $\mathfrak{F}$ 到 $\mathfrak{F}/\approx$ 保持。

命题 4.51 令 $\mathfrak{F} = \langle W, \lhd, \sim, \sim_s \rangle$ 为一个长度有穷的同步基底框架，$\approx$ 为 $\mathfrak{F}$ 上的等价互模拟且 $\mathfrak{F}/\approx = \langle W', \lhd', \sim', \sim_s' \rangle$。对任意 $c \in \mathbf{Con}^+$，如果 $\mathfrak{F}$ 满足 c，那么 $\mathfrak{F}/\approx$ 也满足 c。

证明 首先，考虑 c 为弱分支性的情况。假设 $\mathfrak{F}$ 满足弱分支性。对任

意 $[w_1], [w_2], [w_3] \in W'$，如果 $[w_1] \sim' [w_2] \lhd' [w_3]$，那么存在 $w_1' \in [w_1]$，$w_2', w_2'' \in [w_2]$ 和 $w_3' \in [w_3]$ 使得

$$w_1' \sim w_2' \approx w_2'' \lhd w_3';$$

从而根据命题 4.47(1)，存在 $w_3'' \in W$ 使得

$$w_1' \sim w_2' \lhd w_3'' \approx w_3';$$

再根据假设，存在 $u \in W$ 使得 $w_1' \lhd u$；由此可知，$[w_1] \lhd' [u]$。故 $\mathfrak{F}/\approx$ 也满足弱分支性。

　　然后，考虑 c 为分支性的情况。假设 $\mathfrak{F}$ 满足分支性。因为 $\mathfrak{F}$ 的长度是有穷的，所以

$$对任意 \ w \in W，如果 \ w \ 是 \ \lhd\text{-极大的，那么} \tag{4.11}$$
$$[w]_\sim \ 是单元集。$$

现在证明：
$$对任意 \ [w] \in W'，如果 \ [w] \ 是 \ \lhd'\text{-极大的，那} \tag{4.12}$$
$$么 \ [[w]]_{\sim'} \ 是单元集。$$

假设存在 $[w], [u] \in W'$ 满足 $[w] \sim' [u]$ 并且 $[w], [u]$ 都是 $\lhd'$-极大的。那么存在 $w' \in [w], u' \in [u]$ 使得 $w' \sim u'$；因为 $\mathfrak{F}$ 的长度是有穷的，所以根据命题 4.50 可知，w', u' 都是 $\lhd$-极大的；由此根据 (4.11) 知 $w' = u'$，从而 $[w] = [u]$。故 (4.12) 成立。又因为 $\mathfrak{F}/\approx$ 的长度是有穷的，所以由 (4.12) 可得 $\mathfrak{F}/\approx$ 满足分支性。

　　下面考虑 c 为左对齐的情况。令 $[w], [u], [v] \in W'$。假设 $[w] \lhd' [u] \sim'_s [v]$。那么存在 $w_1 \in [w], u_1, u_2 \in [u]$ 和 $v_1 \in [v]$ 使得 $w_1 \lhd u_1 \approx u_2 \sim_s v_1$。根据命题 4.47(1) 可知，存在 $w_2 \in W$ 使得 $w_1 \approx w_2 \lhd u_2 \sim_s v_1$。再因为 $\mathfrak{F}$ 满足左对齐，所以存在 $s \in W$ 使得 $w_2 \sim_s s \lhd v_1$。那么从 $w_2 \in [w]$ 和 $v_1 \in [v]$ 可得，$[w] \sim'_s [s] \lhd' [v]$。因此，$\mathfrak{F}/\approx$ 满足定义左对齐。

最后，关于 c 为右对齐的情况，类似于 c 为左对齐的情况可证。 $\square$

4.4.3 强有穷框架性

令 $\mathfrak{M}$ 为有穷长度的同步基底模型，$\Lambda \subseteq Atm$，且 $\approx$ 为 $\mathfrak{M}$ 上的 Λ-等价互模拟。上一小节证明了 $\mathfrak{M}/{\approx}$ 是一个同步基底模型，但 $\mathfrak{M}/{\approx}$ 仍然可能是无穷的。在本小节，我们证明如果 $\approx$ 是 $\mathfrak{M}$ 上最大的 Λ-互模拟且 Λ 是有穷的，那么 $\mathfrak{M}/{\approx}$ 是有穷的。之后运用这种最大的互摸拟去构造有穷的滤模型，从而得出强有穷框架性。

命题 4.52 令 $\mathfrak{M}$ 为有穷长度的同步基底模型且 $\Lambda \subseteq Atm$。那么存在 $\mathfrak{M}$ 上最大的 Λ-互模拟。

证明 令 Z 为 $\mathfrak{M}$ 上所有的 Λ-互模拟组成的集合。Z 必定是非空的，因为 $dom(\mathfrak{M})$ 上的相等关系是 $\mathfrak{M}$ 上的一个 Λ-互模拟。根据命题 4.48(1)，我们有 $\bigcup Z$ 是 $\mathfrak{M}$ 上的 Λ-互模拟。显然，它是 $\mathfrak{M}$ 上最大的 Λ-互模拟。 $\square$

令 $\mathfrak{M}$ 为同步基底模型。我们说 $\mathfrak{M}$ 是 Λ-互模拟可区分的当且仅当 $\mathfrak{M}$ 上的所有 Λ-互模拟都是 $dom(\mathfrak{M})$ 上等于关系的子集，也就是说，$\mathfrak{M}$ 上任意两个不同的点都不是 Λ-互模拟的。下面这个命题说，如果 $\approx$ 是 $\mathfrak{M}$ 上最大的 Λ-等价互模拟，那么 $\mathfrak{M}/{\approx}$ 是 Λ-互模拟可区分的。

命题 4.53 令 $\mathfrak{M} = \langle \mathfrak{F}, V \rangle$ 为一个同步基底框架，其中 $\mathfrak{F} = \langle W, \lhd, \sim, \sim_s \rangle$，令 $\Lambda \subseteq Atm$ 且 $\approx$ 为 $\mathfrak{M}$ 上的最大的 Λ-互模拟。我们有 $\mathfrak{M}/{\approx}$ 是 Λ-互模拟可区分的。

证明 令 $\mathfrak{M}/{\approx} = \langle W', \lhd', \sim', \sim'_s, V' \rangle$，令 Z' 为 $\mathfrak{M}/{\approx}$ 上的一个 Λ-互模拟，并且令 $Z = {\approx} \cup \{\langle w, u \rangle : [w]Z'[u]\}$。我们证明

$$Z \text{ 为 } \mathfrak{M} \text{ 上的一个 } \Lambda\text{-互模拟。} \tag{4.13}$$

令 $w, u, v \in W$ 且 $R \in \{\lhd, \rhd, \sim, \sim_s\}$。假设 wZu。因为 $w \approx u$ 的情况是显然的，所以不妨设 $[w]Z'[u]$。首先，因为 Z' 为 $\mathfrak{M}/\approx$ 上的一个 Λ-互模拟，所以对每个 $p \in \Lambda$，$[w] \in V'(p)$ 当且仅当 $[u] \in V'(p)$，从而有对每个 $p \in \Lambda$，$w \in V(p)$ 当且仅当 $u \in V(p)$。为了证明 Z 满足定义 4.46(1)，我们进一步假设 uRv。那么 $[u]R'[v]$，从而根据最初的假设 $[w]Z'[u]$ 可得，存在 $s \in W$ 使得 $[w]R'[s]$ 并且 $[s]Z'[v]$。因此，存在 $w' \in [w]$ 和 $s' \in [s]$ 使得

$$w'Rs' \text{ 且 } [s]Z'[v]。 \tag{4.14}$$

由此蕴含，$w \approx w'Rs'$。根据命题 4.47(1) 可知，存在 $s'' \in W$ 满足 $wRs'' \approx s'$。再因为 $s' \approx s$ 和 (4.14)，所以 $s''Zv$。故 $wRs''Zv$。类似地，我们可以证明 Z 满足定义 4.46(2)。因此，(4.13) 成立。

因为 $\approx$ 为 $\mathfrak{M}$ 上的最大的 Λ-互模拟，所以根据 (4.13) 我们有 $Z \subseteq \approx$。由此可以推出，$\{\langle w, u \rangle : [w]Z'[u]\}$ 是 $\approx$ 的一个子集。所以，对任意 $[w], [u] \in W'$，如果 $[w]Z'[u]$，那么 $[w] = [u]$。因此，$\mathfrak{M}/\approx$ 是 Λ-互模拟可区分的。$\qquad\square$

令 $\mathfrak{M} = \langle \mathfrak{F}, V \rangle$ 为一个同步基底框架，其中 $\mathfrak{F} = \langle W, \lhd, \sim, \sim_s \rangle$，令 $w \in W$ 且 $U \subseteq W$。注意，$\mathbf{w}$ 是 $\mathfrak{F}$（或 $\mathfrak{M}$）中的世界当且仅当 $\mathbf{w}$ 是 $\mathfrak{F}$ 中一条极大的 $\lhd^+$-链。我们用 $\mathbf{w}_w$ 表示包含 w 的那个 $\mathfrak{M}$（或是 $\mathfrak{F}$）中的世界，我们用 $\mathbf{W}_U$ 表示包含 U 中某个元的 $\mathfrak{M}$（或是 $\mathfrak{F}$）中的世界组成的集合，即 $\mathbf{W}_U = \{\mathbf{w} : \mathbf{w} \cap U \neq \varnothing\}$。显然，$\mathbf{W}_{[w]_\sim}$ 和 $[w]_\sim$ 具有相同的基数。为了简洁，我们用 $\mathfrak{M} \upharpoonright \mathbf{W}_U$ 表示子模型 $\mathfrak{M} \upharpoonright \bigcup \mathbf{W}_U$。下面定义相对于某个变元集的子模型同构的概念。令 $\Lambda \subseteq Atm$ 且 $U_1, U_2 \subseteq W$。一个从 U_1 到 U_2 的函数 f 是从 $\mathfrak{M} \upharpoonright U_1$ 到 $\mathfrak{M} \upharpoonright U_2$ 的 Λ-同构映射，如果 f 是从 $\mathfrak{F} \upharpoonright U_1$ 到 $\mathfrak{F} \upharpoonright U_2$ 的同构映射使得对每个 $p \in \Lambda$，$w \in V(p)$ 当且仅当 $f(w) \in V(p)$。我们说 $\mathfrak{M} \upharpoonright U_1$ 是 Λ-同构于 $\mathfrak{M} \upharpoonright U_2$ 的，如果存在从 $\mathfrak{M} \upharpoonright U_1$ 到 $\mathfrak{M} \upharpoonright U_2$ 的 Λ-同构映射。

下面这个引理证明，可以从一个同步基底模型 $\mathfrak{M}$ 的三类 Λ-同构子模型去构造 $\mathfrak{M}$ 上的 Λ-互模拟。请注意，我们用 w^- 表示 w 的直接前驱。

引理 4.54 令 $\mathfrak{M} = \langle \mathfrak{F}, V \rangle$ 为一个同步基底模型,其中 $\mathfrak{F} = \langle W, \lhd, \sim, \sim_s \rangle$,令 $\Lambda \subseteq Atm$, $w, u \in W$, f 是从 W 到 W 的部分函数且 $Id = \{\langle v, v \rangle : v \in W\}$。如果下列条件之一成立, 那么 $Z = f \cup Id$ 是 $\mathfrak{M}$ 上的一个 Λ-互模拟:

(1) w, u 是 $\lhd$-极大元满足 $w \sim u$, 并且 f 是从 $\mathfrak{M} {\upharpoonright} \mathbf{w}_w$ 到 $\mathfrak{M} {\upharpoonright} \mathbf{w}_u$ 的 Λ-同构映射;

(2) w, u 是 $\lhd$-极小元满足 $w \sim_s u$, 并且 f 是从 $\mathfrak{M} {\upharpoonright} \mathbf{W}_{[w]_\sim}$ 到 $\mathfrak{M} {\upharpoonright} \mathbf{W}_{[u]_\sim}$ 的 Λ-同构映射;

(3) $w^- \sim u^-$ 并且 f 是从 $\mathfrak{M} {\upharpoonright} \mathbf{W}_{[w]_\sim}$ 到 $\mathfrak{M} {\upharpoonright} \mathbf{W}_{[u]_\sim}$ 的 Λ-同构映射满足 $f(w) = u$。

证明 首先, 对于这三种情况, 显然有 Z 满足定义 4.46(3)。因此, 我们只需证明 Z 满足定义 4.46(1) 和 (2)。假设 (1) 成立。现在证明 Z 满足定义 4.46(1)。令 $s, t, v \in W$ 且 $R \in \{\lhd, \rhd, \sim, \sim_s\}$。假设 sZt 且 tRv。如果 $s = t$, 那么 sRv, 从而 $sRvZv$。故下面我只需要考虑 $f(s) = t$ 的情况。如果 $R \in \{\lhd, \rhd\}$, 那么由假设 f 是从 $\mathfrak{M} {\upharpoonright} \mathbf{w}_w$ 到 $\mathfrak{M} {\upharpoonright} \mathbf{w}_u$ 的 Λ-同构映射, 我们可得 $sRf^{-1}(v)$ 并且 $f(f^{-1}(v)) = v$, 从而存在 $s' = f^{-1}(v) \in \mathbf{w}_w$ 使得 $sRs'Zv$。现在考虑 $R \in \{\sim, \sim_s\}$。因为 w, u 是 $\lhd$-极大元满足 $w \sim u$ 并且 $f(s) = t$, 所以 $s \sim t$ 且 $s \sim_s t$, 即 sRt; 再由 R 的传递性和 tRv, 我们得出 sRv, 因此, sRv 并且 $Id(v, v)$。类似地, 我们可以证明 Z 满足定义 4.46(2)。

假设 (2) 成立。我们证明 Z 满足定义 4.46(1)。令 $s, t, v \in W$ 且 $R \in \{\lhd, \rhd, \sim, \sim_s\}$。假设 sZt 且 tRv。因为 $s = t$ 的情况是明显的, 所以不妨设 $f(s) = t$。如果 $R \in \{\lhd, \rhd, \sim\}$, 那么根据题设 (2) 可得 $sRf^{-1}(v)$ 且 $f(f^{-1}(v)) = v$, 即 $sRf^{-1}(v)Zv$。现在讨论 R 为 $\sim_s$ 的情况。首先, 我

们可以从 $f(s) = t$ 得出 $s \sim_s t$；然后，根据 $\sim_s$ 的传递性和 $t \sim_s v$，我们有 $s \sim_s v$；故 $s \sim_s v$ 且 $Id(v,v)$。类似地，我们可以证明 Z 满足定义 4.46(2)。

假设 (3) 成立。我们证明 Z 满足定义 4.46(1)。令 $s, t, v \in W$ 且 $R \in \{\lhd, \rhd, \sim, \sim_s\}$。假设 sZt 并且 tRv。因为 $s = t$ 的情况是明显的，所以不妨设 $f(s) = t$。对于 $R \in \{\lhd, \rhd\}$ 的情况，根据题设 f 是从 $\mathfrak{M} \upharpoonright \mathbf{W}_{[w]_\sim}$ 到 $\mathfrak{M} \upharpoonright \mathbf{W}_{[u]_\sim}$ 的 Λ-同构映射可知，$sRf^{-1}(v)$ 且 $f(f^{-1}(v)) = v$，即 $sRf^{-1}(v)Zv$。现在讨论 R 是 $\sim$ 的情况。因为 $w^- \sim u^-$，所以 $w \sim_s u$。那么由题设 $f(w) = u$ 可得，$s \sim_s t$。从而 $[w]_s \blacktriangleleft^+ [s]_s \wedge [u]_s \blacktriangleleft^+ [t]_s$ 或是 $[w]_s = [s]_s \wedge [u]_s = [t]_s$ 或是 $[s]_s \blacktriangleleft^+ [w]_s \wedge [t]_s \blacktriangleleft^+ [u]_s$。对于前两种情况，根据题设 f 是从 $\mathfrak{M} \upharpoonright \mathbf{W}_{[w]_\sim}$ 到 $\mathfrak{M} \upharpoonright \mathbf{W}_{[u]_\sim}$ 的 Λ-同构映射，我们有 $s \sim f^{-1}(v)$ 且 $f(f^{-1}(v)) = v$，即 $sRf^{-1}(v)Zv$；对于最后一种情况，因为 $w^- \sim u^-$，所以 $s \sim t$，从而再由假设 $t \sim v$ 得出 $s \sim v$ 且 $Id(v,v)$。至于 R 为 $\sim_s$ 的情况，类似于 (2) 成立时的方法可证。类似地，我们可证 Z 满足定义 4.46(2)。 □

令 $\Lambda \subseteq Atm$ 且 $\mathfrak{M} = \langle \mathfrak{F}, V \rangle$ 为一个有穷长度的同步基底模型，其中 $\mathfrak{F} = \langle W, \lhd, \sim, \sim_s \rangle$。对于任意 $w \in W$，定义 w 在 $\mathfrak{M}$ 中的深度（用符号 $depth_{\mathfrak{M}}(w)$ 表示）为 w 在 $\mathfrak{M}$ 基于的框架 $\mathfrak{F}$ 中的深度，即 $\{[u]_s : [w]_s \blacktriangleleft^+ [u]_s\}$ 的基数，同时，定义 $[w]_\sim$ 在 $\mathfrak{M}$ 中的深度（用符号 $depth_{\mathfrak{M}}([w]_\sim)$ 表示）为 w 在 $\mathfrak{M}$ 中的深度。与前面一样，在不引起误解的情况下，我们将省略 $depth_{\mathfrak{M}}(w)$ （或是 $depth_{\mathfrak{M}}([w]_\sim)$）中的参数 $\mathfrak{M}$。

假设 $\mathfrak{M}$ 是 Λ-互模拟可区分的。接下来，我们将证明：

> 如果 Λ 是有穷的，那么 $\mathfrak{M}$ 也是有穷的，并且它
> 论域基数的上界可以从 $\mathfrak{M}$ 的长度和 Λ 的基数计
> 算出。

因为这个命题的证明较为繁琐，所以在进入细节前我们先介绍该证明的主

要想法，其中关键的步骤在于得出：

$$对任意 0 \leqslant n < len(\mathfrak{M})，存在自然数 m 使得 \tag{4.15}$$
$$所有深度为 n 的 [w]_\sim 都包含不多于 m 个点。$$

我们在 $[w]_\sim$ 的深度上归纳证明。首先考虑归纳基始。设 $depth([w]_\sim) = 0$。根据定义 4.5(2)，对所有 $u, v \in [w]_\sim$，$\mathfrak{F} \upharpoonright \mathbf{w}_u$ 同构于 $\mathfrak{F} \upharpoonright \mathbf{w}_v$。又因为 $\mathfrak{M}$ 是 Λ-互模拟可区分的，所以从引理 4.54(1) 可得，对任意不同的 $u, v \in [w]_\sim$，$\mathfrak{M} \upharpoonright \mathbf{w}_u$ 都不会 Λ-同构于 $\mathfrak{M} \upharpoonright \mathbf{w}_v$，从而只可能是赋值函数 V 在限制到 Λ 时存在的区别导致 $\mathfrak{M} \upharpoonright \mathbf{w}_u$ 与 $\mathfrak{M} \upharpoonright \mathbf{w}_v$ 不是 Λ-同构的。同时，Λ 是有穷的并且 $\mathfrak{M}$ 的长度也有穷，所以这样的互不 Λ-同构的子模型是有穷的，从而 $[w]_\sim$ 也是有穷的。准确地说，$|[w]_\sim| \leqslant 2^{|\Lambda| \times len(\mathfrak{M})}$。

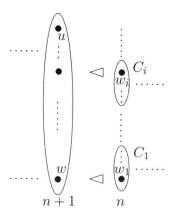

图 4.7 同步基底模型的一个片段

现在考虑归纳步骤。令 $[w]_\sim$ 的深度为 $n+1$。见图 4.7，其中椭圆代表在关系 $\sim$ 下的等价类。令 $C_1 = [w_1]_\sim, \ldots, C_i = [w_i]_\sim, \ldots$。根据归纳假设可知，$|C_1|, \ldots, |C_i|, \ldots$ 都不大于某个自然数 m。为了得到 $[w]_\sim$ 只包含有穷个点，我们证明以下两点：

(1) 只有有穷多个 $C_1, \ldots, C_i, \ldots$；

(2) $[w]_\sim$ 最多包含 $2^{|\Lambda| \times (len(\mathfrak{M}) - n - 1)}$ 个没有 $\lhd$-后继的点，例如，图

4.7 中的点 u。

(1) 成立的理由如下：因为 $\mathfrak{M}$ 是 Λ-互模拟不可区分的，所以根据引理 4.54(3) 可得，如果 $C_i \neq C_j$，那么 $\mathfrak{M} \restriction \mathbf{W}_{C_i}$ 不 Λ-同构于 $\mathfrak{M} \restriction \mathbf{W}_{C_j}$。另外，对每个 C_i，$dom(\mathfrak{M} \restriction \mathbf{W}_{C_i})$ 最多包含 $m \times len(\mathfrak{M})$ 个元，这是因为 $|\mathbf{W}_{C_i}| = |C_i| \leqslant m$。因此，由这些 $\mathbf{W}_{C_i}$ 确定的 $\mathfrak{M}$ 的子模型 $\mathfrak{M} \restriction \mathbf{W}_{C_i}$ 的总数不大于由基数小于等于 $m \times len(\mathfrak{M})$ 的 W 的子集确定的互为不 Λ-同构的 $\mathfrak{M}$ 子模型的总数。由此可知，只有有穷个 $C_1, \ldots, C_i, \ldots$。准确地说，它们不会多于

$$t = m \times len(\mathfrak{M}) \times 2^{3(m \times len(\mathfrak{M}))^2} \times 2^{|\Lambda| \times m \times len(\mathfrak{M})}。$$

(2) 成立的理由与归纳基始的原理类似。最后，因为 $[w]_\sim$（图 4.7 中最大的那个椭圆）中包含的点的数量等于 $C_1 \cup \cdots \cup C_i \cup \cdots$ 中包含点的数量加上 $[w]_\sim$ 中无 $\lhd$-后继的点的数量，所以 $|[w]_\sim| \leqslant m \times t + 2^{|\Lambda| \times (len(\mathfrak{M}) - n - 1)}$。

我们说 $[w]_\sim$ 是 $\lhd$-极小的，如果不存在点 u 使得 $u \lhd w$。令 $0 \leqslant n < len(\mathfrak{M})$。根据 (4.15) 可得，对每个深度为 n 且 $\lhd$-极小的 $[w]_\sim$，$[w]_\sim$ 只包含有穷个点。不过，这样的等价类 $[w]_\sim$ 的数目并不一定唯一。尽管如此，它们也只能是有穷个，其理由类似于 (1) 成立的理由。因此，所有这些深度为 n 且 $\lhd$-极小的 $[w]_\sim$ 总共一起只包含有穷个点。又因为 $\mathfrak{M}$ 的长度是有穷，所以所有 $\lhd$-极小的 $[w]_\sim$ 总共一起也只包含有穷个点。这就蕴含了 $\mathfrak{M}$ 中只有有穷个世界，从而再根据 $\mathfrak{M}$ 的长度有穷，我们得出 $\mathfrak{M}$ 是有穷的。

定义 4.55 定义 3 个上界函数如下，其中变元 l 和 k 分别代表给定模型的长度和相关命题变号的数量：

(1) $f_s(m, k) = m \times 2^{3m^2} \times 2^{k \times m}$；

(2) $f_h(0, l, k) = 2^{k \times l}$；
$f_h(n+1, l, k) = f_h(n, l, k) \times f_s(f_h(n, l, k) \times l, k) + 2^{k \times (l-n-1)}$；

(3)　$f_d(l,k) = f_h(l,l,k) \times l^2$。

令 $\mathfrak{M}$ 为一个有穷长度的同步基底模型。第一个函数给出论域基数不超过 m 的互不 Λ-同构的 $\mathfrak{M}$ 子模型数目的一个上界；第二个函数相对于 $[w]_\sim$ 的深度给出它基数的一个上界；最后一个函数给出模型 $\mathfrak{M}$ 论域基数的一个上界。这些函数的可计算性是易见的，并且它们是原始递归的。

命题 4.56 令 $\mathfrak{M} = \langle \mathfrak{F}, V \rangle$ 为一个有穷长度的同步基底模型，其中 $\mathfrak{F} = \langle W, \lhd, \sim, \sim_s \rangle$，$\Lambda \subseteq Atm$ 且 $|\Lambda| = k$。假设 $\mathfrak{M}$ 是 Λ-互模拟不可区分的。那么 $|dom(\mathfrak{M})| \leqslant f_d(l,k)$。

证明 首先，对每个 $w \in W$，令 $suc(w) = \{u : \exists v(w \sim v \lhd u)\}$，并且令

$$\mathcal{C}(w) = \begin{cases} \{\mathfrak{M} \restriction \mathbf{W}_{[u]_\sim} : u \in suc(w^-)\} & \text{如果 } w \text{ 不是 } \lhd\text{-极小元；} \\ \{\mathfrak{M} \restriction \mathbf{W}_{[u]_\sim} : w \sim_s u \wedge \neg\exists v(v \lhd u)\} & \text{否则。} \end{cases}$$

我们先证明：对每个 $w \in W$ 和每个 $n > 0$，

$$\begin{aligned} &\text{如果对任意 } \mathfrak{M} \restriction \mathbf{W}_{[u]_\sim} \in \mathcal{C}(w), |[u]_\sim| \leqslant n, \\ &\text{那么 } |\mathcal{C}(w)| \leqslant f_s(n \times l, k)。 \end{aligned} \quad (4.16)$$

假设对任意 $\mathfrak{M} \restriction \mathbf{W}_{[u]_\sim} \in \mathcal{C}(w), |[u]_\sim| \leqslant n$。我们有每个 $\mathfrak{M} \restriction \mathbf{W}_{[u]_\sim} \in \mathcal{C}(w)$ 最多包含 $n \times l$ 个点，这是因为每个世界最多包含 l 个点。令 $\mathcal{F} = \{\mathfrak{F} \restriction U : |U| \leqslant n \times l\}$。对每个 $\mathfrak{F}$ 的子框架 $\mathfrak{F}_1$，我们用 $[\mathfrak{F}_1]_\cong$ 表示与它同构的所有 $\mathfrak{F}$ 的子框架构成的集合；对每个 $\mathfrak{M}$ 的每个子模型 $\mathfrak{M}_1$，我们用 $[\mathfrak{M}_1]_{\cong_\Lambda}$ 表示与它 Λ-同构的所有 $\mathfrak{M}$ 子模型构成的集合。那么我们有 $|\{[\mathfrak{F}_1]_\cong : \mathfrak{F}_1 \in \mathcal{F}\}| \leqslant (n \times l) \times 2^{3(n \times l)^2}$，再因为当只考虑 Λ 内的命题变元时，对任意的 $\mathfrak{F}_1 \in \mathcal{F}$，它之上最多有 $2^{k \times n \times l}$ 个互不相同的赋值，所以 $|\{[\mathfrak{M}_1]_{\cong_\Lambda} : \mathfrak{M}_1 \in \mathcal{C}(w)\}| \leqslant f_s(n \times l, k)$。从而根据引理 4.54(2,3) 可得，对于每个 $\mathfrak{M}_1 \in \mathcal{C}(w)$，$[\mathfrak{M}_1]_{\cong_\Lambda}$ 其实是一个单元集。因此，$|\mathcal{C}(w)| \leqslant f_s(n \times l, k)$。

其次，我们通过在 $depth(w)$ 上归纳证明，

$$对每个 \ w \in W, |[w]_\sim| \leqslant f_h(depth(w), l, k)。 \tag{4.17}$$

归纳基始是引理 4.54(1) 的明显推论。现在假设 $depth(w) = n + 1$。如果 $suc(w)$ 是空集，那么根据引理 4.54(1)，$|[w]_\sim| \leqslant 2^{k \times (l-n-1)} \leqslant f_h(n+1, l, k)$；否则取 $suc(w)$ 中的一个点 u。因为 $depth(u) = n$，所以根据归纳假设可得，对于所有 $\mathfrak{M} \upharpoonright \mathbf{W}_{[v]_\sim} \in \mathcal{C}(u)$，$|[v]_\sim| \leqslant f_h(n, l, k)$。那么再由 (4.16) 可知 $|\mathcal{C}(u)| \leqslant f_s(f_h(n, l, k) \times l, k)$。因此，$[w]_\sim$ 最多包含 $f_s(f_h(n, l, k) \times l, k) \times f_h(n, l, k)$ 个存在 $\lhd$-后继的点；另外，$[w]_\sim$ 最多包含 $2^{k \times (l-n-1)}$ 个不存在 $\lhd$-后继的点。因此，$|[w]_\sim| \leqslant f_h(n+1, l, k)$。

对每个 $\lhd$-极小元 w，令 $World(w) = \{\mathbf{W}_u : w \sim_s u \wedge \neg \exists v(v \lhd u)\}$。易见，$World(w) = \bigcup \{\mathbf{W}_{[u]_\sim} : \mathfrak{M} \upharpoonright \mathbf{W}_{[u]_\sim} \in \mathcal{C}(w)\}$。下面证明对每个 $\lhd$-极小元 w，

$$|World(w)| \leqslant f_h(depth(w) + 1, l, k)。 \tag{4.18}$$

令 w 为一个 $\lhd$-极小元。那么根据 (4.17) 可得，对每个 $\mathfrak{M} \upharpoonright \mathbf{W}_{[u]_\sim} \in \mathcal{C}(w)$，$|[u]_\sim| \leqslant f_h(depth(w), l, k)$。从而再由 (4.16) 推出，

$$|\mathcal{C}(w)| \leqslant f_s(f_h(depth(w), l, k) \times l, k)。$$

因为对所有 $\mathfrak{M} \upharpoonright \mathbf{W}_{[u]_\sim} \in \mathcal{C}(w)$，$\left|\mathbf{W}_{[u]_\sim}\right| = |[u]_\sim|$，所以

$$|World(w)| \leqslant f_h(depth(w), l, k) \times f_s(f_h(depth(w), l, k) \times l, k),$$

也就是，$|World(w)| \leqslant f_h(depth(w)+1, l, k)$。对于每个 $0 \leqslant n < l$，如果存在深度为 n 的 $\lhd$-极小元，那么取其中一点 w_n，然后，令 M 为所有这些 $\lhd$-极小元构成的集合。易见，$\mathfrak{M}$ 中包含的世界数量是等于 $\bigcup \{World(w) : w \in M\}$ 的基数。从而根据 (4.18) 可知，$\mathfrak{M}$ 中包含的世界数量不超过

$\sum_{0 \leqslant n < l} f_h(n+1, l, k)$。另外，$f_h(n, l, k)$ 是相对于深度参数 n 递增的。因此，$\mathfrak{M}$ 中包含的世界数量不超过 $f_h(l, l, k) \times l$。再因为每个世界最多包含 l 个点，所以 $|dom(\mathfrak{M})| \leqslant f_d(l, k)$。$\qquad\square$

通过应用命题 4.53 和 4.56，可以马上得到下面这个结论。

命题 4.57 令 $\mathfrak{M}$ 为一个有穷长度的同步基底模型，$\Lambda \subseteq Atm$ 且 $\approx$ 为 $\mathfrak{M}$ 上最大的 Λ-互模拟。那么 $\mathfrak{M}/{\approx}$ 是一个同步基底模型满足 $|dom(\mathfrak{M}/{\approx})| \leqslant f_d(len(\mathfrak{M}), |\Lambda|)$。

命题 4.58 令 $\mathfrak{M} = \langle W, \lhd, \sim, \sim_s, \{\simeq_A\}_{\varnothing \neq A \subseteq Agt}, V \rangle$ 为长度有穷的 $\mathscr{L}_{cx+}$-克里普克模型且 Γ 为在子公式下封闭的 $\mathscr{L}_{cx+}$-公式集。那么存在 $\mathfrak{F} = \langle W, \lhd, \sim, \sim_s \rangle$ 上的等价互模拟 $\approx$ 使得

(1) $\approx \subseteq \cong_\Gamma$；

(2) $\mathfrak{F}/{\approx}$ 是同步基底框架，并且最多包含 $f_d(len(\mathfrak{M}), |\Gamma|)$ 个元。

证明 首先，我们把每个 $\psi \in \Gamma$ 映射到命题变元 p_ψ，并且保证这个映射是一对一；然后令 $\Lambda = \{p_\psi : \psi \in \Gamma\}$，并构造 $\mathfrak{F}$ 上的赋值函数 V_b 如下：

对每个 $p_\psi \in \Lambda$ 和 $w \in W$，$w \in V_b(p_\psi)$ 当且仅当 $\mathfrak{M}, w \vDash \psi$；

最后，令 $\mathfrak{M}_b = \langle \mathfrak{F}, V_b \rangle$ 并且令 $\approx$ 为 $\mathfrak{M}_b$ 上最大的 Λ-等价互模拟。从上述构造，显然有 $\approx \subseteq \cong_\Gamma$。同时，根据命题 4.57 可知，$\mathfrak{F}/{\approx}$ 是同步基底框架，并且最多包含 $f_d(len(\mathfrak{M}), |\Gamma|)$ 个元。$\qquad\square$

命题 4.59 令 $\Psi \subseteq \mathbf{Con}^+$，$\mathfrak{M} = \langle \mathfrak{F}, V \rangle$ 为长度有穷的 $\mathscr{L}_{cx+}$-克里普克模型且 ϕ 为 $\mathscr{L}_{cx+}$-公式。假设 $\mathfrak{F} \in \mathcal{C}_\Psi^+$ 且 ϕ 在 $\mathfrak{M}$ 中可满足。那么存在 $\mathscr{L}_{cx+}$-克里普克模型 $\mathfrak{M}' = \langle \mathfrak{F}', V' \rangle$ 使得 $\mathfrak{F}' \in \mathcal{C}_\Psi^+$，$|dom(\mathfrak{M}')| \leqslant f_d(len(\mathfrak{M}), |\phi|)$ 且 ϕ 在 $\mathfrak{M}'$ 中可满足。

证明　令 $\mathfrak{M} = \langle W, \lhd, \sim, \sim_s, \{\simeq_A\}_{\emptyset \neq A \subseteq Agt}, V \rangle$ 且 Γ 为 ϕ 的所有子公式构成的集合。根据命题 4.58，存在 $\mathfrak{F} = \langle W, \lhd, \sim, \sim_s \rangle$ 上的等价互模拟 $\approx$ 使得命题 4.58(1, 2) 成立。令

$$\mathfrak{M}' = \left\langle W/{\approx}, \widehat{\lhd}, \widehat{\sim}, \widehat{\sim_s}, \{\widehat{\simeq}_A^+\}_{\emptyset \neq A \subseteq Agt}, V' \right\rangle,$$

其中对任意 $R \in \{\lhd, \sim, \sim_s\} \cup \{\simeq_A : \emptyset \neq A \subseteq Agt\}$ 和任意 $[w]_\approx, [u]_\approx \in W/{\approx}$，

$$[w]_\approx \widehat{R} [u]_\approx \text{ 当且仅当存在 } w' \in [w]_\approx \text{ 和 } u' \in [u]_\approx \text{ 使得 } w'Ru',$$

$\widehat{R}^+$ 为 $\widehat{R}$ 的传递闭包；对任意 $[w]_\approx \in W/{\approx}$ 和任意 $p \in \Gamma$，$[w]_\approx \in V'(p)$ 当且仅当 $w \in V(p)$。易见，$\mathfrak{M}'$ 是 $\mathfrak{M}$ 通过 Γ 和 $\approx$ 的滤模型。因为 $\langle W/{\approx}, \widehat{\lhd}, \widehat{\sim}, \widehat{\sim_s} \rangle$ 等同于 $\mathfrak{F}/{\approx}$，所以根据命题 4.58(2)，$\langle W/{\approx}, \widehat{\lhd}, \widehat{\sim}, \widehat{\sim_s} \rangle$ 是同步基底框架且 $|W/{\approx}| \leqslant f_d(len(\mathfrak{M}), |\Gamma|) \leqslant f_d(len(\mathfrak{M}), |\phi|)$。

下面验证 $\mathfrak{M}'$ 满足定义 4.10：对任意非空 $A \subseteq Agt$，因为 $\simeq_A$ 是等价关系，所以 $\widehat{\simeq}_A$ 是自反和对称的，从而 $\widehat{\simeq}_A^+$ 是等价关系；再因为 $\simeq_A \subseteq \sim$ 且 $\sim$ 是等价关系，所以 $\widehat{\simeq}_A^+ \subseteq \widehat{\sim}^+ = \widehat{\sim}$。对任意非空 $A, B \subseteq Agt$，如果 $A \subseteq B$，那么 $\simeq_B \subseteq \simeq_A$，从而 $\widehat{\simeq}_B \subseteq \widehat{\simeq}_A$，进而 $\widehat{\simeq}_B^+ \subseteq \widehat{\simeq}_A^+$。对任意非空 $A, B \subseteq Agt$ 和任意 $[w]_\approx, [u]_\approx \in W/{\approx}$，如果 $A \cap B = \emptyset$ 且 $[w]_\approx \widehat{\sim} [u]_\approx$，那么存在 $w' \in [w]_\approx$ 和 $u' \in [u]_\approx$ 使得 $w' \sim u'$，从而存在 $v \in W$ 使得 $w' \simeq_A v$ 且 $u' \simeq_B v$，进而 $[w]_\approx \widehat{\simeq}_A^+ [v]_\approx$ 且 $[u]_\approx \widehat{\simeq}_B^+ [v]_\approx$。对任意非空 $A \subseteq Agt$ 和任意 $[w]_\approx, [u]_\approx, [v]_\approx \in W/{\approx}$，如果 $[w]_\approx \widehat{\lhd}^+ [u]_\approx \widehat{\sim} [v]_\approx$，那么存在 $u', v' \in W$ 使得 $[w]_\approx \widehat{\lhd} [u']_\approx \widehat{\sim} [v']_\approx$ 且 $[v']_\approx \widehat{\lhd}^+ [v]_\approx$，从而存在 $w_1 \in [w]_\approx, u_1, u_2 \in [u']_\approx$ 和 $v_1 \in [v']_\approx$ 使得 $w_1 \lhd u_1 \approx u_2 \sim v_1$，进而根据 $\approx$ 是互模拟，存在 $v_2 \in W$ 使得 $w_1 \lhd u_1 \sim v_2 \approx v_1$，所以存在 $s \in W$ 使得 $w_1 \simeq_A s \lhd v_2$，故 $[w]_\approx \widehat{\simeq}_A^+ [s]_\approx \widehat{\lhd} [v']_\approx \widehat{\lhd}^+ [v]$。因此，$\mathfrak{M}'$ 是 $\mathscr{L}_{cx+}$-克里普克模型。

因为 $\mathfrak{F} \in \mathcal{C}_\Psi^+$，所以根据命题 4.51，$\mathfrak{F}' \in \mathcal{C}_\Psi^+$。最后，因为 ϕ 在 $\mathfrak{M}$ 中可满足，所以根据定理 4.45，ϕ 在 $\mathfrak{M}'$ 中可满足。 $\square$

定理 4.60 对任意 $\Psi \subseteq \mathbf{Con}^+$，$\mathbf{Log}(\mathcal{C}_\Psi^+)$ 有强有穷框架性的，从而是可判定的。

证明 令 ϕ 为 $\mathscr{L}_{cx+}$-公式，并且令 Λ 为 ϕ 的所有子公式组成的集合。假设 $\phi \notin \mathbf{Log}(\mathcal{C}_\Psi^+)$。那么 $\neg\phi$ 是在某个 $\mathscr{L}_{cx+}$-克里普克模型中可满足的，根据命题 4.42，存在 $\mathscr{L}_{cx+}$-克里普克模型 $\mathfrak{M} = \langle \mathfrak{F}, V \rangle$ 使得 $\mathfrak{F} \in \mathcal{C}_\Psi^+$，$len(\mathfrak{M}) \leqslant d_P(\phi) + d_F(\phi) + 3$ 且 $\neg\phi$ 在 $\mathfrak{M}$ 中可满足；再根据命题 4.59，存在有穷的 $\mathscr{L}_{cx+}$-克里普克模型 $\mathfrak{M}' = \langle \mathfrak{F}', V' \rangle$ 使得 $\mathfrak{F}' \in \mathcal{C}_\Psi^+$，$|dom(\mathfrak{M}')| \leqslant f_d(d_P(\phi) + d_F(\phi) + 3, |\Lambda|)$ 且 $\neg\phi$ 在 $\mathfrak{M}'$ 中可满足。所以 $\mathbf{Log}(\mathcal{C}_\Psi^+)$ 有强有穷框架性的。

对任意 $\mathscr{L}_{cx+}$-公式 ϕ，令 $n = f_d(d_P(\phi) + d_F(\phi) + 3, |\phi|)$。为了判断 ϕ 是否属于 $\mathbf{Log}(\mathcal{C}_\Psi^+)$，只需要知道 $\neg\phi$ 是否在论域基数不大于 n 的 $\mathscr{L}_{cx+}$-克里普克框架中可满足即可；再因为一个公式相对于一个有穷的 $\mathscr{L}_{cx+}$-克里普克框架的可满足性是可判定的；所以可以把论域基数不大于 n 的 $\mathscr{L}_{cx+}$-克里普克框架都机械地枚举出来一一检测。如果其中存在满足 $\neg\phi$ 的框架，那么 $\phi \notin \mathbf{Log}(\mathcal{C}_\Psi^+)$，反之 $\phi \in \mathbf{Log}(\mathcal{C}_\Psi^+)$。 $\square$

最后，运用定理 4.43 和 4.60，我们得到下述可判定性定理。

定理 4.61 Lcx 和 Lcx$^+$ 是可判定的。

第五章 时态 STIT 逻辑 (二)

上一章证明了时态 STIT 逻辑 **Lcx** 和 **Lcx$^+$** 的可判定性，但它们的对象语言中时态算子只包括 X 和 Y。在本章中，我们的对象语言 $\mathscr{L}_{cu}$ 包括二元时态算子 U 和 S，它们的表达力远远强于 X 和 Y。在离散的树状框架中，不仅 F 和 P 可以通过它们来定义，而且 X 和 Y 也可以通过 U 和 S 定义。除时态算子外，$\mathscr{L}_{cu}$ 语言还包含 CSTIT 算子和历史必然算子。$\mathscr{L}_{cu}$ 的语义结构将采用带族 STIT 框架，它们是 STIT 框架的一般化，允许我们只考虑树状框架中部分的历史。本章证明两种时态 STIT 逻辑 **Lcu1** 和 **Lcu2** 的可判定性，它们分别是由满足子 $\mathbb{Z}$-型性的带族 STIT 框架类确定的逻辑和满足子 $\mathbb{Z}$-型性的全族 STIT 框架类确定的逻辑。

本章的证明采用拟模型和解释相结合的技巧，这种证明方法主要包括两个基本步骤：第一步把 $\mathscr{L}_{cu}$-公式的可满足性问题转换为拟模型的存在性问题；第二步把拟模型的存在性问题翻译为 $\mathbb{Z}$-型 Rabin 树上语句的真假问题，从而借助 $\mathbb{Z}$-型 Rabin 树理论的可判定性得出拟模型的存在性问题的可判定性，进而再结合第一步的结论得出相应逻辑的可判定性。

本章的结构安排如下：第一节给出 $\mathscr{L}_{cu}$ 的基本语法和语义学；第二节证明一个类似于向下的 Löwenheim-Skolem 定理的结论：如果一个 $\mathscr{L}_{cu}$-公式可满足，那么它在可数模型中可满足；第三节把 $\mathscr{L}_{cu}$-公式的可满足性问题转化为拟模型的存在性问题；最后，第四节借助 $\mathbb{Z}$-型 Rabin 树理论的可判定性证明拟模型的存在性问题的可判定性，从而得出 **Lcu1** 和 **Lcu2** 的可判定性。

5.1　语法与语义

5.1.1　语法

令 Agt 为有穷的非空主体集合。语言 $\mathscr{L}_{cu}$ 包括一个可数无穷的命题变元集 Atm、真值函数联结词 $\neg$ 和 $\wedge$、二元时态算子 U 和 S、历史必然算子 $\Box$ 以及对每个非空的 $A \subseteq Agt$，CSTIT 算子 $[A]_c$。该语言中的合法公式称为 $\mathscr{L}_{cu}$-公式，它们由下列巴科斯范式定义：

$$\phi ::= p \mid \neg\phi \mid \phi \wedge \phi \mid U(\phi,\phi) \mid S(\phi,\phi) \mid \Box\phi \mid [A]_c\phi,$$

其中 $p \in Atm$ 并且 $\varnothing \neq A \subseteq Agt$。

由于本章只涉及 CSTIT 算子，我们把 CSTIT 算子 $[A]_c$ 简写为 $[A]$。诸如 $\vee, \rightarrow, \leftrightarrow, \top$ 和 $\bot$ 这些符号以通常的方式作为缩写引入，进一步的缩写还包括：

- $Y\phi$ 表示 $S(\phi,\bot)$；

- $X\phi$ 表示 $U(\phi,\bot)$；

- $P\phi$ 表示 $S(\phi,\top)$；

- $F\phi$ 表示 $U(\phi,\top)$；

- $H\phi$ 表示 $\neg P\neg\phi$；

- $G\phi$ 表示 $\neg F\neg\phi$。

5.1.2　语义

本小节介绍 $\mathscr{L}_{cu}$ 的语义学。首先我们引入带族树状框架的概念，它是树状框架的一种推广 [17, 18, 19]。关于带族树状框架，它们背后的基本想法是树状框架中可能只有部分而并非所有历史都是相关的，而这些相关的历史放在一起则构成族。

定义 5.1 令 $\mathfrak{T} = \langle T, < \rangle$ 为一个树状框架且 B 为 $\langle T, < \rangle$ 中某些历史构成的集合。B 是 $\langle T, < \rangle$ 上的一个族当且仅当 $\bigcup B = T$。我们通常用 B, B' 等来表示树状框架上的族。一个带族树状框架（简称带族树）是一个三元组 $\langle T, <, B \rangle$，其中 $\langle T, < \rangle$ 是一个树状框架而 B 是 $\langle T, < \rangle$ 上的一个族。

令 $\mathfrak{B} = \langle T, <, B \rangle$ 为一个带族树，我们称 T 为 $\mathfrak{B}$ 的论域，并用 $dom(\mathfrak{B})$ 表示；同时，我们称 $\mathfrak{B}$ 基于 $\langle T, < \rangle$ 或 $\langle T, < \rangle$ 是 $\mathfrak{B}$ 下的树状框架。对于树状框架与带族树状框架，我们显然有下列事实成立。

事实 5.2 对任意树状框架 $\mathfrak{T}$，如果 H 为 $\mathfrak{T}$ 中所有历史构成的集合，那么 H 为 $\mathfrak{T}$ 上的一个族，从而 $\langle \mathfrak{T}, H \rangle$ 为一个带族树。

定义 5.3 令 $\mathfrak{T}$ 为树状框架且 H 为 $\mathfrak{T}$ 中所有历史构成的集合。我们称 H 是 $\mathfrak{T}$ 上的完全族，并称 $\langle \mathfrak{T}, H \rangle$ 为完全族树状框架，简称全族树。

因为树状框架上的完全族是由树状框架唯一确定的，所以可以把树状框架看成是全族树的简略表示形式。

令 $\mathfrak{T} = \langle T, <, B \rangle$ 为带族树。对任意 $m \in T$ 和任意 $h \in B$，我们用 $H_m^{\mathfrak{T}}$ 表示 $\{h \in B : m \in h\}$，并且在不会引起误解时，把 $H_m^{\mathfrak{T}}$ 简写成 H_m。对任意 $m \in T$ 和 $h \in B$，我们用 m/h 表示满足 $m \in h$ 的有序对 $\langle m, h \rangle$，并称 m/h 为 $\mathfrak{T}$ 中的对子，用 $pairs(\mathfrak{T})$ 表示 $\mathfrak{T}$ 中所有对子组成的集合。对于带族树，下面是这章之后将会涉及的几个限制条件，其中 $< \restriction h$ 表示关系 $<$ 限制到集合 h 上的关系：

子 $\mathbb{Z}$-型性 对任意 $h \in B$，$\langle h, < \restriction h \rangle$ 可以同构嵌入 $\langle \mathbb{Z}, < \rangle$；

$\mathbb{Z}$-型性 对任意 $h \in B$，$\langle h, < \restriction h \rangle$ 同构于 $\langle \mathbb{Z}, < \rangle$；

历史连通性 对任意 $m, m' \in T$，存在 $m'' \in T$ 使得 $m'' \leqslant m \wedge m'' \leqslant m'$。

下面我们基于带族树，给出带族 STIT 框架和带族 STIT 模型的定义，它们与 STIT 框架和 STIT 模型的区别仅在于考虑的历史是否限制到了给定的历史族。

定义 5.4 对任意带族树 $\mathfrak{T} = \langle T, <, B \rangle$，基于它的主体选择函数是一个定义在 $(\mathcal{P}(Agt) - \varnothing) \times T$ 上满足以下条件的函数 $\simeq$，其中 $\simeq_A^m$ 是 $\simeq(A, m)$ 的简写：

(1) 对所有非空的 $A \subseteq Agt$ 和所有 $m \in T$，$\simeq_A^m$ 是 H_m 上的等价关系；

(2) 对所有非空的 $A, A' \subseteq Agt$ 和所有 $m \in T$，如果 $A \subseteq A'$，那么 $\simeq_{A'}^m \subseteq \simeq_A^m$；

(3) 对所有非空的 $A, A' \subseteq Agt$，所有 $m \in T$ 和所有 $h, h' \in H_m$，如果 $A \cap A' = \varnothing$，那么存在 $h'' \in H_m$ 使得 $h \simeq_A^m h''$ 并且 $h' \simeq_{A'}^m h''$；

(4) 对所有非空的 $A \subseteq Agt$ 和所有 $m, m' \in T$，如果 $m < m'$，那么对任意 $h, h' \in H_{m'}$，$h \simeq_A^m h'$。

一个带族 $STIT$ 框架 $\mathfrak{F}$ 是一个有序对 $\langle \mathfrak{T}, \simeq \rangle$，其中 $\mathfrak{T}$ 是带族树，并且 $\simeq$ 是基于它 $\mathfrak{T}$ 的主体选择函数。一个带族 $STIT$ 模型是一个有序对 $\langle \mathfrak{F}, V \rangle$，其中 $\mathfrak{F} = \langle \mathfrak{T}, \simeq \rangle$ 是带族 STIT 框架，并且 V 是带族 STIT 框架上的赋值函数，它把每个 $p \in Atm$ 映射到 $pairs(\mathfrak{T})$ 的一个子集。

对任意带族 STIT 框架 $\mathfrak{F} = \langle \mathfrak{T}, \simeq \rangle$，$\mathfrak{F}$ 是全族 $STIT$ 框架当且仅当 $\mathfrak{T}$ 是全族树。对任意带族 STIT 模型 $\mathfrak{M} = \langle \mathfrak{F}, V \rangle$，$\mathfrak{M}$ 是全族 $STIT$ 模型当且仅当 $\mathfrak{F}$ 是全族 STIT 框架。之前提到树状框架是全族树的简略表示形式，类似地，STIT 框架和模型分别是全族 STIT 框架和模型简略表示形式。令 $\mathfrak{F} = \langle \mathfrak{T}, \simeq \rangle$ 为带族 STIT 框架且 $\mathfrak{M} = \langle \mathfrak{F}, V \rangle$ 为带族 STIT 模型。对任意 $m/h \in pairs(\mathfrak{T})$，我们也称 m/h 为 $\mathfrak{F}$（或 $\mathfrak{M}$）中的对子，并且用 $pairs(\mathfrak{F})$（或 $pairs(\mathfrak{M})$）表示 $\mathfrak{F}$（或 $\mathfrak{M}$）中所有对子组成的集合。

下面我们递归定义带族 STIT 模型与公式间的满足关系。

定义 5.5 令 $\mathfrak{M} = \langle \mathfrak{F}, V \rangle$ 为带族 STIT 模型，$m/h \in pairs(\mathfrak{M})$，且 ϕ 为任意 $\mathscr{L}_{cu}$-公式。递归定义公式 ϕ 在模型 $\mathfrak{M}$ 中对子 m/h 上满足（或为

真）如下：

$$\mathfrak{M}, m/h \vDash p \quad \text{当且仅当} \quad m/h \in V(p);$$

$$\mathfrak{M}, m/h \vDash \neg\psi \quad \text{当且仅当} \quad \mathfrak{M}, m/h \nvDash \psi;$$

$$\mathfrak{M}, m/h \vDash \psi \wedge \chi \quad \text{当且仅当} \quad \mathfrak{M}, m/h \vDash \psi \text{ 且 } \mathfrak{M}, m/h \vDash \chi;$$

$$\mathfrak{M}, m/h \vDash S(\psi, \chi) \quad \text{当且仅当} \quad \text{存在 } m' < m \text{ 使得 } \mathfrak{M}, m'/h \vDash \psi$$
$$\text{且对所有 } m'', \text{如果 } m' < m'' \text{ 且}$$
$$m'' < m, \text{那么 } \mathfrak{M}, m''/h \vDash \chi;$$

$$\mathfrak{M}, m/h \vDash U(\psi, \chi) \quad \text{当且仅当} \quad \text{存在 } m' > m \text{ 使得 } \mathfrak{M}, m'/h \vDash \psi$$
$$\text{且对所有 } m'', \text{如果 } m < m'' \text{ 且}$$
$$m'' < m', \text{那么 } \mathfrak{M}, m''/h \vDash \chi;$$

$$\mathfrak{M}, m/h \vDash \Box\psi \quad \text{当且仅当} \quad \text{对所有 } h' \in H_m, \mathfrak{M}, m/h' \vDash \psi;$$

$$\mathfrak{M}, m/h \vDash [A]\psi \quad \text{当且仅当} \quad \text{对所有 } h' \simeq_A^m h, \mathfrak{M}, m/h' \vDash \psi.$$

对任意 $\mathscr{L}_{cu}$-公式集 Γ, $\mathfrak{M}, m/h \vDash \Gamma$ 当且仅当对所有 $\phi \in \Gamma$, $\mathfrak{M}, m/h \vDash \phi$。$\phi$ 在 $\mathfrak{M}$ 中可满足当且仅当存在 $m/h \in pairs(\mathfrak{M})$ 使得 $\mathfrak{M}, m/h \vDash \phi$；对任意带族 STIT 框架 $\mathfrak{F}$, ϕ 在 $\mathfrak{F}$ 中可满足当且仅当存在带族 STIT 模型 $\mathfrak{M} = \langle \mathfrak{F}, V \rangle$, 使得 ϕ 在 $\mathfrak{M}$ 中可满足；ϕ 在 $\mathfrak{F}$ 上有效当且仅当 $\neg\phi$ 不在 $\mathfrak{F}$ 中可满足。对任意带族 STIT 框架类 $\mathcal{C}$, ϕ 在 $\mathcal{C}$ 上有效当且仅当 ϕ 在 $\mathcal{C}$ 中的每个 $\mathfrak{F}$ 上都有效；ϕ 在 $\mathcal{C}$ 中可满足当且仅当 ϕ 在 $\mathcal{C}$ 中的某个 $\mathfrak{F}$ 中可满足。

令 $\mathfrak{F} = \langle \mathfrak{T}, \simeq \rangle$ 为带族 STIT 框架且 $\mathfrak{M} = \langle \mathfrak{F}, V \rangle$ 为带族 STIT 模型。我们称 $\mathfrak{F}$（或 $\mathfrak{M}$）是可数的当且仅当 $dom(\mathfrak{F})$（或 $dom(\mathfrak{M})$）是可数的。$\mathfrak{F}$（或 $\mathfrak{M}$）是子 $\mathbb{Z}$-型的当且仅当 $\mathfrak{T}$ 满足子 $\mathbb{Z}$-型性，并且 $\mathfrak{F}$（或 $\mathfrak{M}$）满足历史连通性当且仅当 $\mathfrak{T}$ 满足历史连通性。

定义 5.6 令 $\mathcal{C}_1$ 和 $\mathcal{C}_2$ 分别表示所有子 $\mathbb{Z}$-型带族 STIT 框架构成的类

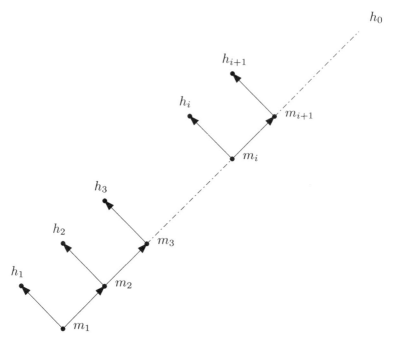

图 5.1 树状框架

和所有子 $\mathbb{Z}$-型全族 STIT 框架构成的类，并且用 **Lcu1** 和 **Lcu2** 分别表示由这两个类所确定的逻辑，即

$$\mathbf{Lcu1} = \{\phi : \phi \text{ 在 } \mathcal{C}_1 \text{ 上有效 }\},$$
$$\mathbf{Lcu2} = \{\phi : \phi \text{ 在 } \mathcal{C}_2 \text{ 上有效 }\}。$$

因为 $\mathcal{C}_2 \subseteq \mathcal{C}_1$，所以 **Lcu1** $\subseteq$ **Lcu2**。更进一步，我们有 **Lcu1** $\subset$ **Lcu2**[1]。在文献 [19] 中，该文作者最早指出了这一点，之后的文献 [40, 47] 也给出了相关的讨论。下面的公式 ϕ 是由 [44] 中给出的公式修改而来：

$$\phi = \Box G(\Box p \to \Diamond X \Box p) \to (X \Box p \to X \Diamond G \Box p)。$$

我们有 $\phi \in$ **Lcu2** 但是 $\phi \notin$ **Lcu1**。

1　对于其他章节中的语义结构，我们都只考虑全族 STIT 框架。这是由于那些对象语言中要么没有时态算子，要么只包含离散时态算子 X 和 Y，从而使得带族 STIT 框架类和全族 STIT 框架类确定相同的逻辑，这一点可以通过这些逻辑具有框架长度有穷性得出。

为了反驳 ϕ，构造子 $\mathbb{Z}$-型带族 STIT 模型 $\mathfrak{M} = \langle T, <, B, \simeq, V \rangle$ 满足 $\neg\phi$，其中 $\langle T, < \rangle$ 如图 5.1 所示，$B = \{h_i : i \geq 1\}$，$\simeq$ 是 $\langle T, <, B \rangle$ 上任意的主体选择函数[2]，并且 $V(p) = \{m_i/h_i : i \geq 1\}$。易见，对任意 $m/h \in pairs(\mathfrak{M})$，

$$\mathfrak{M}, m/h \vDash \Box p \text{ 当且仅当对某个 } i \geq 1, \ m = m_i. \tag{5.1}$$

所以，对任意 i, j 满足 $j > i \geq 1$，我们有 $\mathfrak{M}, m_i/h_j \nvDash \phi$。另外，如果 $\langle T, <, B \rangle$ 是全族树，那么 $h_0 \in B$，进而要使得 (5.1) 成立的话，必须有对任意 $i \geq 1$，$\mathfrak{M}, m_i/h_0 \vDash \Box p$，从而对任意 $i \geq 1$，$\mathfrak{M}, m_i/h_0 \vDash G\Box p$，由此可知，对任意 $j > i \geq 1$，$\mathfrak{M}, m_i/h_j \vDash X \Diamond G\Box p$。因此，对任意 $j > i \geq 1$，$\mathfrak{M}, m_i/h_j \vDash \phi$。关于 $\phi \in \mathbf{Lcu2}$ 的详细证明，可参考 [17]。

5.2　可数模型

在本节中，我们通过构造子模型的方式证明类似于一阶逻辑中向下的 Löwenheim-Skolem 定理的一个结论，从而得到 $\mathcal{C}_1$ 中所有可数框架构成的类确定逻辑 $\mathbf{Lcu1}$，并且 $\mathcal{C}_2$ 中所有可数框架构成的类确定逻辑 $\mathbf{Lcu2}$。

定义 5.7 令 $\mathfrak{F} = \langle T, <, B, \simeq \rangle$ 为带族 STIT 框架，$\mathfrak{M} = \langle \mathfrak{F}, V \rangle$ 为带族 STIT 模型且 $\varnothing \neq H \subseteq B$。由 H 确定的 $\mathfrak{F}$ 的子框架（表示为 $\mathfrak{F} {\upharpoonright} H$）是一个有序组 $\langle T', <', B', \simeq \rangle$，其中

(1) $T' = \bigcup H$ 且 $B' = H$；

(2) $<' = < {\upharpoonright} T'$；

(3) 对任意非空的 $A \subseteq Agt$ 和 $m \in T'$，$\simeq_A^m$ 是 $\simeq_A^m {\upharpoonright} B'$。

2　注意，我们把 $\simeq$ 定义为 $\langle T, <, B \rangle$ 上任意主体选择函数说明：$\mathfrak{M}$ 只与其底部的带族树有关，而与"STIT 部分"无关；从语法角度来说，问题在于"纯时态"的部分，而与 STIT 公式无关。

由 H 确定的 $\mathfrak{M}$ 的子模型（表示为 $\mathfrak{M} \upharpoonright H$）是一个有序对 $\langle \mathfrak{F}', V' \rangle$，其中 $\mathfrak{F}'$ 是由 H 确定的 $\mathfrak{F}$ 的子框架，并且 V' 是定义如下的赋值函数：

$$\text{对任意 } p \in Atm\text{，} V'(p) = V(p) \cap (\bigcup H \times H).$$

注意，定义 5.4 中除了 (3)，其他条件都在子框架转换下保持。准确地说，我们有下列事实：

事实 5.8 令 $\mathfrak{F} = \langle T, <, B, \simeq \rangle$ 为带族 *STIT* 框架，且 $\varnothing \neq H \subseteq B$。假设 $\mathfrak{F} \upharpoonright H$ 满足定义 5.4(3)。我们有：$\mathfrak{F} \upharpoonright H$ 是带族 *STIT* 框架。不仅如此，如果 $\mathfrak{F}$ 是子 $\mathbb{Z}$-型的，那么 $\mathfrak{F} \upharpoonright H$ 也是。

为了使得 $\mathscr{L}_{cu}$-公式的值在子模型转换下保持，我们需要对确定子模型的历史集做出下述定义给出的限制。

定义 5.9 令 $\mathfrak{M} = \langle T, <, B, \simeq, V \rangle$ 为带族 STIT 模型。对任意 $H \subseteq B$，H 是在 $\mathfrak{M}$ 上封闭的当且仅当下面两条成立：

(1) 对任意 $\mathscr{L}_{cu}$-公式 $\Box\phi$，任意 $h \in H$ 和任意 $m \in h$，如果 $\mathfrak{M}, m/h \nvDash \Box\phi$，那么存在 $h' \in H$ 使得 $m \in h$ 且 $\mathfrak{M}, m/h' \nvDash \phi$；

(2) 对任意 $\mathscr{L}_{cu}$-公式 $[A]\phi$，任意 $h \in H$ 和任意 $m \in h$，如果 $\mathfrak{M}, m/h \nvDash [A]\phi$，那么存在 $h' \in H$ 使得 $h \simeq_A^m h'$ 且 $\mathfrak{M}, m/h' \nvDash \phi$。

下面是关于 $\mathscr{L}_{cu}$-公式在子模型转换下保值的引理。

引理 5.10 令 $\mathfrak{M} = \langle T, <, B, \simeq, V \rangle$ 为带族 *STIT* 模型，令 $H \subseteq B$，并令 $\mathfrak{M} \upharpoonright H = \langle T', <', B', \simeq, V' \rangle$。假设 $\mathfrak{M} \upharpoonright H$ 是带族 *STIT* 模型，且 H 在 $\mathfrak{M}$ 上是封闭的。我们有：对任意 $m/h \in pairs(\mathfrak{M} \upharpoonright H)$ 和任意 $\mathscr{L}_{cu}$-公式 ϕ，$\mathfrak{M}, m/h \vDash \phi$ 当且仅当 $\mathfrak{M} \upharpoonright H, m/h \vDash \phi$。

证明 施归纳于公式 ϕ 的复杂度证明。归纳基始和 ϕ 的主联结词是真值函数联接词的情况是不足道的，我们略去该部分的证明。

令 $\phi = S(\psi,\kappa)$。假设 $\mathfrak{M},m/h \vDash S(\psi,\kappa)$。那么存在 $m' < m$ 使得 $\mathfrak{M},m'/h \vDash \psi$，并且对所有 $m'' \in T$，如果 $m' < m'' < m$，那么 $\mathfrak{M},m''/h \vDash \kappa$。所以，根据 $h \in B'$，$m \in h$ 和归纳假设，存在 $m' <' m$ 使得 $\mathfrak{M} \upharpoonright H,m'/h \vDash \psi$，并且对所有 $m'' \in T'$，如果 $m' <' m'' <' m$，那么 $\mathfrak{M} \upharpoonright H,m/h \vDash \kappa$。因此，$\mathfrak{M} \upharpoonright H,m/h \vDash S(\psi,\kappa)$。假设 $\mathfrak{M} \upharpoonright H,m/h \vDash S(\psi,\kappa)$。那么存在 $m' <' m$ 使得 $\mathfrak{M} \upharpoonright H,m'/h \vDash \psi$，并且对所有 $m'' \in T'$，如果 $m' <' m'' <' m$，那么 $\mathfrak{M} \upharpoonright H,m''/h \vDash \kappa$。所以，根据 $B' \subseteq B$，$T' \subseteq T$ 和归纳假设，存在 $m' < m$ 使得 $\mathfrak{M},m'/h \vDash \psi$，并且对所有 $m'' \in T$，如果 $m' < m'' < m$，那么 $\mathfrak{M},m/h \vDash \kappa$。因此，$\mathfrak{M},m/h \vDash S(\psi,\kappa)$。

对于 $\phi = U(\psi,\kappa)$ 的情况，用与上面类似的方法可证。

令 $\phi = \Box\psi$。假设 $\mathfrak{M},m/h \vDash \Box\psi$。那么对任意 $h' \in B$，如果 $m \in h'$，那么 $\mathfrak{M},m/h' \vDash \psi$。所以，根据 $B' \subseteq B$ 和归纳假设，对任意 $h' \in B'$，如果 $m \in h'$，那么 $\mathfrak{M} \upharpoonright H,m/h' \vDash \psi$。因此，$\mathfrak{M} \upharpoonright H,m/h \vDash \Box\psi$。假设 $\mathfrak{M},m/h \nvDash \Box\psi$。那么存在 $h' \in B$ 使得 $m \in h'$ 且 $\mathfrak{M},m/h' \nvDash \psi$。根据题设 H 在 $\mathfrak{M}$ 上是封闭的可知，存在 $h' \in B'$ 使得 $m \in h'$ 且 $\mathfrak{M},m/h' \nvDash \psi$。由归纳假设知，存在 $h' \in B'$ 使得 $m \in h'$ 且 $\mathfrak{M} \upharpoonright H,m/h' \nvDash \psi$。因此，$\mathfrak{M} \upharpoonright H,m/h \nvDash \Box\psi$。

对于 $\phi = [A]\psi$ 的情况，用与上面类似的方法可证。 □

最后，我们证明类似于一阶逻辑中向下的 Löwenheim-Skolem 的定理的结论。

定理 5.11 令 ϕ 为 $\mathscr{L}_{cu}$-公式。下列命题成立:

(1) 如果 ϕ 在 $\mathcal{C}_1$ 中可满足，那么存在可数的 $\mathfrak{F} \in \mathcal{C}_1$ 使得 ϕ 在 $\mathfrak{F}$ 中可满足，并且 $\mathfrak{F}$ 满足历史连通性;

(2) 如果 ϕ 在 $\mathcal{C}_2$ 中可满足，那么存在可数的 $\mathfrak{F} \in \mathcal{C}_2$ 使得 ϕ 在 $\mathfrak{F}$ 中可满足，并且 $\mathfrak{F}$ 满足历史连通性。

证明 (1) 假设 ϕ 在 $\mathcal{C}_1$ 中可满足。那么存在子 $\mathbb{Z}$-型带族 STIT 模型 $\mathfrak{M}$ 和 $m_0/h_0 \in pairs(\mathfrak{M})$ 使得

$$\mathfrak{M}, m_0/h_0 \vDash \phi。 \tag{5.2}$$

设 $\mathfrak{M} = \langle \mathfrak{F}, V \rangle$，其中 $\mathfrak{F} = \langle T, <, B, \simeq \rangle$。下面递归定义 B 中历史集序列 $\langle H_i \rangle_{i \in \mathbb{N}}$ 使得

$$\begin{aligned}&\mathfrak{F} \upharpoonright \bigcup \{H_i\}_{i \in \mathbb{N}} \text{ 属于 } \mathcal{C}_1 \text{ 且满足历史连通性，}\\&\text{并且 } \bigcup \{H_i\}_{i \in \mathbb{N}} \text{ 在 } \mathfrak{M} \text{ 上是封闭的。}\end{aligned} \tag{5.3}$$

令 $H_0 = \{h_0\}$。假设 H_n 已经定义并且是可数的。我们现在定义 H_{n+1} 如下：对所有 $\mathscr{L}_{cu}$-公式 $\Box \psi$，所有 $h \in H_n$ 和所有 $m \in h$，如果 $\mathfrak{M}, m/h \nvDash \Box \psi$，那么选一条历史 $h' \in B$ 满足 $\mathfrak{M}, m/h' \nvDash \psi$；然后，令 $H_{\Box}$ 为所有这样选取的历史集合。因为 H_n 和 H_n 中任意历史 h 都是可数的，并且 $\mathscr{L}_{cu}$ 只包含可数个 $\mathscr{L}_{cu}$-公式，所以 $H_{\Box}$ 是可数的。对所有 $\mathscr{L}_{cu}$-公式 $[A]\psi$，所有 $h \in H_n$ 和所有 $m \in h$，如果 $\mathfrak{M}, m/h \nvDash [A]\psi$，那么选一条历史 $h' \in B$ 满足 $h \simeq_A^m h'$ 且 $\mathfrak{M}, m/h' \nvDash \phi$；然后，令 H_{stit} 为所有这样选取的历史集合。与上一种情况类似，我们知道 H_{stit} 是可数的。对所有非空的 $A, B \subseteq Agt$，所有 $h, h' \in H_n$ 和所有 $m \in h \cap h'$，如果 $A \cap B = \varnothing$，那么根据定义 5.4(3)，可以选一条历史 $h'' \in B$ 满足 $h \simeq_A^m h''$ 并且 $h' \simeq_B^m h''$；然后，令 H_{ind} 为所有这样选取的历史集合。因为 H_n 和 H_n 中任意历史 h 都是可数的，并且 Agt 是有穷集合，所以 H_{ind} 是可数的。最后，令 $H_{n+1} = H_n \cup H_{\Box} \cup H_{stit} \cup H_{ind}$。显而易见，$H_{n+1}$ 是可数的。

我们下面证明 (5.3) 成立。令 $H = \bigcup \{H_i\}_{i \in \mathbb{N}}$。根据 $H_{\Box}$ 和 H_{stit} 的构造知，H 在 $\mathfrak{M}$ 上是封闭的。根据 H_{ind} 的构造知，$\mathfrak{F} \upharpoonright H$ 满足定义 5.4(3)，从而根据事实 5.8，$\mathfrak{F} \upharpoonright H$ 是子 $\mathbb{Z}$-型带族 STIT 框架。因为对每个 $i \in \mathbb{N}$，H_i 都是可数的，所以 H 也是可数的；同时，对每个 $h \in H$，h 是可数的，

所以 $\bigcup H$ 是可数的, 由此可知, $\mathfrak{M} \upharpoonright H$ 是可数的。综上可得, $\mathfrak{F} \upharpoonright H \in \mathcal{C}_1$。
下面证明: $\mathfrak{F} \upharpoonright H$ 满足历史连通性。根据从 H_n 到 H_{n+1} 的构造易见,

$$\text{对任意 } h \in H_{n+1}, \text{ 存在 } h' \in H_n \text{ 使得 } h' \cap h \neq \varnothing。 \tag{5.4}$$

现在我们在 n 上做归纳证明:

$$\text{对任意 } n \in \mathbb{N} \text{ 和任意 } h, h' \in H_n, \ h \cap h' \neq \varnothing。 \tag{5.5}$$

归纳基始是显然的。假设对任意 $h, h' \in H_n$, $h' \cap h \neq \varnothing$。我们证明对任意 $h, h' \in H_{n+1}$, $h \cap h' \neq \varnothing$。令 $h, h' \in H_{n+1}$。如果 $h, h' \in H_n$, 那么根据归纳假设, $h \cap h' \neq \varnothing$。如果 $h \in H_n$ 且 $h' \notin H_n$, 那么根据 (5.4), 存在 $h'' \in H_n$ 使得 $h' \cap h'' \neq \varnothing$; 再根据归纳假设可知, $h \cap h'' \neq \varnothing$, 从而 $h \cap h' \neq \varnothing$。如果 $h \notin H_n$ 且 $h' \notin H_n$, 那么根据 (5.4), 存在 $h_1, h'_1 \in H_n$ 使得 $h \cap h_1 \neq \varnothing$ 且 $h' \cap h'_1 \neq \varnothing$; 再根据归纳假设可知 $h_1 \cap h'_1 \neq \varnothing$, 从而 $h \cap h' \neq \varnothing$。因此, (5.5) 成立。对任意 $h, h' \in H$, 存在 $n \in \mathbb{N}$ 使得 $h, h' \in H_n$, 从而根据 (5.5) 得到, $h \cap h' \neq \varnothing$。故 $\mathfrak{F} \upharpoonright H$ 满足历史连通性。

最后, 根据 (5.3) 和引理 5.10 可知, 对任意 $m/h \in pairs(\mathfrak{M} \upharpoonright H)$ 和任意 $\mathscr{L}_{cu}$-公式 ψ,

$$\mathfrak{M}, m/h \vDash \psi \text{ 当且仅当 } \mathfrak{M} \upharpoonright H, m/h \vDash \psi。$$

由此根据 (5.2) 可知 $\mathfrak{M} \upharpoonright H, m_0/h_0 \vDash \phi$。因此, ϕ 在 $\mathfrak{F} \upharpoonright H$ 中可满足。

(2) 假设 ϕ 在 $\mathcal{C}_2$ 中可满足。那么存在子 $\mathbb{Z}$-型全族 STIT 模型 $\mathfrak{M}$ 和 $m_0/h_0 \in pairs(\mathfrak{M})$ 使得

$$\mathfrak{M}, m_0/h_0 \vDash \phi。 \tag{5.6}$$

设 $\mathfrak{M} = \langle \mathfrak{F}, V \rangle$, 其中 $\mathfrak{F} = \langle T, <, B, \simeq \rangle$。按照与上面相同的方式, 我们递

归定义 B 中历史集序列 $\langle H_i \rangle_{i \in \mathbb{N}}$ 使得

$$\mathfrak{F} \upharpoonright \bigcup\{H_i\}_{i \in \mathbb{N}} \text{ 属于 } \mathcal{C}_1 \text{ 且满足历史连通性,}$$
$$\text{而 } \bigcup\{H_i\}_{i \in \mathbb{N}} \text{ 在 } \mathfrak{M} \text{ 上是封闭的。} \tag{5.7}$$

令 $H = \bigcup\{H_i\}_{i \in \mathbb{N}}$ 并设 $\mathfrak{F} \upharpoonright H = \langle T', <', H, \simeq \rangle$。尽管 $\mathfrak{T} = \langle T', <', H \rangle$ 是带族树,但 $\mathfrak{T}$ 不一定是全族树。为了修补这一点,令 H' 为 $\langle T', <' \rangle$ 中所有历史构成的集合。显然,$\mathfrak{T}' = \langle T', <', H' \rangle$ 是全族树。因为 $\mathfrak{F} \in \mathcal{C}_2$,所以 $H' \subseteq B$。下面证明

$$\mathfrak{F} \upharpoonright H' \text{ 属于 } \mathcal{C}_2 \text{ 且满足历史连通性,}$$
$$\text{而 } H' \text{ 在 } \mathfrak{M} \text{ 上是封闭的。} \tag{5.8}$$

令 $\mathfrak{F} \upharpoonright H' = \langle T', <', H', \simeq \rangle$。根据 (5.7) 易见,$\mathfrak{F} \upharpoonright H'$ 满足历史连通性。根据 $\mathfrak{T}$ 是带族树可得,

$$\text{对任意 } h \in H' - H,\ h \text{ 中不存在 } <'\text{-极大元。} \tag{5.9}$$

因为 $\mathfrak{T}'$ 是全族树,所以根据事实 5.8,要证明 $\mathfrak{F} \upharpoonright H' \in \mathcal{C}_2$,我们只需证明 $\simeq$ 满足定义 5.4(3)。令 $\varnothing \neq A, B \subseteq Agt$,$h_1, h_2 \in H'$,$m \in h_1 \cap h_2$,并设 $A \cap B = \varnothing$。如果 $h_1, h_2 \in H$,那么根据 $\simeq$ 满足定义 5.4(3),存在 $h_3 \in H$ 使得 $h_1' \simeq_A^m h_3$ 且 $h_2' \simeq_B^m h_3$,进而根据定义 5.7(3),$h_1 \simeq_A^m h_3$ 且 $h_2 \simeq_B^m h_3$。下面设 $h_1, h_2 \notin H$。根据 (5.9),存在 $m_1, m_2 \in T'$ 使得

$$m < m_1 \in h_1 \text{ 且 } m < m_2 \in h_2。 \tag{5.10}$$

令 h_1' 和 h_2' 分别为 H 中包含 m_1 和 m_2 的历史。显然 $m \in h_1' \cap h_2'$,由此根据 $\simeq$ 满足定义 5.4(3),存在 $h_3 \in H \subseteq H'$ 使得 $h_1' \simeq_A^m h_3$ 且 $h_2' \simeq_B^m h_3$,从而由定义 5.7(3),$h_1' \simeq_A^m h_3$ 且 $h_2' \simeq_B^m h_3$。根据定义 5.4(4) 和 (5.10),$h_1 \simeq_A^m h_1'$ 且 $h_2 \simeq_B^m h_2'$。因此,由 $\simeq_A^m$ 和 $\simeq_B^m$ 的传递性知 $h_1 \simeq_A^m h_3$ 且

$h_2 \simeq_B^m h_3$，进而根据定义 5.7(3)，$h_1 \simeq_A^m h_3$ 且 $h_2 \simeq_B^m h_3$。

这段证明 H' 在 $\mathfrak{M}$ 上是封闭的。令 $\Box\psi$ 为任意 $\mathscr{L}_{cu}$-公式，$h \in H'$ 且 $m \in h$。假设 $\mathfrak{M}, m/h \nvDash \Box\psi$。如果 $h \in H$，那么根据 (5.7) 可得，存在 $h' \in H \subseteq H'$ 使得 $m \in h'$ 且 $\mathfrak{M}, m/h' \nvDash \psi$。如果 $h \in H' - H$，那么存在 $h' \in H$ 使得 $m \in h \cap h'$，从而 $\mathfrak{M}, m/h' \nvDash \Box\psi$，再根据 (5.7) 可知，存在 $h'' \in H \subseteq H'$ 使得 $m \in h''$ 且 $\mathfrak{M}, m/h'' \nvDash \psi$。令 $[A]\psi$ 为任意 $\mathscr{L}_{cu}$-公式，$h \in H'$ 且 $m \in h$。假设 $\mathfrak{M}, m/h \nvDash [A]\psi$。如果 $h \in H \subseteq H'$，那么根据 (5.7)，存在 $h' \in H$ 使得 $h \simeq_A^m h'$ 且 $\mathfrak{M}, m/h' \nvDash \psi$。如果 $h \in H' - H$，那么根据 (5.9)，存在 $m' \in h$ 使得 $m < m'$，从而由定义 5.4(4) 可知，对任意 $h' \in H$，如果 $m' \in h$，那么 $h \simeq_A^m h'$。令 h' 为 H 中包含 m' 的任意历史。由假设 $\mathfrak{M}, m/h \nvDash [A]\psi$ 可得，$\mathfrak{M}, m/h' \nvDash [A]\psi$，再根据 (5.7)，存在 $h'' \in H \subseteq H'$ 使得 $h \simeq_A^m h''$ 且 $\mathfrak{M}, m/h'' \nvDash \psi$。

综上可得，(5.8) 成立，从而根据引理 5.10 得出，对任意 $m/h \in pairs(\mathfrak{M} \upharpoonright H')$ 和任意 $\mathscr{L}_{cu}$-公式 ψ，

$$\mathfrak{M}, m/h \vDash \psi \text{ 当且仅当 } \mathfrak{M} \upharpoonright H', m/h \vDash \psi。$$

所以，再由 (5.2) 可得，$\mathfrak{M} \upharpoonright H', m_0/h_0 \vDash \phi$。因此，$\phi$ 在 $\mathfrak{F} \upharpoonright H'$ 中可满足。 $\Box$

5.3 拟模型

在本节中，我们引入带族拟模型和全族拟模型，它们分别与子 $\mathbb{Z}$-型带族 STIT 模型和子 $\mathbb{Z}$-型全族 STIT 模型相对应，并且证明对任意 $\mathscr{L}_{cu}$-公式 ϕ，ϕ 在子 $\mathbb{Z}$-型带族 STIT 模型（或全族 STIT 模型）中可满足当且仅当存在 ϕ-带族拟模型（或 ϕ-全族拟模型），从而把 $\mathscr{L}_{cu}$-公式可满足性问题转换成拟模型存在性问题。

定义 5.12 对任意 $\mathscr{L}_{cu}$-公式 ϕ，我们定义 $neg(\phi)$ 如下：

$$neg(\phi) = \begin{cases} \psi & \text{如果存在 } \psi \text{ 使得 } \phi = \neg\psi, \\ \neg\phi & \text{否则。} \end{cases}$$

令 Π 为任意 $\mathscr{L}_{cu}$-公式集。Π 的闭包（表示为 $CL(\Pi)$）是满足以下条件的最小公式集 Ψ：

- $\Pi \subseteq \Psi$；

- 对任意 $\mathscr{L}_{cu}$-公式 ϕ，如果 $\phi \in \Psi$，那么 ϕ 的所有子公式也属于 Ψ；

- 对任意 $\mathscr{L}_{cu}$-公式 ϕ，如果 $\phi \in \Psi$，那么 $neg(\phi) \in \Psi$；

- 对任意 $\mathscr{L}_{cu}$-公式 $[A]\phi$，如果 $[A]\phi \in \Psi$，那么 $Y[A]\phi \in \Psi$。

对任意 $\mathscr{L}_{cu}$-公式 ϕ，我们用 $CL(\phi)$ 表示 $CL(\{\phi\})$。易见，$CL(\phi)$ 是有穷的。

定义 5.13 令 ϕ 为任意 $\mathscr{L}_{cu}$-公式且 Λ 为任意 $\mathscr{L}_{cu}$-公式集。Λ 是 ϕ-极大一致集当且仅当 $\Lambda \subseteq CL(\phi)$ 并且满足以下两条：

- 对每个 $\psi \wedge \gamma \in CL(\phi)$，$\psi \wedge \gamma \in \Lambda$ 当且仅当 $\psi \in \Lambda$ 并且 $\gamma \in \Lambda$；

- 对每个 $\neg\psi \in CL(\phi)$，$\neg\psi \in \Lambda$ 当且仅当 $\psi \notin \Lambda$。

我们用 $MCSs(\phi)$ 表示所有 ϕ-极大一致集构成的集合。简单地说，ϕ-极大一致集是极大一致集限制到 $CL(\phi)$ 的结果。易见，对任意带族 STIT 模型 $\mathfrak{M}$ 和 $\mathfrak{M}$ 中对子 m/h，$\{\psi : \mathfrak{M}, m/h \vDash \psi\} \cap CL(\phi)$ 是 ϕ-极大一致集。另外，对任意 $\Lambda \subseteq CL(\phi)$，因为 $CL(\phi)$ 是有穷的，所以 Λ 是否为 ϕ-极大一致集是可判定的；同时因为最多只能有 $2^{|CL(\phi)|}$ 个 ϕ-极大一致集，所以可以根据一定的算法在有穷时间内生成 $MCSs(\phi)$。

定义 5.14 令 ϕ 为任意 $\mathscr{L}_{cu}$-公式。对任意 $\Lambda_1, \Lambda_2 \in MCSs(\phi)$ 和任意非空的 $A \subseteq Agt$，$\Lambda_1 \equiv_A^\phi \Lambda_2$ 当且仅当对任意非空的 $B \subseteq A$ 和任意

$[B]\psi \in CL(\phi)$，$[B]\psi \in \Lambda_1$ 当且仅当 $[B]\psi \in \Lambda_2$。在不会引起误解时，我们把 $\equiv^\phi_A$ 简写为 $\equiv_A$。对任意 $Q \subseteq MCSs(\phi)$，Q 是 ϕ-拟状态当且仅当它满足下述条件：

(1) 对任意 $\Box\psi \in CL(\phi)$ 和任意 $\Lambda_1 \in Q$，$\Box\psi \in \Lambda_1$ 当且仅当对任意 $\Lambda_2 \in Q$，$\psi \in \Lambda_2$；

(2) 对任意 $[A]\psi \in CL(\phi)$ 和任意 $\Lambda_1 \in Q$，$[A]\psi \in \Lambda_1$ 当且仅当对任意 $\Lambda_2 \in Q$，如果 $\Lambda_2 \equiv_A \Lambda_1$，那么 $\psi \in \Lambda_2$；

(3) 对任意非空的 $A, B \subseteq Agt$ 和任意 $\Lambda_1, \Lambda_2 \in Q$，如果 $A \cap B = \varnothing$，那么存在 $\Lambda_3 \in Q$ 使得 $\Lambda_1 \equiv_A \Lambda_3$ 并且 $\Lambda_2 \equiv_B \Lambda_3$；

(4) 对任意 $Y[A]\psi \in CL(\phi)$ 和任意 $\Lambda_1, \Lambda_2 \in Q$，$Y[A]\psi \in \Lambda_1$ 当且仅当 $Y[A]\psi \in \Lambda_2$。

我们用 $States(\phi)$ 表示所有 ϕ-拟状态构成的集合。显而易见，对任意 ϕ-拟状态 Q，$|Q| \leq |MCSs(\phi)|$ 且 $|States(\phi)| \leq 2^{|MCSs(\phi)|}$。

引理 5.15 令 $\mathfrak{M} = \langle T, <, B, \simeq, V \rangle$ 为带族 STIT 模型，令 $m \in T$，并且令 ϕ 为任意 $\mathscr{L}_{cu}$-公式。我们有：$Q = \{\Sigma(m/h) : m \in h \in B\}$ 是 ϕ-拟状态，其中 $\Sigma(m/h) = \{\psi \in CL(\phi) : \mathfrak{M}, m/h \vDash \psi\}$。

证明 显而易见，对任意 $h \in H_m$，$\Sigma(m/h)$ 是 ϕ-极大一致集。为了验证 Q 满足定义 5.14 中条件，我们先证明：对任意 $h, h' \in H_m$ 和任意非空的 $A \subseteq Agt$，

$$\text{如果 } h \simeq^m_A h'，\text{那么 } \Sigma(m/h) \equiv_A \Sigma(m/h')。 \tag{5.11}$$

假设 $h \simeq^m_A h'$。根据定义 5.4(2) 可知，对所有非空的 $B \subseteq A$，$h \simeq^m_B h'$。所以，对所有非空的 $B \subseteq A$ 和所有 $[B]\psi \in CL(\phi)$，$\mathfrak{M}, m/h \vDash [B]\psi$ 当且仅当 $\mathfrak{M}, m/h' \vDash [B]\psi$，从而 $[B]\psi \in \Sigma(m/h)$ 当且仅当 $[B]\psi \in \Sigma(m/h')$，即 $\Sigma(m/h) \equiv_A \Sigma(m/h')$。

现在证明 Q 满足定义 5.14(2)。令 $[A]\psi \in CL(\phi)$ 且 $\Sigma(m/h) \in Q$。假设 $[A]\psi \in \Sigma(m/h)$。根据 $\equiv_A$ 的定义，对任意 $h' \in H_m$，如果 $\Sigma(m/h) \equiv_A \Sigma(m/h')$，那么 $[A]\psi \in \Sigma(m/h')$，从而根据 $\mathfrak{M}, m/h' \vDash [A]\psi \to \psi$，我们有 $\psi \in \Sigma(m/h')$。假设对任意 $h' \in H_m$，如果 $\Sigma(m/h) \equiv_A \Sigma(m/h')$，那么 $\psi \in \Sigma(m/h')$。根据 (5.11) 可知，对任意 $h' \in H_m$，如果 $h \simeq_A^m h'$，那么 $\psi \in \Sigma(m/h')$，从而 $\mathfrak{M}, m/h' \vDash \psi$。由此可得，$\mathfrak{M}, m/h \vDash [A]\psi$，从而 $[A]\psi \in \Sigma(m/h)$。故 Q 满足定义 5.14(2)。类似地，我们可得 Q 满足定义 5.14(1)。下面证明 Q 满足定义 5.14(3)。令 A, B 为任意非空的 Agt 子集，并且令 $\Sigma(m/h), \Sigma(m/h') \in Q$。假设 $A \cap B = \varnothing$。根据定义 5.4(3)，存在 $h'' \in H_m$ 使得 $h \simeq_A^m h''$ 并且 $h' \simeq_B^m h''$；从而根据 (5.11) 可知道，$\Sigma(m/h) \equiv_A \Sigma(m/h'')$ 并且 $\Sigma(m/h') \equiv_B \Sigma(m/h'')$。最后，我们证明 Q 满足定义 5.14(4)。令 $Y[A]\psi \in CL(\phi)$ 且 $\Sigma(m/h), \Sigma(m/h') \in Q$。假设 $Y[A]\psi \in \Sigma(m/h)$。我们有 $\mathfrak{M}, m/h \vDash Y[A]\psi$，从而 $\mathfrak{M}, pred(m)/h \vDash [A]\psi$，其中 $pred(m)$ 为 m 的 $<$-直接前驱，再根据定义 5.4(4) 可知 $h' \simeq_A^{pred(m)} h$。故 $\mathfrak{M}, pred(m)/h' \vDash [A]\psi$。所以 $\mathfrak{M}, m/h' \vDash Y[A]\psi$，由此蕴涵 $Y[A]\psi \in \Sigma(m/h')$。另一个方向同理可证。 $\square$

下面我们定义历史的 ϕ-实现这个概念，它是与时态算子紧密相关的。

定义 5.16 令 $\mathfrak{B} = \langle T, <, B \rangle$ 为带族树，令 $h \in B$，并且令 ϕ 为任意 $\mathcal{L}_{cu}$-公式。h 的一个 ϕ-实现是一个从 h 到 $MCSs(\phi)$ 的满足以下条件的函数 ρ：

(1) 对每个 $m_1 \in h$ 和每个 $S(\psi, \kappa) \in CL(\phi)$，$S(\psi, \kappa) \in \rho(m_1)$ 当且仅当存在 $m_2 < m_1$ 满足 $\psi \in \rho(m_2)$ 并且对任意 $m_3 \in T$，如果 $m_2 < m_3 < m_1$，那么 $\kappa \in \rho(m_3)$；

(2) 对每个 $m_1 \in h$ 和每个 $U(\psi, \kappa) \in CL(\phi)$，$U(\psi, \kappa) \in \rho(m_1)$ 当且仅当存在 $m_1 < m_2$ 满足 $\psi \in \rho(m_2)$ 并且对任意 $m_3 \in T$，如果 $m_1 < m_3 < m_2$，那么 $\kappa \in \rho(m_3)$。

令 L 为从 T 到 $States(\phi)$ 的函数并且 $h \in B$。h 在 L 限制下的 ϕ-实现是 h 的一个 ϕ-实现 ρ，并且对每个 $m \in h$，$\rho(m) \in L(m)$。

注意，对于一个历史 h，它的（或 L 限制下）ϕ-实现可能有多个，甚至是无穷的。有了上述作为铺垫的概念，现在我们定义拟模型。它们与 STIT 模型的共同之处是包含相同的时间结构——带族树，但与 STIT 模型不同的是拟模型不包含主体选择函数和赋值函数，取而代之的是拟状态函数，它们把带族树中的时刻映射到拟状态。

定义 5.17 令 ϕ 为任意 $\mathscr{L}_{cu}$-公式。一个 ϕ-带族拟模型（或 ϕ-全族拟模型）是一个有序组 $\langle T, <, B, L \rangle$，其中 $\mathfrak{B} = \langle T, <, B \rangle$ 是可数的子 $\mathbb{Z}$-型带族树（或全族树）并且满足历史连通性，而 L 是从 T 到 $States(\phi)$ 的函数并满足以下条件：

(1) 存在 $m \in T$ 和 $\Lambda \in L(m)$ 使得 $\phi \in \Lambda$；

(2) 对每个 $m \in T$，如果 m 是 $<$-极大元，那么 $L(m)$ 是单元集；

(3) 对每个 $m \in T$ 和每个 $\Lambda \in L(m)$，存在 $h \in H_m^{\mathfrak{B}}$ 和 h 在 L 限制下的 ϕ-实现 ρ 使得 $\rho(m) = \Lambda$；

(4) 对任意 $h \in B$，存在 h 在 L 限制下的 ϕ-实现。

我们称满足上述条件 (1)-(4) 的函数 L 为 $\mathfrak{B}$ 上的 ϕ-拟状态函数。注意，对任意 $m \in T$，$L(m)$ 是有穷的。准确地说，我们有下述事实。

事实 5.18 令 ϕ 为任意 $\mathscr{L}_{cu}$-公式，令 $\mathfrak{B} = \langle T, <, B \rangle$ 为带族树，并令 L 为从 T 到 $States(\phi)$ 的函数。我们有：对每个 $m \in T$，$|L(m)| \leq |MCSs(\phi)| \leq 2^{|CL(\phi)|}$。特别的，如果 L 是 $\mathfrak{B}$ 上的 ϕ-拟状态函数，那么对 T 中的每个 $<$-极大元 m，$L(m)$ 是单元集。

命题 5.19 对任意 $\mathscr{L}_{cu}$-公式 ϕ，如果 ϕ 在某个子 $\mathbb{Z}$-型带族 STIT 模型（或全族 STIT 模型）中可满足，那么存在 ϕ-带族拟模型（或 ϕ-全族拟模型）。

证明 令 ϕ 为 $\mathscr{L}_{cu}$-公式。假设 ϕ 在子 $\mathbb{Z}$-型带族 STIT 模型（或全族 STIT 模型）中可满足。根据定理 5.11，存在可数的 $\mathfrak{F} \in \mathcal{C}_1$（或 $\mathcal{C}_2$）使得 ϕ 在 $\mathfrak{F}$ 中可满足，并且 $\mathfrak{F}$ 满足历史连通性。由此可得，存在基于 $\mathfrak{F}$ 的模型 $\mathfrak{M}$ 满足 ϕ。设 $\mathfrak{M} = \langle T, <, B, \simeq, V \rangle$。我们下面从 $\mathfrak{M}$ 构造 ϕ-带族拟模型（或 ϕ-全族拟模型）$\mathfrak{S}$。对任意 $m/h \in pairs(\mathfrak{M})$，令

$$\Sigma(m/h) = \{\psi \in CL(\phi) : \mathfrak{M}, m/h \vDash \phi\};$$

然后令 $\mathfrak{S} = \langle T, <, B, L \rangle$，其中 $\langle T, <, B \rangle$ 是 $\mathfrak{M}$ 底部的带族树（或全族树），并且 L 是如下定义在 T 上的函数：

$$\text{对任意 } m \in T, \; L(m) = \{\Sigma(m/h) : m \in h \in B\}。$$

我们验证 L 是 $\langle T, <, B \rangle$ 上的 ϕ-拟状态函数。根据引理 5.15 可知，对任意 $m \in T$，$L(m)$ 是 ϕ-拟状态。因为模型 $\mathfrak{M}$ 满足 ϕ，所以存在 $m/h \in pairs(\mathfrak{M})$ 使得 $\mathfrak{M}, m/h \vDash \phi$，从而 $\phi \in \Sigma(m/h) \in L(m)$。故 $\mathfrak{S}$ 满足定义 5.17(1)。显然，定义 5.17(2) 成立，因为只有唯一历史通过 $<$-极大元。对任意 $m \in T$ 和任意 $\Sigma(m/h) \in L(m)$，可以如下定义 h 在 L 限制下的 ϕ-实现 ρ：

$$\text{对每个 } m' \in h, \; \rho(m') = \Sigma(m'/h)。 \tag{5.12}$$

易见 $\rho(m) = \Sigma(m/h)$。因此，$\mathfrak{S}$ 满足定义 5.17(3)。最后，对任意 $h \in B$，可以按照 (5.12) 定义 h 在 L 限制下的 ϕ-实现。 □

在本节余下的部分，我们证明命题 5.19 的逆命题，即对任意 $\mathscr{L}_{cu}$-公式 ϕ，如果存在 ϕ-带族拟模型（或 ϕ-全族拟模型），那么 ϕ 在某个子 $\mathbb{Z}$-型带族 STIT 模型（或全族 STIT 模型）中可满足。这个证明主要分两步完成：首先，我们证明如果存在 ϕ-带族拟模型（或 ϕ-全族拟模型）$\mathfrak{S}$，并

且 $\mathfrak{S}$ 是证据足够的（见定义 5.20），那么 ϕ 在某个子 $\mathbb{Z}$-型带族 STIT 模型（或全族 STIT 模型）中可满足；然后，我们再证明每个 ϕ-带族拟模型（或 ϕ-全族拟模型）都可以被变换为证据足够多的 ϕ-带族拟模型（或 ϕ-全族拟模型）。

定义 5.20 令 ϕ 为任意 $\mathscr{L}_{cu}$-公式，令 $\mathfrak{S} = \langle \mathfrak{B}, L \rangle$ 为 ϕ-带族拟模型，其中 $\mathfrak{B} = \langle T, <, B \rangle$。对任意 $m \in T$ 和任意 $\Lambda \in L(m)$，我们定义 Λ 相对于 $\mathfrak{S}$ 在时刻 m 的历史证据集（表示为 $HisWits_{\mathfrak{S}}(m, \Lambda)$）为

$$\{h \in H_m^{\mathfrak{B}} : 存在\ h\ 在\ L\ 限制下的\ \phi\text{-}实现\ \rho\ 使得\ \rho(m) = \Lambda\}.$$

$\mathfrak{S}$ 是证据足够的当且仅当对任意 $m \in T$ 和任意 $\Lambda \in L(m)$，如果 m 不是 $<$-极大的，那么 $HisWits_{\mathfrak{S}}(m, \Lambda)$ 是无穷的。

注意，如果 $h \in HisWits_{\mathfrak{S}}(m, \Lambda)$，那么 $m \in h$。大致上说，如果 $h \in HisWits_{\mathfrak{S}}(m, \Lambda)$ 且 $\mathfrak{S}$ 是证据足够的，那么可以从 $\mathfrak{S}$ 构造带族 STIT 模型 $\mathfrak{M}$ 使得 $\mathfrak{M}, m/h \vDash \Lambda$。

命题 5.21 令 ϕ 为任意 $\mathscr{L}_{cu}$-公式，令 $\mathfrak{S} = \langle \mathfrak{B}, L \rangle$ 为 ϕ-带族拟模型（或 ϕ-全族拟模型），其中 $\mathfrak{B} = \langle T, <, B \rangle$，并设 $\mathfrak{S}$ 是证据足够的。我们有：存在带族 STIT 模型（或全族 STIT 模型）$\mathfrak{M}$ 使得 ϕ 在 $\mathfrak{M}$ 中可满足且 $\mathfrak{M}$ 是子 $\mathbb{Z}$-型的。

证明 令 $T' = \{m \in T : \exists m' \in T(m < m')\}$，且令 $\Gamma = \{\langle m, \Lambda \rangle : m \in T' \land \Lambda \in L(m)\}$。因为 $\mathfrak{S}$ 是 ϕ-带族拟模型（或全族 STIT 模型），所以根据定义 5.17，$\mathfrak{B}$ 是可数的带族树（或全族树）；又因为 L 是从 T 到 $States(\phi)$ 的函数，所以根据事实 5.18，对每个 $m \in T$，$L(m)$ 都是有穷的。由此可知，Γ 是可数的，从而可以枚举 Γ 如下：

$$\langle m_0, \Lambda_0 \rangle, \langle m_1, \Lambda_1 \rangle, \langle m_2, \Lambda_2 \rangle, \ldots, \langle m_k, \Lambda_k \rangle, \ldots$$

令 f 为 $\mathcal{P}(B) - \{\varnothing\}$ 上的选择函数，并且令 g 为如下定义的从 Γ 到 B 的函数：对任意 $k \in \mathbb{N}$，

$$g(m_k, \Lambda_k) = f(HisWits_{\mathfrak{S}}(m_k, \Lambda_k) - \{g(m_i, \Lambda_i)\}_{0 \leq i < k})。 \tag{5.13}$$

因为 $\mathfrak{S}$ 是证据足够的，所以对任意 $k \in \mathbb{N}$，$HisWits_{\mathfrak{S}}(m_k, \Lambda_k)$ 是无穷的，从而 $HisWits_{\mathfrak{S}}(m_k, \Lambda_k) - \{g(m_i, \Lambda_i)\}_{0 \leq i < k} \neq \varnothing$。由此可知，$dom(g) = \Gamma$。另外，根据 (5.13) 显而易见，$g$ 是一对一的，且

$$对任意 \langle m, \Lambda \rangle \in \Gamma，g(m, \Lambda) \in HisWits_{\mathfrak{S}}(m, \Lambda)。 \tag{5.14}$$

基于函数 g，我们对 B 中每个历史 h 指定一个 h 在 L 限制下的 ϕ-实现 ρ_h：如果 $h \in ran(g)$，那么存在 $\langle m, \Lambda \rangle \in \Gamma$ 使得 $h = g(m, \Lambda)$，根据 (5.14)，$g(m, \Lambda) \in HisWits_{\mathfrak{S}}(m, \Lambda)$，于是可以选取一个 $g(m, \Lambda)$ 在 L 限制下的 ϕ-实现 $\rho_{g(m,\Lambda)}$ 使得

$$\rho_{g(m,\Lambda)}(m) = \Lambda。 \tag{5.15}$$

如果 $h \in B - ran(g)$，那么根据定义 5.17(4)，可以选取一个 h 在 L 限制下的 ϕ-实现 ρ_h。我们证明：对任意 $m \in T$ 和任意 $\Lambda \in L(m)$，

$$存在 h \in H_m^{\mathfrak{B}} 使得 \rho_h(m) = \Lambda。 \tag{5.16}$$

令 $m \in T$ 和 $\Lambda \in L(m)$。假设 m 是 $<$-极大元。根据定义 5.17(2) 可知 $L(m) = \{\Lambda\}$。令 $h = \{m' \in T : m' < m\}$。我们有：$\rho_h$ 是 h 在 L 限制下的 ϕ-实现，进而根据定义可得 $\rho_h(m) \in L(m) = \{\Lambda\}$，从而 $\rho_h(m) = \Lambda$。如果 m 不是 $<$-极大元，那么 $\langle m, \Lambda \rangle \in \Gamma$，从而 $g(m, \Lambda) \in ran(g)$，由此根据 (5.15) 可知 $\rho_{g(m,\Lambda)}(m) = \Lambda$。

令 $\mathfrak{M} = \langle \mathfrak{B} \simeq, V \rangle$，其中 $\mathfrak{B}$ 是拟模型 $\mathfrak{S}$ 基于的带族树（或全族树），并且 $\simeq$ 和 V 的定义如下：对任意 $m \in T$，任意非空 $A \subseteq Agt$ 和任

意 $h, h \in H_m$，$h \simeq_A^m h'$ 当且仅当 $\rho_h(m) \equiv_A \rho_{h'}(m)$；对任意 $p \in Atm$，$V(p) = \{m/h : p \in \rho_h(m)\}$。

显然，$\mathfrak{B}$ 是子 $\mathbb{Z}$-型带族树（或全族树）。为了证明 $\mathfrak{M}$ 是子 $\mathbb{Z}$-型带族 STIT 模型（或全族 STIT 模型），我们只需验证 $\simeq$ 是 $\mathfrak{B}$ 上的主体选择函数。显而易见，$\simeq$ 满足定义 5.4(1) 和 (2)。现在证明 $\simeq$ 满足定义 5.4(3)。令 $m \in T$，令 A, B 为任意非空的 Agt 子集，并且令 $h, h' \in H_m^{\mathfrak{B}}$。假设 $A \cap B = \varnothing$。那么 $\rho_h(m) \in L(m)$ 且 $\rho_{h'}(m) \in L(m)$，从而根据定义 5.14(3)，存在 $\Lambda \in L(m)$ 使得 $\rho_h(m) \equiv_A \Lambda$ 并且 $\rho_{h'}(m) \equiv_B \Lambda$。根据 (5.16) 可知，存在 $h'' \in H_m^{\mathfrak{B}}$ 使得 $\Lambda = \rho_{h''}(m)$。由此可知，$\rho_h(m) \equiv_A \rho_{h''}(m)$ 且 $\rho_{h'}(m) \equiv_B \rho_{h''}(m)$，从而由 $\simeq$ 的定义可知，$h \simeq_A^m h''$ 且 $h' \simeq_B^m h''$。因此，$\simeq$ 满足定义 5.4(3)。为了证明 $\simeq$ 满足定义 5.4(4)，我们只需证明下列条件成立[3]

> 对任意 $\varnothing \neq A \subseteq Agt$ 和任意 $m, m' \in T$，如
> 果 $m' \in suc_<(m)$，那么对任意 $h, h' \in H_{m'}^{\mathfrak{B}}$，
> $h \simeq_A^m h'$。

令 $\varnothing \neq A \subseteq Agt$，$m, m' \in T$，且 $h, h' \in H_{m'}^{\mathfrak{B}}$。设 $m' \in suc_<(m)$。我们有 $suc_<(m, h) = m' = suc_<(m, h')$[4]。对任意 $B \subseteq A$ 和 $[B]\psi \in CL(\phi)$，如果 $[B]\psi \in \rho_h(m)$，那么根据定义 5.16(1) 可知，$Y[B]\psi \in \rho_h(m') = \rho_h(suc_<(m, h))$，从而根据定义 5.14(4) 知 $Y[B]\psi \in \rho_{h'}(m') = \rho_h(suc_<(m, h'))$，进而由定义 5.16(1) 得出 $[B]\psi \in \rho_{h'}(m)$。同理可得，如果 $[B]\psi \in \rho_{h'}(m)$，那么 $[B]\psi \in \rho_h(m)$。所以，$\rho_h(m) \equiv_A \rho_{h'}(m)$，由此根据 $\simeq$ 的定义知 $h \simeq_A^m h'$。

我们在公式 ψ 的复杂度上归纳证明：对任意 $\psi \in CL(\phi)$ 和任意 $m/h \in pairs(\mathfrak{M})$，

$$\mathfrak{M}, m/h \vDash \psi \quad \psi \in \rho_h(m) \tag{5.17}$$

我们只证明 $\psi = [A]\gamma$ 的情况。假设 $\mathfrak{M}, m/h \nvDash [A]\gamma$。我们有：存在 $h' \simeq_A^m h$

3　注意，$suc_<(m)$ 表示 m 的直接 $<$-后继集。

4　注意，$suc_<(m, h)$ 表示 m 在 h 中的直接 $<$-后继。

使得 $\mathfrak{M}, m/h' \nvDash \gamma$。根据归纳假设和 $\simeq$ 的定义可知，$\rho_h(m) \equiv_A \rho_{h'}(m)$ 并且 $\gamma \notin \rho_{h'}(m)$，从而根据定义 5.14(2) 可得 $[A]\gamma \notin \rho_h(m)$。假设 $[A]\gamma \notin \rho_h(m)$。根据定义 5.14(2)，存在 $\Lambda \in L(m)$ 使得 $\rho_h(m) \equiv_A \Lambda$ 并且 $\gamma \notin \Lambda$，由此根据 (5.16) 可知，存在 $h' \in B$ 使得 $\rho_{h'}(m) = \Lambda$。故 $\rho_h(m) \equiv_A \rho_{h'}(m)$ 且 $\gamma \notin \rho_{h'}(m)$，再根据 $\simeq$ 的定义和归纳假设知，$h \simeq_A^m h'$ 并且 $\mathfrak{M}, m/h' \nvDash \gamma$，从而 $\mathfrak{M}, m/h \nvDash [A]\gamma$。

最后，因为 $\mathfrak{S}$ 是 ϕ-带族拟模型（或 ϕ-全族拟模型），所以根据定义 5.17(1)，存在 $m \in T$ 和 $\Lambda \in L(m)$ 使得 $\phi \in \Lambda$，从而由 (5.16) 可得，存在 $h \in H_m^{\mathfrak{B}}$ 使得 $\phi \in \rho_h(m) = \Lambda$，由此根据 (5.17) 可知 $\mathfrak{M}, m/h \vDash \phi$。因此，$\phi$ 在子 $\mathbb{Z}$-型带族 STIT 模型（或全族 STIT 模型）$\mathfrak{M}$ 中可满足。 $\square$

在本节剩下的部分，考虑如何把任意 ϕ-带族拟模型转变为证据足够的 ϕ-带族拟模型。为了达到这个目的，对任意 ϕ-带族拟模型 $\mathfrak{S}$，构造 $\mathfrak{S}$ 的膨胀 $\mathfrak{S}'$ 并证明 $\mathfrak{S}'$ 是证据足够的 ϕ-带族拟模型。下面给出定义膨胀所需的辅助术语。令 $\mathfrak{T} = \langle T, < \rangle$ 为一个树状框架。对任意 $T' \subseteq T$，我们用 $max_<(T')$ 表示 T' 中所有 $<$-极大元构成的集合。对任意 $C \subseteq T$，C 是 $\mathfrak{T}$ 中的反链当且仅当对任意 $m, m' \in C$，并非 $m < m' \vee m' < m$。对任意 $C \subseteq T$，令 $T_{<C} = \{m \in T : \exists m' \in C(m < m')\}$ 且 $T_{\geqslant C} = \{m \in T : \exists m' \in C(m \geqslant m')\}$。记 $\mathbb{N}^*$ 为自然数的有穷序列组成的集合，并用 $\langle \rangle$ 表示空序列。对任意序列 s，用 $len(s)$ 表示序列 s 的长度。任取 $m, m' \in T$ 满足 $m \leqslant m'$，$\mathfrak{T}$ 中从 m 到 m' 的通路（表示为：$path_{\mathfrak{T}}(m, m')$）是极大的序列 $\langle m_1, m_2, \ldots, m_n \rangle$ $(n \geq 1)$ 满足 $m = m_1$，$m' = m_n$ 并且对任意 $1 \leq i < n$，$m_i < m_{i+1}$。注意，对任意 $m \in T$，$path_{\mathfrak{T}}(m, m) = \langle m \rangle$，从而 $len(path_{\mathfrak{T}}(m, m)) = 1$。对任意函数 f 和任意 $W \subseteq dom(f)$，我们用 $f[W]$ 表示 W 在 f 下的像，即 $\{f(x) : x \in W\}$。

定义 5.22 令 ϕ 为 $\mathscr{L}_{cu}$-公式，令 $\mathfrak{S} = \langle T, <, B, L \rangle$ 为 ϕ-带族拟模型，并令 C 为 $\langle T, < \rangle$ 中包含 $max_<(T)$ 的极大反链。$\mathfrak{S}$ 以 C 为基础的膨胀是满足下列条件的有序组 $\langle T', <', B', L' \rangle$：

(1) $T' = (T_{<C} \times \{\langle\rangle\}) \cup \{\langle m,s\rangle \in T_{\geqslant C} \times \mathbb{N}^* : \exists m' \in C(len(s) = len(path(m',m)))\}$;

(2) 对任意 $\langle m,s\rangle, \langle m',s'\rangle \in T'$，$\langle m,s\rangle <' \langle m',s'\rangle$ 当且仅当 $m < m'$ 且 s 是 s' 的初始段；

(3) $B' = \{h : h$ 是 $\langle T',<'\rangle$ 中历史且 $\mathrm{Pr}_1[h] \in B\}$，其中 Pr_1 是投影函数满足：对任意 $\langle m,s\rangle \in T'$，$\mathrm{Pr}_1(\langle m,s\rangle) = m$；

(4) 对任意 $\langle m,s\rangle \in T'$，$L'(\langle m,s\rangle) = L(m)$。

$\mathfrak{S}'$ 是 $\mathfrak{S}$ 的一个膨胀当且仅当存在包含 $max_<(T)$ 的极大反链 C 使得 $\mathfrak{S}'$ 是 $\mathfrak{S}$ 以 C 为基础的膨胀。

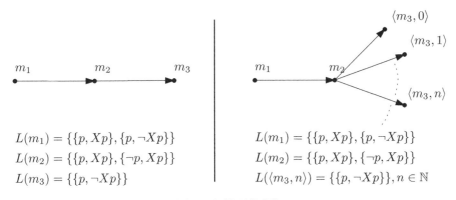

$L(m_1) = \{\{p,Xp\},\{p,\neg Xp\}\}$ $L(m_1) = \{\{p,Xp\},\{p,\neg Xp\}\}$
$L(m_2) = \{\{p,Xp\},\{\neg p,Xp\}\}$ $L(m_2) = \{\{p,Xp\},\{\neg p,Xp\}\}$
$L(m_3) = \{\{p,\neg Xp\}\}$ $L(\langle m_3,n\rangle) = \{\{p,\neg Xp\}\}, n \in \mathbb{N}$

图 5.2 拟模型的膨胀

图 5.2 中给出了一个膨胀的简单例子，其中右边拟模型是左边拟模型的膨胀。[5]令 $\mathfrak{S} = \langle T,<,B,L\rangle$ 为 ϕ-带族拟模型，并令 C 为 $\langle T,<\rangle$ 中包含 $max_<(T)$ 的极大反链。根据上述定义 5.22，如果 $\mathfrak{S}' = \langle T',<',B',L'\rangle$ 是 $\mathfrak{S}$ 以 C 为基础的一个膨胀，那么 $\mathfrak{S}'$ 对 $\mathfrak{S}$ 中 $T_{<C}$ 部分保持不变（如果不考虑同构结构之间的区别），但 $\mathfrak{S}'$ 对 $T_{\geqslant C}$ 中每个时刻都做了无穷多个拷贝，以至于我们有：对任意 $\langle m,s\rangle \in T' - \max_{<'}(T')$，$H_{\langle m,s\rangle}$ 是无穷的。准确地说，下述事实 5.23 和 5.24 成立。

5　严格地说，根据定义 5.22，右边的拟模型只是同构于左边拟模型的膨胀。

事实 5.23 令 ϕ 为 $\mathscr{L}_{cu}$-公式，令 $\mathfrak{S} = \langle \mathfrak{T}, L \rangle$ 为 ϕ-带族拟模型，其中 $\mathfrak{T} = \langle T, <, B \rangle$，令 C 为 $\langle T, < \rangle$ 中包含 $max_<(T)$ 的极大反链，令 $\mathfrak{S}' = \langle \mathfrak{T}', L' \rangle$ 为 $\mathfrak{S}$ 以 C 为基础的膨胀，令 h_ω 为 $\langle \mathbb{N}^*, <_i \rangle$ 中任意历史，其中 $s <_i s'$ 当且仅当 s 是 s' 的初始段，并令 $h \in B$ 且 $w \in h \cap C$。我们有：$h_{<w} \cup h_{\geqslant w}$ 是 $\mathfrak{T}'$ 中历史，其中 $h_{<w} = \{\langle m, s \rangle : m < w \wedge s = \langle \rangle\}$ 且 $h_{\geqslant w} = \{\langle m, s \rangle : w \leqslant m \in h \wedge s \in h_\omega \wedge len(path_{\mathfrak{T}}(w, m)) = len(s)\}$。

事实 5.24 令 ϕ 为 $\mathscr{L}_{cu}$-公式，令 $\mathfrak{S} = \langle \mathfrak{T}, L \rangle$ 为 ϕ-带族拟模型，其中 $\mathfrak{T} = \langle T, <, B \rangle$，并设 $\mathfrak{S}' = \langle \mathfrak{T}', L' \rangle$ 为 $\mathfrak{S}$ 的一个膨胀，其中 $\mathfrak{T}' = \langle T', <', B' \rangle$。我们有：对任意 $h \in B$，$\{h' \in B' : \mathrm{Pr}_1[h'] = h\}$ 是无穷的。特别的，对任意 $\langle m, s \rangle \in T$，如果 $\langle m, s \rangle$ 不是 $<'$-极大的，那么对任意 $h \in H_m^{\mathfrak{T}}$，$\{h' \in H_{\langle m,s \rangle}^{\mathfrak{T}'} : \mathrm{Pr}_1[h'] = h\}$ 是无穷的。

下述引理说拟模型的膨胀仍然是拟模型，并且是证据足够的。

引理 5.25 令 ϕ 为 $\mathscr{L}_{cu}$-公式，令 $\mathfrak{S} = \langle \mathfrak{T}, L \rangle$ 为 ϕ-带族拟模型（或 ϕ-全族拟模型），并设 $\mathfrak{S}' = \langle \mathfrak{T}', L' \rangle$ 为 $\mathfrak{S}$ 的一个膨胀，其中 $\mathfrak{T}' = \langle T', <', B' \rangle$。我们有：

(1) $\mathfrak{S}'$ 是 ϕ-带族拟模型（或 ϕ-全族拟模型）；

(2) $\mathfrak{S}'$ 是证据足够的，即对任意 $\langle m, s \rangle \in T'$ 和任意 $\Lambda \in L'(\langle m, s \rangle)$，如果 $\langle m, s \rangle$ 不是 $<'$-极大的，那么 $HisWits_{\mathfrak{S}'}(\langle m, s \rangle, \Lambda)$ 是无穷的。

证明 (1) 根据定义 5.22(1) 易见，$\mathfrak{T}'$ 是可数的。令 $\langle m_1, s_1 \rangle, \langle m_3, s_3 \rangle \in T'$，令 $T_1' = \{\langle m_2, s_2 \rangle \in T' : \langle m_1, s_1 \rangle <' \langle m_2, s_2 \rangle <' \langle m_3, s_3 \rangle\}$，令 $T_1 = \{m_2 \in T : m_1 < m_2 < m_3\}$ 并令 $S = \{s_2 \in \mathbb{N}^* : s_1$ 是 s_2 的初始段且 s_2 是 s_3 的初始段 $\}$。显然，S 是有穷的。因为 $\mathfrak{T}$ 是子 $\mathbb{Z}$-型的，所以 T_1 是有穷的。根据定义 5.22(2) 可得 $T_1' \subseteq T_1 \times S$，从而 T_1' 是有穷的。由此可知，$\mathfrak{T}'$ 是子 $\mathbb{Z}$-型的。对任意 $\langle m_1, s_1 \rangle, \langle m_2, s_2 \rangle \in T'$，因为 $\mathfrak{T}$ 满足历史

连通性，所以存在 $m_3 \in T$ 使得 $m_3 < m_2$ 且 $m_3 < m_1$，从而根据定义 5.22(2)，$\langle m_3, \langle \rangle \rangle <' \langle m_1, s_1 \rangle$ 且 $\langle m_3, \langle \rangle \rangle <' \langle m_2, s_2 \rangle$。因此，$\mathfrak{T}'$ 满足历史连通性。显然，$\mathfrak{T}'$ 是带族树。假设 $\mathfrak{T}$ 是全族树。对 $\langle T', <' \rangle$ 中任意历史 h'，$\mathrm{Pr}_1[h'] \in B$，从而根据定义 5.22(3) 知 $h' \in B'$。因此，$\mathfrak{T}'$ 是全族树。

这一段证明 $\mathfrak{S}'$ 满足定义 5.17 中条件。显然，定义 5.17(1) 成立。设 $\langle m, s \rangle$ 为 T' 中 $<'$-极大元。根据定义 5.22(2)，m 是 T 中 $<$-极大元，由此根据定义 5.17(2)，$L(m)$ 是单元集。由定义 5.22(4) 可知 $L(\langle m, s \rangle) = L(m)$，所以 $L(\langle m, s \rangle)$ 是单元集。故 $\mathfrak{S}'$ 满足定义 5.17(2)。在进一步验证定义 5.17 中其它条件前，先证明：对任意 $\langle m, s \rangle \in T'$，任意 $h' \in H_{\langle m,s \rangle}^{\mathfrak{T}'}$ 和任意 $\Lambda \in L(\langle m, s \rangle)$，

$$
\begin{aligned}
&\text{如果 } \mathrm{Pr}_1[h'] \in HisWits_{\mathfrak{S}}(m, \Lambda), \\
&\text{那么 } h' \in HisWits_{\mathfrak{S}'}(\langle m, s \rangle, \Lambda)。
\end{aligned} \tag{5.18}
$$

设 $\mathrm{Pr}_1[h'] \in HisWits_{\mathfrak{S}}(m, \Lambda)$。我们有：存在 $\mathrm{Pr}_1[h']$ 在 L 限制下的 ϕ-实现 ρ 使得 $\rho(m) = \Lambda$。令 ρ' 为如下定义在 h' 上的函数：

$$
\text{对任意 } \langle m', s' \rangle \in h', \ \rho'(\langle m', s' \rangle) = \rho(m')。 \tag{5.19}
$$

根据定义 5.22(4)，ρ' 是在 L' 限制下的 ϕ-实现，并且 $\rho'(\langle m, s \rangle) = \rho(m) = \Lambda$，从而 $h' \in HisWits_{\mathfrak{S}'}(\langle m, s \rangle, \Lambda)$。故 (5.18) 成立。现在证明 $\mathfrak{S}'$ 定义 5.17(3)。对任意 $\langle m, s \rangle \in T'$ 和任意 $\Lambda \in L(\langle m, s \rangle)$，根据定义 5.22(4) 可知 $\Lambda \in L(m)$，从而由定义 5.17(3)，存在 $h \in H_m^{\mathfrak{T}}$ 使得 $HisWits_{\mathfrak{S}}(m, \Lambda) \neq \varnothing$。令 $h' \in H_{\langle m,s \rangle}^{\mathfrak{T}'}$ 满足 $\mathrm{Pr}_1[h'] = h$。由 (5.18) 可知 $h' \in HisWits_{\mathfrak{S}'}(\langle m, s \rangle, \Lambda)$。因此，$\mathfrak{S}'$ 满足定义 5.17(3)。对任意 $h' \in B'$，根据定义 5.22(3)，$\mathrm{Pr}_1[h'] \in B$，从而根据定义 5.17(4)，存在 $\mathrm{Pr}_1[h']$ 在 L 限制下的 ϕ-实现 ρ。根据 (5.19) 定义 h' 上的函数 ρ'，进而由定义 5.22(4) 可知，ρ' 是 h' 在 L' 限制下的 ϕ-实现。所以，$\mathfrak{S}'$ 满足定义 5.17(4)。

(2) 令 $\langle m,s \rangle \in T'$ 且 $\Lambda \in L'(\langle m,s \rangle)$，并设 $\langle m,s \rangle$ 不是 $<'$-极大的。根据 (5.18) 可知

$$
\begin{aligned}
&\{h \in H^{\mathfrak{T}'}_{\langle m,s \rangle} : \mathrm{Pr}_1[h] \in HisWits_{\mathfrak{S}}(m,\Lambda)\} \\
&\subseteq HisWits_{\mathfrak{S}'}(\langle m,s \rangle, \Lambda)。
\end{aligned}
\tag{5.20}
$$

根据定义 5.17(3)，存在 $h_0 \in HisWits_{\mathfrak{S}}(m,\Lambda)$。因为 $\langle m,s \rangle$ 不是 $<'$-极大的，所以根据事实 5.24，$\{h' \in H^{\mathfrak{T}'}_{\langle m,s \rangle} : \mathrm{Pr}_1[h'] = h_0\}$ 是无穷的，从而由 (5.20) 得 $HisWits_{\mathfrak{S}'}(\langle m,s \rangle, \Lambda)$ 是无穷的。 $\qquad\square$

命题 5.26 对任意 $\mathscr{L}_{cu}$-公式 ϕ，如果存在 ϕ-带族拟模型（或 ϕ-全族拟模型），那么 ϕ 在某个子 $\mathbb{Z}$-型带族 STIT 模型（或全族 STIT 模型）中可满足。

证明 令 ϕ 为 $\mathscr{L}_{cu}$-公式，并设 $\mathfrak{S}$ 为 ϕ-带族拟模型（或 ϕ-全族拟模型）。我们构造 $\mathfrak{S}$ 的膨胀 $\mathfrak{S}'$。根据引理 5.25，$\mathfrak{S}'$ 是 ϕ-带族拟模型（或 ϕ-全族拟模型）并且是证据足够的，从而再根据 5.21，ϕ 在某个子 $\mathbb{Z}$-型带族 STIT 模型（或全族 STIT 模型）中可满足。 $\qquad\square$

5.4　可判定性

在本节中，为了证明拟模型存在性问题是可判定的，我们首先引入一类模型 $\mathcal{C}_{\mathbb{Z}}$，其成员称为 $\mathbb{Z}$-型 Rabin 树，并令 $Th(\mathcal{C}_{\mathbb{Z}})$ 为所有 $\mathbb{Z}$-型 Rabin 树都满足的一目二阶句子的集合。引入 $\mathbb{Z}$-型 Rabin 树的原因在于，拟模型的底部框架是子 $\mathbb{Z}$-型带族树，其中历史可能与整数集上的序同构，而 Rabin 树则与自然数集上的序同构。由于这种结构差异，直接从拟模型到 Rabin 树的翻译会非常繁琐。因此，我们需要建立一个可判定的"中介"理论，即 $\mathbb{Z}$-型 Rabin 树的理论 $Th(\mathcal{C}_{\mathbb{Z}})$。为了证明 $Th(\mathcal{C}_{\mathbb{Z}})$ 的可判定性，我

们定义一个能行的翻译 $\mathcal{T}$ 使得对任意句子 α 满足：

$$\mathcal{T}(\alpha) \in Th(\mathfrak{R}_\mathbb{N}) \text{ 当且仅当 } \alpha \in Th(\mathcal{C}_\mathbb{Z})。$$

我们称上述 $\mathcal{T}$ 把 $Th(\mathcal{C}_\mathbb{Z})$ 归约到 $Th(\mathfrak{R}_\mathbb{N})$。根据归约的性质和 Rabin 定理，可以得出[6]

$$Th(\mathcal{C}_\mathbb{Z}) \text{ 是可判定的。}$$

接下来，对每个 $\mathscr{L}_{cu}$-公式 ϕ 构造一个一目二阶句子 α_ϕ（或 α_ϕ^*）使得：

存在 ϕ-带族拟模型（或 ϕ-全族拟模型）

当且仅当 $\alpha_\phi \in Th(\mathcal{C}_\mathbb{Z})$（或 $\alpha_\phi^* \in Th(\mathcal{C}_\mathbb{Z})$）。

基于 $\mathbb{Z}$-型 Rabin 树理论的可判定性，我们从而可以判定是否存在 ϕ-带族拟模型（或 ϕ-全族拟模型）。最后，运用命题 5.19 和 5.26 得到，**Lcu1** 和 **Lcu2** 都是可判定的。

5.4.1 $\mathbb{Z}$-型 Rabin 树

$\mathbb{Z}$-型 Rabin 树采用与 Rabin 树相同的对象语言 $\mathcal{L}_r$，为只含一元谓词变项且不带等词的二阶语言，其中非逻辑符号包括二元谓词 $<, \prec$ 和函数符号 r_i $(i \in \mathbb{N})$。注意，我们把 $\mathbb{Z}$-型 Rabin 树对 $\mathcal{L}_r$ 中非逻辑符号的解释也依旧写作 $\prec, <$ 和 r_i 等。

定义 5.27 一个 $\mathbb{Z}$-型 Rabin 树是一个有序组 $\langle T, \{r_i\}_{i\in\mathbb{N}}, <, \prec \rangle$，其中

(1) $\langle T, < \rangle$ 是 $\mathbb{Z}$-型树状框架且满足历史连通性；

(2) 对任意 $m \in T$，m 的直接 $<$-后继集

$$suc_<(m) = \{m' : m < m' \wedge \neg\exists m''(m < m'' < m')\}$$

6　这部分证明的内容主要来自于 [60]。

是可数无穷的；

(3) 对任意 $i \in \mathbb{N}$ 和任意 $m \in T$，$r_i(m) \in suc_<(m)$；并且对任意 $m \in T$，$\{r_i(m)\}_{i\in\mathbb{N}}$ 是 $suc_<(m)$ 的分划；

(4) 对任意 $m, m' \in T$，$m \prec m'$ 当且仅当或者 $m < m'$，或者 $\exists m'' \in T \exists i, j \in \mathbb{N}(i < j \wedge r_i(m'') \leqslant m \wedge r_j(m'') \leqslant m')$，其中 $m \leqslant m'$ 表示 $m < m' \vee m = m'$。

令 $\mathcal{C}_\mathbb{Z}$ 为所有 $\mathbb{Z}$-型 Rabin 树组成的类且 $Th(\mathcal{C}_\mathbb{Z})$ 为所有 $\mathbb{Z}$-型 Rabin 树满足的 $\mathcal{L}_r$-句子集合。对任意 $\mathbb{Z}$-型 Rabin 树 $\mathfrak{R}_\mathbb{Z} = \langle T, \{r_i\}_{i\in\mathbb{N}}, <, \prec \rangle$ 和任意 $m \in T$，从 m 生成的 $\mathfrak{R}_\mathbb{Z}$ 子树是 $\langle T', \{r'_i\}_{i\in\mathbb{N}}, <', \prec' \rangle$，其中 $T' = \{m' \in T : m \leqslant m'\}$，并且 $\{r'_i\}_{i\in\mathbb{N}}, <'$ 和 $\prec'$ 分别是 $\{r_i\}_{i\in\mathbb{N}}, <$ 和 $\prec$ 限制到 T' 的函数（或关系）。

令 $\mathfrak{R}_\mathbb{Z} = \langle T, \{r_i\}_{i\in\mathbb{N}}, <, \prec \rangle$ 为任意 $\mathbb{Z}$-型 Rabin 树，并令 h 为 $\langle T, < \rangle$ 中历史。因为 $\langle T, < \rangle$ 是 $\mathbb{Z}$-型树状框架，所以 $\langle h, <\restriction h \rangle$ 与整数上的序同构。根据 $\langle T, < \rangle$ 满足历史连通性可得，对任意 $m \in T$，m 包含在某个从 h 中点生成的 $\mathfrak{R}_\mathbb{Z}$ 子树中。定义 5.27 中后三条共同保证：对任意 $m \in h$，从 m 生成的 $\mathfrak{R}_\mathbb{Z}$ 子树与 Rabin 树 $\mathfrak{R}_\mathbb{N}$ 同构。粗略地说，$\mathbb{Z}$-型 Rabin 树都可以被看成是由一条整数轴和从这条整数轴中点生成的一系列 "Rabin 树" 组成，见图 5.3。因此，我们有下述事实：

事实 5.28 $\mathbb{Z}$-型 *Rabin* 树都是同构的。

定义 5.29 对任意 $\mathcal{L}_r$-公式 $\alpha(x_1, \ldots, x_n)$ $(n \geq 1)$，我们用 $\|\alpha\|_{\mathfrak{R}_\mathbb{N}}$ 表示下述集合[7]

$$\langle a_1, \ldots, a_n \rangle : \mathfrak{R}_\mathbb{N} \Vdash \alpha[a_1, \ldots, a_n]。$$

对每个 $\mathcal{L}_r$-公式 $\alpha(x_1, \ldots, x_n)$ $(n \geq 1)$ 和每个 $\mathbb{N}^*$ 上的 n-元关系 R，α 在 $\mathfrak{R}_\mathbb{N}$ 中定义 R（或 R 是 α 在 $\mathfrak{R}_\mathbb{N}$ 中定义的关系）当且仅当 $\|\alpha\|_{\mathfrak{R}_\mathbb{N}} = R$。

7　我们用 $\Vdash$ 表示二阶逻辑语义的满足关系。

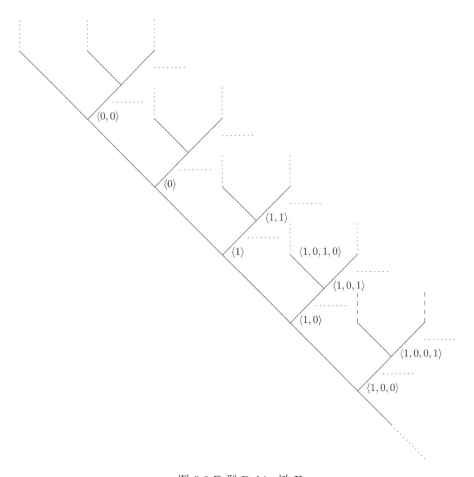

图 5.3 $\mathbb{Z}$-型 Rabin 树 $\mathfrak{R}$

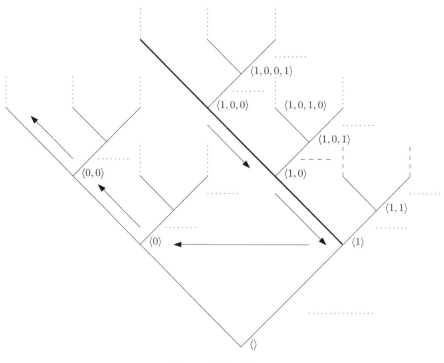

图 5.4 Rabin 树 $\mathfrak{R}_{\mathbb{N}}$

当 $n = 1$ 且 $\|\alpha\|_{\mathfrak{R}_{\mathbb{N}}} = \{a\}$ 时，我们也称 α 在 $\mathfrak{R}_{\mathbb{N}}$ 中定义 a。对任意 n-元关系 R，R 在 $\mathfrak{R}_{\mathbb{N}}$ 中可定义当且仅当存在 $\mathcal{L}_r$-公式 α 使得 α 在 $\mathfrak{R}_{\mathbb{N}}$ 中定义 R。对任意 $a \in \mathbb{N}^*$，a 在 $\mathfrak{R}_{\mathbb{N}}$ 中可定义当且仅当存在 $\mathcal{L}_r$-公式 α 使得 α 在 $\mathfrak{R}_{\mathbb{N}}$ 中定义 a。

这小节后面的讨论只涉及在 $\mathfrak{R}_{\mathbb{N}}$ 中定义关系，所以为了简洁性，我们略去 $\|\alpha\|_{\mathfrak{R}_{\mathbb{N}}}$ 中的脚标 $\mathfrak{R}_{\mathbb{N}}$，并简称"$\alpha$ 在 $\mathfrak{R}_{\mathbb{N}}$ 中定义的关系"为"α 定义的关系"。为了把 $Th(\mathcal{C}_{\mathbb{Z}})$ 归约到 $Th(\mathfrak{R}_{\mathbb{N}})$，我们下面构造公式 $\pi_{\forall}(x)$，$\pi_{r_i}(x, y)$ $(i \in \mathbb{N})$，$\pi_<(x, y)$ 和 $\pi_{\prec}(x, y)$ 使得

$$\mathfrak{R} = \langle \|\pi_{\forall}\|, \{\|\pi_{r_i}\|\}_{i \in \mathbb{N}}, \|\pi_<\|, \|\pi_{\prec}\| \rangle$$

是 $\mathbb{Z}$-型 Rabin 树。因为公式 $\pi_{\forall}(x)$，$\pi_{r_i}(x, y)$ $(i \in \mathbb{N})$，$\pi_{\prec}(x, y)$ 和 $\pi_<(x, y)$ 的具体定义较复杂，所以在给出严格定义前，我们先大致描述它们定义的

关系。对于公式 $\pi_\forall$, 它定义的论域 $\|\pi_\forall\| = \{s \in \mathbb{N}^* : \langle 0 \rangle \leqslant s \vee \langle 1 \rangle \leqslant s\}$。
令 $Z = \{\ldots, \langle 1, 0, 0 \rangle, \langle 1, 0 \rangle, \langle 1 \rangle, \langle 0 \rangle, \langle 0, 0 \rangle, \ldots\}$。对于公式 π_{r_0}, 它定义的
关系 $\|\pi_{r_0}\|$ 满足对任意 $s, s' \in \|\pi_\forall\|$, $\langle s, s' \rangle \in \|\pi_{r_0}\|$ 当且仅当或者 $s \in Z$
且 s 沿图 5.4 中箭头方向看到 s', 或者 $s \notin Z$ 且 $r_0(s) = s'$。对于公式 π_{r_i}
$(i > 0)$, 它定义的关系 $\|\pi_{r_i}\| = \{\langle s, r_i(s) \rangle : s \in \|\pi_\forall\|\}$。公式 $\pi_<$ 定义的
关系 $\|\pi_<\|$ 是 $\bigcup_{i \in \mathbb{N}} \|\pi_{r_i}\|$ 的传递闭包。最后, 我们根据定义 5.27(4) 构造
$\pi_\prec$。这些公式定义的 $\mathfrak{R}$ 将如图 5.3 所示。

现在我们定义公式 $\pi_\forall(x)$, $\pi_{r_i}(x, y)$ $(i \in \mathbb{N})$, $\pi_\prec(x, y)$ 和 $\pi_<(x, y)$。在
这个过程中, 我们将引入辅助公式或是常项来简化定义。为了定义 $\pi_\forall(x)$,
先引入常项 $root$ 表示 Rabin 树中唯一根的 $\langle \rangle$。注意, 它可以被公式
$\neg \exists y(y < x)$ 定义。然后, 令[8]

$$\pi_\forall \equiv r_0(root) \leqslant x \vee r_1(root) \leqslant x。$$

注意, $T_{\geqslant\{\langle 0 \rangle, \langle 1 \rangle\}} = \{s \in \mathbb{N}^* : \langle 0 \rangle \leqslant s \vee \langle 1 \rangle \leqslant s\}$。显然, $\|\pi_\forall\| = T_{\geqslant\{\langle 0 \rangle, \langle 1 \rangle\}}$。
为了定义 $\pi_{r_i}(x, y)$ $(i \in \mathbb{N})$, 先引入下述辅助公式

$$\alpha_w(x) \equiv r_1(root) \leqslant x \wedge \forall y(r_1(root) < y \leqslant x \to \exists z(r_0(z) = y)),$$

并令 $W = \{s \in \mathbb{N}^* : s$ 是 1 之后接有穷个 0 构成的序列 $\}$。见图 5.4, 其
中加粗的部分构成 W。注意, $\|\alpha_w\| = W$。然后, 令

$$\pi_{r_0}(x, y) \equiv \beta_1(x, y) \vee \beta_2(x, y) \vee \beta_3(x, y),$$

其中

- $\beta_1(x, y) \equiv \pi_\forall(x) \wedge \neg \alpha_w(x) \wedge r_0(x) = y$,

- $\beta_2(x, y) \equiv \alpha_w(x) \wedge r_1(root) \neq x \wedge r_0(y) = x$,

---

8　这里我们在元语言中引入等号 $\equiv$ 以区别对象语言中等号 $=$。

- $\beta_3(x,y) \equiv r_1(root) = x \wedge r_0(root) = y$。

并且对任意 $i > 0$，令

$$\pi_{r_i} \equiv \pi_\forall(x) \wedge r_i(x) = y。$$

根据 $\pi_{r_i}(x,y)$ $(i \in \mathbb{N})$ 的定义，下述事实显然成立。

事实 5.30 对任意 $s, s', s'' \in \|\pi_\forall\|$ 和任意 $i \in \mathbb{N}$，如果 $\langle s, s' \rangle \in \|\pi_{r_i}\|$ 且 $\langle s, s'' \rangle \in \|\pi_{r_i}\|$，那么 $s' = s''$。

事实 5.31 对任意 $s, s', s'' \in \|\pi_\forall\|$ 和任意不同的 $i, j \in \mathbb{N}$，如果 $\langle s, s' \rangle \in \|\pi_{r_i}\|$ 且 $\langle s, s'' \rangle \in \|\pi_{r_j}\|$，那么 $s' \neq s''$。

事实 5.32 对任意 $s, s' \in \|\pi_\forall\|$ 和任意 $i \in \mathbb{N}$，如果 $s \notin \|\alpha_w\|$，那么 $\langle s, s' \rangle \in \|\pi_{r_i}\|$ 当且仅当 $r_i(s) = s'$；如果 $s' \notin \|\alpha_w\| \cup \{\langle 0 \rangle\}$，那么 $\langle s, s' \rangle \in \|\pi_{r_i}\|$ 当且仅当 $r_i(s) = s'$。

引理 5.33 令 $\lhd$ 为 $\bigcup_{i \in \mathbb{N}} \|\pi_{r_i}\|$ 且 $n > 0$。我们有 $\lhd^n$ 是禁自反的。

证明 令 $\langle s, s' \rangle \in \lhd^n$。如果 $s \notin \|\alpha_w\|$，那么根据事实 5.32 可知 $s \prec s'$，从而 $s \neq s'$。如果 $s \in \|\alpha_w\|$，那么 $s' \in \|\alpha_w\|$ 或者 $s' \notin \|\alpha_w\|$；当前者成立时，我们有 $s' < s$，从而 $s \neq s'$；当后者成立时，显然 $s \neq s'$。 $\square$

为了定义 $\pi_<(x,y)$，我们先引入辅助公式表达有穷。因为 $\prec$ 是严格线序，所以可以用下述公式来表达：

- $Finite(P) \equiv \forall Q(\exists x Q(x) \wedge Q \subseteq P \to \exists y(Q(y) \wedge \forall w(Q(w) \to y \preceq w) \wedge \exists z(Q(z) \wedge \forall w(Q(w) \to w \preceq z))$。

然后，令

- $Suc(x,y) \equiv \pi_{r_0}(x,y) \vee (\pi_\forall(x) \wedge x < y \wedge \neg \exists z(x < z < y) \wedge r_0(x) \neq y)$，

- $\pi_<(x,y) \equiv \exists P(Finite(P) \wedge P(x) \wedge P(y) \wedge \forall z(P(z) \wedge z \neq y \to \exists z'[P(z') \wedge Suc(z,z')]))$。

最后，为了方便书写，我们引入辅助公式

- $\pi_{\leqslant}(x,y) \equiv \pi_{<}(x,y) \vee (\pi_{\forall}(x) \wedge x = y)$。

事实 5.34 $\|Suc(x,y)\| = \bigcup_{i \in \mathbb{N}} \|\pi_{r_i}\|$ 且 $\|\pi_{<}\|$ 是 $\bigcup_{i \in \mathbb{N}} \|\pi_{r_i}\|$ 的传递闭包。

事实 5.35 对任意 $s, s' \in \|\pi_{\forall}\|$，如果 $s, s' \notin \|\alpha_w\|$，那么 $\langle s, s' \rangle \in \|\pi_{<}\|$ 当且仅当 $s < s'$；如果 $s, s' \in \|\alpha_w\|$，那么 $\langle s, s' \rangle \in \|\pi_{<}\|$ 当且仅当 $s' < s$。

事实 5.36 对任意 $s \in \|\pi_{\forall}\|$，存在 $s' \in \|\alpha_w\|$ 使得 $\langle s', s \rangle \in \|\pi_{<}\|$；对任意 $s, s' \in \|\pi_{\forall}\|$，如果 $\langle s', s \rangle \in \|\pi_{<}\|$ 且 $s \in \|\alpha_w\|$，那么 $s' \in \|\alpha_w\|$。

引理 5.37 令 $\mathfrak{T} = \langle \|\pi_{\forall}\|, \|\pi_{<}\| \rangle$。我们有 $\mathfrak{T}$ 是 $\mathbb{Z}$-型树状框架且满足历史连通性。

证明 根据引理 5.33 和事实 5.34，$\|\pi_{<}\|$ 是严格偏序。下面我们证明 $\|\pi_{<}\|$ 是向过去不分支的[9]。假设 $\langle s_1, s_3 \rangle \in \|\pi_{<}\|$ 且 $\langle s_2, s_3 \rangle \in \|\pi_{<}\|$。如果 $s_3 \in \|\alpha_w\|$，那么根据事实 5.36 可知 $s_1, s_2 \in \|\alpha_w\|$，从而 $\langle s_1, s_2 \rangle \in \|\pi_{<}\| \vee s_1 = s_2 \vee \langle s_2, s_1 \rangle \in \|\pi_{<}\|$。设 $s_3 \notin \|\alpha_w\|$。如果 $s_1, s_2 \notin \|\alpha_w\|$，那么根据事实 5.35，$s_1 < s_3$ 且 $s_2 < s_3$，从而 $s_1 < s_2 \vee s_1 = s_2 \vee s_2 < s_1$，进而再由事实 5.35 可知，$\langle s_1, s_2 \rangle \in \|\pi_{<}\| \vee s_1 = s_2 \vee \langle s_2, s_1 \rangle \in \|\pi_{<}\|$。设 $s_1 \in \|\alpha_w\|$ 且 $s_2 \notin \|\alpha_w\|$。根据 $\langle s_1, s_3 \rangle \in \|\pi_{<}\|$ 和 $s_3 \notin \|\alpha_w\|$，存在 $s_4 \in \|\pi_{\forall}\| - \|\alpha_w\|$ 满足

$$\langle s_1, s_4 \rangle \in \|\pi_{<}\|, \ \langle s_4, s_3 \rangle \in \|\pi_{\leqslant}\| \ \text{且} \ s_4^- \in \|\alpha_w\|, \tag{5.21}$$

其中 s_4^- 是 s_4 的直接 $<$-前驱，从而根据事实 5.35，$s_4 \leqslant s_3$ 且 $s_2 < s_3$。由此可知，$s_4 \leqslant s_2 \vee s_2 < s_4$。如果 $s_2 < s_4$，那么根据 $s_4^- \in \|\alpha_w\|$ 可知

9　注意，W 上一个关系 R 是向过去不分支的当且仅当

$$\forall x, y, z \in W(xRz \wedge yRz \to xRy \vee x = y \vee yRx)。$$

$s_2 \in \|\alpha_w\|$，但这与假设 $s_2 \notin \|\alpha_w\|$ 相矛盾。因此，$s_4 \leqslant s_2$，从而根据事实 5.35 可知 $\langle s_4, s_2 \rangle \in \|\pi_\leqslant\|$，进而由 (5.21) 可知 $\langle s_1, s_2 \rangle \in \|\pi_<\|$。对于 $s_1 \notin \|\alpha_w\|$ 且 $s_2 \in \|\alpha_w\|$ 的情况，类似可证。最后，如果 $s_1, s_2 \in \|\alpha_w\|$，那么显然 $\langle s_1, s_2 \rangle \in \|\pi_<\| \vee s_1 = s_2 \vee \langle s_2, s_1 \rangle \in \|\pi_<\|$。因此，$\|\pi_<\|$ 是向过去不分支的，从而 $\mathfrak{T}$ 是树状框架。

这段证明 $\mathfrak{T}$ 是 $\mathbb{Z}$-型的。令 $s_1, s_2 \in \|\pi_\forall\|$ 且 $M = \{ s_3 \in \|\pi_\forall\| : \langle s_1, s_3 \rangle \in \|\pi_<\| \wedge \langle s_3, s_2 \rangle \in \|\pi_<\| \}$。假设 $\langle s_1, s_2 \rangle \in \|\pi_<\|$。如果 $s_1, s_2 \notin \|\alpha_w\|$，那么根据事实 5.35，$M$ 是有穷的。如果 $s_1, s_2 \in \|\alpha_w\|$，那么显然也有 M 是有穷的。如果 $s_1 \in \|\alpha_w\|$ 且 $s_2 \notin \|\alpha_w\|$，那么根据事实 5.35，$M \cap \|\alpha_w\|$ 是有穷的，又因为对任意 $s_3 \in M - \|\alpha_w\|$，$\langle s_3, s_2 \rangle \in \|\pi_<\|$，所以 $s_3 < s_2$，从而 $M - \|\alpha_w\|$ 也是有穷的，于是 M 是有穷的。根据事实 5.36，$s_1 \notin \|\alpha_w\|$ 和 $s_2 \in \|\alpha_w\|$ 不可能同时成立。为了证明 $\mathfrak{T}$ 是 $\mathbb{Z}$-型树状框架，下面只需证明：$\|\pi_\forall\|$ 中既没有 $\|\pi_<\|$-极小元也没有 $\|\pi_<\|$-极大元。根据事实 5.36，$\|\pi_\forall\|$ 中没有 $\|\pi_<\|$-极小元。对任意 $s \in \|\pi_\forall\|$，如果 $s \in \|\alpha_w\|$，那么 $\langle s, \langle 0 \rangle \rangle \in \|\pi_<\|$；如果 $s \notin \|\alpha_w\|$，那么根据事实 5.32 可知 $\langle s, r_0(s) \rangle \in \|\pi_<\|$。故 $\|\pi_\forall\|$ 中没有 $\|\pi_<\|$-极大元。综上可知，$\mathfrak{T}$ 是 $\mathbb{Z}$-型树状框架。

最后，我们证明 $\mathfrak{T}$ 满足历史连通性。令 $s, s' \in \|\pi_\forall\|$。根据事实 5.36，存在 $s_1, s_1' \in \|\alpha_w\|$ 使得 $\langle s_1, s \rangle \in \|\pi_<\|$ 且 $\langle s_1', s' \rangle \in \|\pi_<\|$，又因为 $\langle s_1, s_1' \rangle \in \|\pi_\leqslant\| \vee \langle s_1', s_1 \rangle \in \|\pi_\leqslant\|$，所以或者 $\langle s_1, s \rangle \in \|\pi_<\|$ 且 $\langle s_1, s' \rangle \in \|\pi_<\|$，或者 $\langle s_1', s \rangle \in \|\pi_<\|$ 且 $\langle s_1', s' \rangle \in \|\pi_<\|$。 $\qquad\square$

为了定义 $\pi_\prec(x, y)$，我们先引入下述两个辅助公式：

- $\kappa_0(x, y) \equiv \exists z(\pi_{r_0}(x, z) \wedge \pi_\leqslant(z, y))$,

- $\kappa_{\succ 0}(x, y) \equiv \exists z(Suc(x, z) \wedge \neg\pi_{r_0}(x, z) \wedge \pi_\leqslant(z, y))$.

注意，$\kappa_0(x, y)$ 说的是 x 先经过关系 $\|\pi_{r_0}\|$ 再由关系 $\|\pi_\leqslant\|$ 通达 y，且 $\kappa_{\succ 0}(x, y)$ 说的是 x 先经过某个关系 $\|\pi_{r_i}\|$ $(i > 0)$ 再由关系 $\|\pi_\leqslant\|$ 通达 y。

然后，令

- $\eta_1(x,y) \equiv \exists z[\kappa_0(z,x) \wedge \kappa_{\succ 0}(z,y)]$，

- $\eta_2(x,y) \equiv \exists z[\kappa_{\succ 0}(z,x) \wedge \kappa_{\succ 0}(z,y) \wedge x \prec y]$，

- $\pi_{\prec}(x,y) \equiv \eta_1 \vee \eta_2 \vee \pi_<(x,y)$。

事实 5.38 对任意 $s,s' \in \|\pi_\forall\|$，$\langle s,s' \rangle \in \|\eta_1\|$ 当且仅当存在 $s'' \in \|\pi_\forall\|$ 和 $i > 0$ 使得 $\exists t(\langle s'',t \rangle \in \|\pi_{r_0}\| \wedge \langle t,s \rangle \in \|\pi_\leqslant\|)$ 且 $r_i(s'') \leqslant s'$。

事实 5.39 对任意 $s,s' \in \|\pi_\forall\|$，$\langle s,s' \rangle \in \|\eta_2\|$ 当且仅当存在 $s'' \in \|\pi_\forall\|$ 和 $i,j > 0$ 使得 $r_i(s'') \leqslant s$，$r_j(s'') \leqslant s'$ 且 $s \prec s'$。

引理 5.40 $\mathfrak{R} = \langle \|\pi_\forall\|, \{\|\pi_{r_i}\|\}_{i \in \mathbb{N}}, \|\pi_<\|, \|\pi_\prec\| \rangle$ 是 $\mathbb{Z}$-型 Rabin 树。

证明 根据引理 5.37 可知 $\mathfrak{R}$ 满足定义 5.27(1)。根据事实 5.31 和 5.34，$\mathfrak{R}$ 满足定义 5.27(2) 和 (3)。最后，由事实 5.38 和 5.39 可得 $\mathfrak{R}$ 满足定义 5.27(4)。 $\square$

在公式 $\pi_\forall(x)$，$\pi_{r_i}(x,y)$ $(i \in \mathbb{N})$，$\pi_<(x,y)$ 和 $\pi_\prec(x,y)$ 的基础上，我们下面定义从 $\mathcal{L}_r$-公式集到其自身的能行的翻译 $\mathcal{T}$ 使得 $\mathcal{T}$ 把 $Th(\mathcal{C}_\mathbb{Z})$ 归约到 $Th(\mathfrak{R}_\mathbb{N})$。

定义 5.41 令 α 为任意 $\mathcal{L}_r$-公式。如果 α 是原子公式，那么在 α 中函数符号出现的次数上递归定义 $\mathcal{T}$：

$$\mathcal{T}(x < y) = \pi_<(x,y);$$
$$\mathcal{T}(x \prec y) = \pi_\prec(x,y);$$
$$\mathcal{T}(\alpha) = \forall y(\pi_{r_i}(x,y) \to \mathcal{T}(\alpha_{r_i(x)}^y)),$$

其中 $\alpha_{r_i(x)}^y$ 是用新变元 y 替换 α 中项 $r_i(x)$ 得到的公式。[10]下面我们把 $\mathcal{T}$

---

10 严格的说，为了使 T 为函数，我们需要确定新变元 y 和项 $r_i(x)$ 的选取方式。

的定义扩充到所有的 $\mathcal{L}_r$-公式:

$$\mathcal{T}(\neg\beta) = \neg\mathcal{T}(\beta);$$

$$\mathcal{T}(\beta \wedge \gamma) = \mathcal{T}(\beta) \wedge \mathcal{T}(\gamma);$$

$$\mathcal{T}(\forall x\beta) = \forall x(\pi_\forall(x) \to \mathcal{T}(\beta));$$

$$\mathcal{T}(\forall P\beta) = \forall P(\forall x(Px \to \pi_\forall(x)) \to \mathcal{T}(\beta)).$$

下面这个引理以一种精确的方式告诉我们,$\mathcal{T}(\alpha)$ 和 α 表达着“相同的内容”。在下述证明中,我们用 $\alpha(t/x)$ 表示项 t 对 α 中变元 x 进行自由代入的结果。

引理 5.42 令 $\mathfrak{R} = \langle \|\pi_\forall\|, \{\|\pi_{r_i}\|\}_{i\in\mathbb{N}}, \|\pi_<\|, \|\pi_\prec\| \rangle$。那么对任意 $\mathcal{L}_r$-公式 α 和 $\mathfrak{R}$ 上的任意赋值 σ,$\mathfrak{R}_\mathbb{N} \Vdash \mathcal{T}(\alpha)[\sigma]$ 当且仅当 $\mathfrak{R} \Vdash \alpha[\sigma]$。

证明 该证明施归纳于 α 的复杂度。假设 α 为原子公式。我们下面施归纳于 α 中函数符号出现的次数。因为归纳基始显然成立,所以不妨设

$$T(\alpha) = \forall y(\pi_{r_i}(x, y) \to \mathcal{T}(\alpha^y_{r_i(x)})), \tag{5.22}$$

其中 $a^y_{r_i(x)}$ 是新变元 y 替换 α 中项 $r_i(x)$ 得到的公式。显而易见

$$\alpha = \alpha^y_{r_i(x)}(r_i(x)/y). \tag{5.23}$$

令 a 为满足 $\mathfrak{R}_\mathbb{N} \Vdash \pi_{r_i}(x, y)[\sigma(x), a]$ 的唯一元。我们知道

$$\langle \sigma(x), a \rangle \in \|\pi_{r_i}\|. \tag{5.24}$$

根据 (5.22),$\mathfrak{R}_\mathbb{N} \Vdash \mathcal{T}(\alpha)[\sigma]$ 当且仅当 $\mathfrak{R}_\mathbb{N} \Vdash \mathcal{T}(\alpha^y_{r_i(x)})[\sigma(y/a)]$;由此根据归纳假设,$\mathfrak{R}_\mathbb{N} \Vdash \mathcal{T}(\alpha)[\sigma]$ 当且仅当 $\mathfrak{R} \Vdash \alpha^y_{r_i(x)}[\sigma(y/a)]$;从而由 (5.24) 可得,$\mathfrak{R}_\mathbb{N} \Vdash \mathcal{T}(\alpha)[\sigma]$ 当且仅当 $\mathfrak{R} \Vdash \alpha^y_{r_i(x)}(r_i(x)/y)[\sigma]$。最后,根据 (5.23) 得

到，$\mathfrak{R}_{\mathbb{N}} \Vdash \mathcal{T}(\alpha)[\sigma]$ 当且仅当 $\mathfrak{R} \Vdash \alpha[\sigma]$。

因为真值联结词的情况是显然的，所以我们略去该部分的证明。

令 $\alpha = \forall x \beta$。我们有 $\mathcal{T}(\alpha) = \forall x(\pi_{\forall}(x) \to \mathcal{T}(\beta))$，从而 $\mathfrak{R}_{\mathbb{N}} \Vdash \mathcal{T}(\alpha)[\sigma]$ 当且仅当 $\mathfrak{R}_{\mathbb{N}} \Vdash \forall x(\pi_{\forall}(x) \to \mathcal{T}(\beta))[\sigma]$ 当且仅当对任意 $a \in \|\pi_{\forall}\|$，$\mathfrak{R}_{\mathbb{N}} \Vdash \mathcal{T}(\beta)[\sigma(x/a)]$，进而由归纳假设可知，$\mathfrak{R}_{\mathbb{N}} \Vdash \mathcal{T}(\alpha)[\sigma]$ 当且仅当对任意 $a \in \|\pi_{\forall}\|$，$\mathfrak{R} \Vdash \beta[\sigma(x/a)]$ 当且仅当 $\mathfrak{R} \Vdash \forall x \beta$。

对于 $\alpha = \forall P \beta$ 的情况，类似上面可证。 □

根据引理 5.40、5.42 以及事实 5.28，我们马上得到以下命题：

命题 5.43 对任意 $\mathcal{L}_r$-句子 α，$\mathcal{T}(\alpha) \in Th(\mathfrak{R}_{\mathbb{N}})$ 当且仅当 $\alpha \in Th(\mathcal{C}_{\mathbb{Z}})$。

最后，根据 Rabin 定理，我们知道

定理 5.44 $Th(\mathcal{C}_{\mathbb{Z}})$ 是可判定的。

5.4.2 拟模型到 $\mathbb{Z}$-型 Rabin 树的归约

对任意集合 Γ，我们说 Γ 是有穷可生成的当且仅当 Γ 可以被一个算法在有穷时间内生成出来。令 ϕ 为任意 $\mathcal{L}_{cu}$-公式。根据定义 5.12，$CL(\phi)$ 是有穷可生成的。同时，对任意 $\Gamma \subseteq CL(\phi)$，判定 Γ 是否为 ϕ-极大一致集只需要检查定义 5.12 中给出的语法规则而已。因此，$MCSs(\phi)$ 也是有穷可生成的。不仅如此，因为定义 5.14 也只涉及语法规则，所以 $States(\phi)$ 是有穷可生成的。令 $States_1(\phi) = \{s \in States(\phi) : |s| = 1\}$。因为 $States(\phi)$ 也是有穷可生成的，所以 $States_1(\phi)$ 显然也是。因此，我们有以下事实：

事实 5.45 对任意 $\mathcal{L}_{cu}$-公式 ϕ，$CL(\phi)$、$MCSs(\phi)$、$States(\phi)$ 和 $States_1(\phi)$ 都是有穷可生成的。

令 ϕ 为任意 $\mathcal{L}_{cu}$-公式。下面定义 α_{ϕ}，它的直观意义是：存在有序组 $\langle T, <, L \rangle$ 使得 $\langle T, < \rangle$ 是 $\mathbb{Z}$-型 Rabin 树的子树且满足历史连通性，而 L 是从 T 到 $States(\phi)$ 的函数满足定义 5.17(1)、(2) 和 (3)。我们引入下列公式表达历史连通性，其中 T 是谓词变元：

- $Connect(T) \equiv \forall x, y \in T \exists z \in T(z \leqslant x \wedge z \leqslant y)$。

为了表达 L，我们对每个 $s \in States(\phi)$ 指定一个谓词变元 P_s。从直观上看，$P_s(m)$ 成立当且仅当 $L(m) = s$。设 $\Gamma = States(\phi)$ 且 $\Gamma_1 = States_1(\phi)$。下述公式 α_0 表达 L 是从 T 到 $States(\phi)$ 的函数，而 α_1 和 α_2 分别表达 L 满足定义 5.17(1) 和 (2)：

- $\alpha_0 \equiv \forall x \in T(\bigvee_{s \in \Gamma} P_s(x) \wedge \bigwedge_{\substack{s, s' \in \Gamma \\ s \neq s'}} \neg(P_s(x) \wedge P_{s'}(x)))$；[11]

- $\alpha_1 \equiv \exists x \in T(\bigvee_{\substack{s \in \Gamma \\ \phi \in \cup s}} P_s(x))$；

- $\alpha_2 \equiv \forall x \in T(\neg \exists y \in T(x < y) \rightarrow \bigvee_{s \in \Gamma_1} P_s(x))$。

为了表达定义 5.17(3)，我们需要谈及历史以及 ϕ-实现。令 $Chain(h, T)$ 为 $h \subseteq T \wedge \forall x, x' \in h(x \leqslant x' \vee x' \leqslant x)$，其中 h, T 是 $\mathcal{L}_r$ 语言中的谓词变元。下述公式 $His(h, T)$ 表达 h 是 T 中历史，即极大的 $<$-链：

- $His(h, T) \equiv Chain(h, T) \wedge \neg \exists h'(Chain(h', T) \wedge h \subset h')$。

下面对每个 $a \in MCSs(\phi)$ 指定一个谓词变元 P_a，并用这些谓词变元表达历史的 ϕ-实现 ρ。从直观上看，$P_a(m)$ 成立当且仅当 $\rho(m) = a$。设 $\Lambda = MCSs(\phi)$，并对任意 $\psi \in CL(\phi)$，令 $\kappa_\psi(x) = \bigvee_{\substack{a \in \Lambda \\ \psi \in a}} P_a(x)$。从直观上看，$\kappa_\psi(m)$ 成立当且仅当 $\psi \in \rho(m)$。下面定义公式 $\beta_0, \beta_1, \beta_2$ 和 β_3，其中 β_0 表达 ρ 是从 h 到 $MCSs(\phi)$ 的函数，β_1 和 β_2 分别表达定义 5.16(1) 和 (2)，而 β_3 说的是对每个 $m \in h$，$\rho(m) \in L(m)$：

- $\beta_0 \equiv \forall x \in h(\bigvee_{a \in \Lambda} P_a(x) \wedge \bigwedge_{\substack{a, a' \in \Lambda \\ a \neq a'}} \neg[P_a(x) \wedge P_{a'}(x)])$；

- $\beta_1 \equiv \bigwedge_{S(\psi, \lambda) \in CL(\phi)} (\forall x \in h[\kappa_{S(\psi, \lambda)}(x) \leftrightarrow \exists y \in h(y < z \wedge \kappa_\psi(y) \wedge \forall z \in h(y < z < x \rightarrow \kappa_\lambda(z)))])$；

- $\beta_2 \equiv \bigwedge_{U(\psi, \lambda) \in CL(\phi)} (\forall x \in h[\kappa_{U(\psi, \lambda)}(x) \leftrightarrow \exists y \in h(x < y \wedge \kappa_\psi(y) \wedge \forall z \in h(x < z < y \rightarrow \kappa_\lambda(z)))])$；

---

11 $\bigwedge_{\beta}^{\alpha}$（或 $\bigvee_{\beta}^{\alpha}$）表示 $\bigwedge_{\alpha \wedge \beta}$（或 $\bigvee_{\alpha \wedge \beta}$）。

- $\beta_3 \equiv \forall x \in h \bigwedge_{s \in \Gamma}(P_s(x) \rightarrow \bigvee_{a \in s} P_a(x))$。

令 $\beta = \beta_0 \wedge \beta_1 \wedge \beta_2 \wedge \beta_3$。注意，$\beta$ 表达 ρ 是历史 h 在 L 限制下的 ϕ-实现。出于简洁，用 $\exists_{i \in I} P_i$ 表示 $\exists P_{i_1} \exists P_{i_2} \cdots \exists P_{i_n}$，其中 $I = \{i_1, i_2, \ldots, i_n\}$。现在给出公式 α_3 表达定义 5.17(3)：

- $\alpha_3 \equiv \forall x \in T \bigwedge_{s \in \Gamma}\{P_s(x) \rightarrow \bigwedge_{a \in s} \exists h(His(h, T) \wedge h(x) \wedge \exists_{a' \in \Lambda} P_{a'}[\beta \wedge P_a(x)])\}$。

最后，令

- $\alpha_\phi \equiv \exists T[Connect(T) \wedge \exists_{s \in \Gamma} P_s(\alpha_0 \wedge \alpha_1 \wedge \alpha_2 \wedge \alpha_3)]$。

下面定义 α_ϕ^*，它的直观意义是存在 ϕ-全族拟模型。引入下述公式 α_4 来表达定义 5.17(4)：

- $\alpha_4 \equiv \forall h(His(h, T) \rightarrow \exists_{a \in \Lambda} P_a(\beta))$，

并且令

- $\alpha_\phi^* \equiv \exists T[Connect(T) \wedge \exists_{s \in \Gamma} P_s(\alpha_0 \wedge \alpha_1 \wedge \alpha_2 \wedge \alpha_3 \wedge \alpha_4)]$。

最后，值得注意的是，从 ϕ 到 α_ϕ（或 α_ϕ^*）构造的可计算性由事实 5.45 保证。

命题 5.46 令 ϕ 为任意 $\mathscr{L}_{cu}$-公式。下列命题成立：

(1) 存在 ϕ-带族拟模型当且仅当 $\alpha_\phi \in Th(\mathcal{C}_{\mathbb{Z}})$；

(2) 存在 ϕ-全族拟模型当且仅当 $\alpha_\phi^* \in Th(\mathcal{C}_{\mathbb{Z}})$。

证明 (1) 我们只证明从右到左的方向，因为另一个方向显然成立。假设 $\alpha_\phi \in Th(\mathcal{C}_{\mathbb{Z}})$。令 $\mathfrak{R} = \langle T, \{r_i\}_{i \in \mathbb{N}}, <, \prec \rangle$ 为 $\mathbb{Z}$-型 Rabin 树。我们有 $\mathfrak{R} \Vdash \alpha_\phi$；从而存在 $\mathfrak{R}$ 上赋值 σ 使得

$$\mathfrak{R} \Vdash Connect(T)[\sigma] \text{ 且} \tag{5.25}$$

$$\mathfrak{R} \Vdash \alpha_0 \wedge \alpha_1 \wedge \alpha_2 \wedge \alpha_3[\sigma]. \tag{5.26}$$

令 L 为从 $\sigma(T)$ 到 $States(\phi)$ 的函数满足

$$\text{对任意 } m \in \sigma(T),\ L(m) = s \text{ 当且仅当 } m \in \sigma(P_s),$$

并且令 B 为 $\mathfrak{T} = \langle \sigma(T), < \restriction \sigma(T) \rangle$ 中的所有满足以下条件的历史 h 构成的集合：

$$\text{存在 } h \text{ 在 } L \text{ 限制下的 } \phi\text{-实现。} \tag{5.27}$$

下面证明 $\mathfrak{N} = \langle \mathfrak{T}, B, L \rangle$ 是 ϕ-带族拟模型。根据 (5.25)，$\mathfrak{T}$ 是可数的子 $\mathbb{Z}$-型树且满足历史连通性；根据 (5.26)，$\mathfrak{R} \Vdash \alpha_3[\sigma]$，从而由 (5.27) 可得，$B$ 是 $\mathfrak{T}$ 上的族。故 $\langle \mathfrak{T}, B \rangle$ 是可数的子 $\mathbb{Z}$-型带族树且满足历史连通性。根据 (5.26)，$\mathfrak{N}$ 满足定义 5.17(1)、(2) 和 (3)。最后，由 (5.27) 可得，$\mathfrak{N}$ 满足定义 5.17(4)。

(2) 对于 ϕ-全族拟模型的情况，类似可证。此时，只需注意 α_4 保证根据 (5.27) 构造的 B 是完全族。 □

命题 5.47 对任意 $\mathscr{L}_{cu}$-公式 ϕ，是否存在 ϕ-带族拟模型（或 ϕ-全族拟模型）是可判定的。

证明 根据定理 5.44 和命题 5.46，以及从 ϕ 到 α_ϕ（或 α_ϕ^*）构造的可计算性可得。 □

最后，根据上述命题以及命题 5.19 和 5.26，可以得到下述定理。

定理 5.48 Lcu1 和 Lcu2 都是可判定的。

最后，值得指出的是，尽管本章仅证明了两种时态 STIT 逻辑 **Lcu1** 和 **Lcu2** 的可判定性，但所采用的方法具有良好的扩展性，可以进一步处理在树状框架上施加额外限制得到的逻辑，比如，要求所有的历史是有穷的、要求所有的历史都没有最大点等。在这些情况下，只需要修改命题 5.46 的证明中 $Connect(T)$ 的定义，要求 T 构成的树状框架满足额外的限制性质即可。

第六章 一般逻辑

STIT 逻辑除了与时态逻辑结合外，通常还与道义逻辑、认知逻辑等相结合 [12, 33, 55]。本章推广第四章中的方法，证明两个一般性的可判定性结果，这些结果可应用于许多具体的逻辑，其中包括结合行动、时间以及知识的逻辑。为此，本章所采用的对象语言 $\mathscr{L}_m$ 除了包含第五章中的时态语言外，还包括多个命题常项和一元模态算子。鉴于第四章证明了克里普克语义学与树状框架语义学之间的等价性，这章直接采用 $\mathscr{L}_m$-克里普克框架作为 $\mathscr{L}_m$ 的语义结构。这些框架以同步基底框架为基础，在此基础上添加了相应的一元关系和二元关系来解释新的常项和一元模态算子。对于这些新添加的关系，$\mathscr{L}_m$-克里普克框架仅对它们做出极小的限制，使得该框架在此扮演的角色类似于模态逻辑中克里普克框架的角色。新算子的意义将依赖于 $\mathscr{L}_m$-克里普克框架的额外条件限制，根据所添加的限制条件不同，新算子可以是 STIT 算子、知识算子或是信念算子等。

与之前各章相同，本章关注由语义确定的逻辑，即由 $\mathscr{L}_m$-克里普克框架类确定的逻辑；但与之前不同的是，本章不只是关注几个特定框架类确定的逻辑，而是引入带等词的一阶语言 $\mathscr{L}_1$ 作为框架语言，探讨 $\mathscr{L}_1$ 可表达的框架类所确定逻辑的可判定性。我们给出两个 $\mathscr{L}_1$-句子集 Γ 和 Σ，使得对任意 $\mathscr{L}_m$-克里普克框架类 $\mathcal{C}$，如果 $\mathcal{C}$ 可由 Γ 或 Σ 的某个有穷子集确定，那么由 $\mathcal{C}$ 确定的逻辑是可判定的。[1]这章推广第四章中可判定性的证明方法，先限制框架的时间维度再限制同时维度，从而得出强有穷框架

---

1   本章的内容主要来自 [57]，该文献中证明了这两个一般性的可判定性结果。

性。但在这章的框架转换过程中，除了考虑 $\mathscr{L}_m$-公式值的保持问题外，同时还需要考虑 $\mathcal{L}_1$-句子表达的框架条件的保持问题。

本章的结构安排如下。第一节介绍 $\mathscr{L}_m$ 的基本语法和语义。第二节通过限制框架长度的构造证明框架长度强有穷性。第三节证明强有穷框架性，从而得到一般性的可判定性结果。最后一节应用一般性的可判定性结果得出一些结合行动、时间和知识的逻辑的可判定性。

6.1 语法与语义

6.1.1 语法

令 $\mathbb{E}, \mathbb{I}$ 为有穷的指标集合。语言 $\mathscr{L}_m$ 包括一个可数无穷的命题变元集 Atm、真值函数联结词 $\neg$ 和 $\wedge$、时态算子 X, Y、历史必然算子 $\Box$、同时算子加上以下多个命题常项和模态算子构成：

- 对每个 $e \in \mathbb{E}$，e 为一个命题常项；

- 对每个 $i \in \mathbb{I}$，$[i]$ 为一个必然类型的模态算子。

$\mathscr{L}_m$-公式由下列巴科斯范式来定义：

$$\phi ::= p \mid \neg\phi \mid \phi \wedge \phi \mid Y\phi \mid X\phi \mid \Box\phi \mid \Box_s\phi \mid e \mid [i]\phi,$$

其中 $p \in Atm$，$e \in \mathbb{E}$ 并且 $i \in \mathbb{I}$。

除了模态语言 $\mathscr{L}_m$ 外，本章还引入框架语言 $\mathscr{L}_1$，它为带等词的一阶语言，并包括以下非逻辑符号：

- 一元关系符号：对每个 $e \in \mathbb{E}$，E_e；

- 二元关系符号：$\lhd, \sim, \sim_s$ 以及对每个 $i \in \mathbb{I}$，R_i。

$\mathscr{L}_1$-公式像通常那样定义 [23]。我们用 α, β, γ 等表示 $\mathscr{L}_1$-公式，并用 $\Gamma, \Delta, \ldots$ 表示 $\mathscr{L}_1$-公式组成的集合。另外，我们假设读者熟悉常用的一

阶语法术语，比如自由变元、句子等。我们用 $\alpha(x_1,\ldots,x_n)$ 表示 $\mathscr{L}_1$-公式 α 满足 α 中的自由变元都属于 $\{x_1,\ldots,x_n\}$。

6.1.2 语义

我们引入 $\mathscr{L}_m$-克里普克框架作为 $\mathscr{L}_m$ 的语义结构。简单地说，$\mathscr{L}_m$-克里普克框架是以同步基底框架为核心，并包含了相应的一元和二元关系来分别解释命题常项和新的模态算子的多元克里普克框架。

定义 6.1 一个 $\mathscr{L}_m$-克里普克框架（简称 $\mathscr{L}_m$-框架）$\mathfrak{F}$ 是一个有序组

$$\langle W, \lhd, \sim, \sim_s, \{E_e\}_{e\in\mathbb{E}}, \{R_i\}_{i\in\mathbb{I}} \rangle$$

并满足以下三个条件：

(1) $\langle W, \lhd, \sim, \sim_s \rangle$ 是一个同步基底框架；

(2) 对每个 $e\in\mathbb{E}$，$E_e \subseteq W$；

(3) 对每个 $i\in\mathbb{I}$，R_i 是 W 上的二元关系并满足 $R_i \subseteq \sim_s$。

一个 $\mathscr{L}_m$-克里普克模型（简称 $\mathscr{L}_m$-模型）是一个有序对 $\mathfrak{M} = \langle \mathfrak{F}, V \rangle$，其中 $\mathfrak{F}$ 是一个 $\mathscr{L}_m$-框架而 V 是一个从 Atm 到 $\mathcal{P}(W)$ 的赋值函数。当 $\mathfrak{M} = \langle \mathfrak{F}, V \rangle$ 时，我们说 $\mathfrak{M}$ 是基于框架 $\mathfrak{F}$ 的，而 $\mathfrak{F}$ 是模型 $\mathfrak{M}$ 底部的框架。

令 $\mathfrak{F} = \langle W, \lhd, \sim, \sim_s, \{E_e\}_{e\in\mathbb{E}}, \{R_i\}_{i\in I} \rangle$ 为 $\mathscr{L}_m$-框架，并且令 $\mathfrak{M}$ 为基于框架 $\mathfrak{F}$ 的 $\mathscr{L}_m$-模型。我们称 W 为 $\mathfrak{F}$（或 $\mathfrak{M}$）的论域，并用符号 $dom(\mathfrak{F})$（或 $dom(\mathfrak{M})$）表示，称 W 中的元素为点，并用 w,u,v 等表示，称 $\langle W, \lhd, \sim, \sim_s \rangle$ 为 $\mathfrak{F}$（或 $\mathfrak{M}$）的核，并用符号 $ker(\mathfrak{F})$（或 $ker(\mathfrak{M})$）表示。$\mathbf{w}$ 是 $\mathfrak{F}$（或 $\mathfrak{M}$）中的世界当且仅当 $\mathbf{w}$ 是 $ker(\mathfrak{F})$（或 $ker(\mathfrak{M})$）中的世界。$\mathfrak{F}$ 的长度为 $ker(\mathfrak{F})$ 的长度，用符号 $len(\mathfrak{F})$ 表示；$\mathfrak{M}$ 的长度为其底部框架 $\mathfrak{F}$ 的长度，用符号 $len(\mathfrak{M})$ 表示。

下面说明一下 $\mathscr{L}_m$-框架中关系 $\{E_e\}_{e\in\mathbb{E}}$ 和 $\{R_i\}_{i\in\mathbb{I}}$ 的作用。首先，对每个 $e\in\mathbb{E}$，用 E_e 解释命题常项 e；对每个 $i\in\mathbb{I}$，用 R_i 解释模态算子 $[i]$。其次，因为定义 6.1 几乎对 $\{E_e\}_{e\in\mathbb{E}}$ 和 $\{R_i\}_{i\in\mathbb{I}}$ 没做任何限制，所以限制它们的条件将主要为附加的框架条件。因此，命题常项 e 和 $[i]$ 的直观意义将主要依赖于附加的框架条件。例如，根据附加框架条件的不同，$[i]$ 可以代表 STIT、知识或是信念算子。下面给出两个简单的例子，令 $\mathfrak{F}=\langle W,\lhd,\sim,\sim_s,\{E_e\}_{e\in\mathbb{E}},\{R_i\}_{i\in\mathbb{I}}\rangle$ 为 $\mathscr{L}_m$-框架。

例 6.2 假设我们希望所有算子 $[i]$ 都代表 STIT 算子。那么可以对 $\{R_i\}_{i\in\mathbb{I}}$ 加上以下限制：

(1) 对每个 $i\in\mathbb{I}$，R_i 是 W 上的等价关系，并且满足 $R_i\subseteq\sim$；

(2) 对于 W 中的任意点序列 $\langle w_i\rangle_{i\in\mathbb{I}}$，如果对任意 $i,i'\in\mathbb{I}$，$w_i\sim w_{i'}$，那么存在 $w\in W$ 使得对每个 $i\in\mathbb{I}$，w_iR_iw 成立；

(3) 对任意 $w,u,v\in W$，如果 $w\lhd u$ 并且 $u\sim v$，那么存在 $u'\in W$ 使得对每个 $i\in\mathbb{I}$，wR_iu' 并且 $u'\lhd v$。

例 6.3 假设我们希望 $\mathbb{I}$ 中的算子代表知识算子。那么可以考虑对 $\{R_i\}_{i\in\mathbb{I}}$ 加上以下限制：

(1) 对每个 $i\in\mathbb{I}$，R_i 是 W 上的等价关系；

(2) 对所有 $w,u,v\in W$ 和 $i\in\mathbb{I}$，如果 $w\lhd uR_iv$，那么存在 $u'\in W$ 使得 $wR_iu'\lhd v$；

(3) 对所有 $w,u,v\in W$ 和 $i\in\mathbb{I}$，如果 $wR_iu\lhd v$，那么存在 $u'\in W$ 使得 $w\lhd u'R_iv$。

上述条件 (2) 说主体有完美的记忆，而条件 (3) 说主体的知识不会增加。另外，注意当 R_i 作为知识算子的解释时，知识同步性这条常见的假定 [29] 已经被隐含的预设了，这是因为定义 6.1(3) 要求 R_i 只能连接有同时关系的点。

更加具体的例子将在第四节给出。总之，通过对 $\mathscr{L}_m$-框架增加不同的附加假设，可以获得对算子不同的解释，从而得到不同的逻辑。

定义 6.4 令 $\mathfrak{M} = \langle W, \lhd, \sim, \sim_s, \{E_e\}_{e \in \mathbb{E}}, \{R_i\}_{i \in \mathbb{I}}, V \rangle$ 为 $\mathscr{L}_m$-模型，$w \in W$，且 ϕ 为任意 $\mathscr{L}_m$-公式。递归定义公式 ϕ 在模型 $\mathfrak{M}$ 中点 w 上满足（或为真）如下：

$$\mathfrak{M}, w \vDash p \quad \text{当且仅当} \quad w \in V(p);$$

$$\mathfrak{M}, w \vDash e \quad \text{当且仅当} \quad w \in E_e;$$

$$\mathfrak{M}, w \vDash \neg\psi \quad \text{当且仅当} \quad \text{并非 } \mathfrak{M}, w \vDash \psi;$$

$$\mathfrak{M}, w \vDash \psi \wedge \chi \quad \text{当且仅当} \quad \mathfrak{M}, w \vDash \psi \text{ 且 } \mathfrak{M}, w \vDash \chi;$$

$$\mathfrak{M}, w \vDash X\psi \quad \text{当且仅当} \quad \mathfrak{M}, w^+ \vDash \psi;$$

$$\mathfrak{M}, w \vDash Y\psi \quad \text{当且仅当} \quad \mathfrak{M}, w^- \vDash \psi;$$

$$\mathfrak{M}, w \vDash \Box\psi \quad \text{当且仅当} \quad \text{对所有 } w' \sim w', \mathfrak{M}, w' \vDash \psi;$$

$$\mathfrak{M}, w \vDash \Box_s\psi \quad \text{当且仅当} \quad \text{对所有 } w' \sim_s w', \mathfrak{M}, w' \vDash \psi;$$

$$\mathfrak{M}, w \vDash [i]\psi \quad \text{当且仅当} \quad \text{对所有 } w' \in W, \text{w}R_i w' \text{ 蕴涵 } \mathfrak{M}, w' \vDash \psi。$$

令 ϕ 为 $\mathscr{L}_m$-公式且 Γ 为 $\mathscr{L}_m$-公式构成的集合。对任意 $w, u \in W$，$w \cong_\Gamma^{\mathfrak{M}} u$ 如果对所有 $\psi \in \Gamma$，$\mathfrak{M}, w \vDash \psi$ 当且仅当 $\mathfrak{M}, u \vDash \psi$。当不会引起混淆时，我们省略 $\cong_\Gamma^{\mathfrak{M}}$ 中的参数 $\mathfrak{M}$。ϕ 在 $\mathfrak{M}$ 中可满足当且仅当存在 $w \in W$ 使得 $\mathfrak{M}, w \vDash \phi$。对任意 $\mathscr{L}_m$-框架 $\mathfrak{F}$，ϕ 在 $\mathfrak{F}$ 中可满足当且仅当存在基于 $\mathfrak{F}$ 的模型 $\mathfrak{M}$ 使得 ϕ 在 $\mathfrak{M}$ 中可满足；ϕ 在 $\mathfrak{F}$ 上有效当且仅当 $\neg\phi$ 在 $\mathfrak{F}$ 上不可满足。令 $\mathcal{C}$ 为 $\mathscr{L}_m$-框架类。ϕ 在 $\mathcal{C}$ 中可满足当且仅当 ϕ 在 $\mathcal{C}$ 中某个框架中可满足；ϕ 在 $\mathcal{C}$ 上有效当且仅当 ϕ 在 $\mathcal{C}$ 中所有框架上都有效。

在模态逻辑中，克里普克框架除了作为模态语言的解释外，还可以作为相应一阶框架语言的模型。类似地，我们可以把 $\mathscr{L}_m$-框架

$$\mathfrak{F} = \langle W, \lhd, \sim, \sim_s, \{E_e\}_{e \in \mathbb{E}}, \{R_i\}_{i \in \mathbb{I}} \rangle$$

作为语言 $\mathscr{L}_1$ 的模型：W 为论域；二元关系 $\lhd, \sim$ 和 $\sim_s$ 分别解释二元关系符号 $\lhd, \sim$ 和 $\sim_s$；对每个 $e \in \mathbb{E}$，一元关系 E_e 解释一元关系符号 e；对每个 $i \in \mathbb{I}$，二元关系 R_i 解释二元关系符号 R_i。另外，我们用 σ, σ' 等表示 $\mathfrak{F}$ 上的从变元集合到 W 的指派函数。

这段介绍一阶逻辑语义方面相关的术语 [23]。令

$$\mathfrak{F} = \langle W, \lhd, \sim, \sim_s, \{E_e\}_{e \in \mathbb{E}}, \{R_i\}_{i \in \mathbb{I}} \rangle$$

为 $\mathscr{L}_m$-框架。对任意 $w \in W$ 和任意 $\mathfrak{F}$ 上的指派函数 σ，我们用 $\sigma(x/w)$ 表示 $\mathfrak{F}$ 上的指派函数 σ' 满足

$$\sigma'(y) = \begin{cases} w & \text{如果 } y = x; \\ \sigma(y) & \text{否则}。 \end{cases}$$

对任意 $\mathscr{L}_1$-公式 α 和任意 $\mathfrak{F}$ 上的指派函数 σ，我们用 $\mathfrak{F} \Vdash \alpha[\sigma]$ 表示 $\langle \mathfrak{F}, \sigma \rangle$ 满足 α；对任意 $\mathscr{L}_1$-公式 $\alpha(x_0, \ldots, x_n)$ 和任意从变元集 $\{x_0, \ldots, x_n\}$ 到 W 的函数 f，我们用 $\mathfrak{F} \Vdash \alpha[x_0/f(x_0), \ldots, x_n/f(x_n)]$ 或 $\mathfrak{F} \Vdash \alpha[f]$ 表示存在 $\mathfrak{F}$ 上的指派函数 σ 使得 $\mathfrak{F} \Vdash \alpha[\sigma]$ 并且对任意 $0 \leqslant i \leqslant n$，$\sigma(x_i) = f(x_i)$。令 α 为 $\mathscr{L}_1$-句子，并且令 Ψ 为一个 $\mathscr{L}_1$-句子集。我们用 $\mathfrak{F} \Vdash \alpha$ 表示 $\mathfrak{F}$ 满足 α，并用 $\mathfrak{F} \Vdash \Psi$ 表示 $\mathfrak{F}$ 满足 Ψ 中所有的句子。对任意 $\mathscr{L}_m$-框架 $\mathfrak{F}$ 和 $\mathfrak{F}'$，我们称 α（或 Ψ）是从 $\mathfrak{F}$ 到 $\mathfrak{F}'$ 保持的当且仅当如果 $\mathfrak{F} \Vdash \alpha$（或 $\mathfrak{F} \Vdash \Psi$），那么 $\mathfrak{F}' \Vdash \alpha$（或 $\mathfrak{F}' \Vdash \Psi$）。

本章只关心由 $\mathscr{L}_m$-框架类确定的模态逻辑。令 Ψ 为一个 $\mathscr{L}_1$-句子集。我们用 $\mathcal{C}_\Psi$ 表示由所有满足 Ψ 的 $\mathscr{L}_m$-框架构成的类，用 $\mathbf{Log}(\mathcal{C}_\Psi)$ 表示由 $\mathscr{L}_m$-框架类 $\mathcal{C}_\Psi$ 确定的逻辑，即由所有在 $\mathcal{C}_\Psi$ 上有效的 $\mathscr{L}_m$-公式组成的集合。对于任意 $\mathscr{L}_m$-公式 ϕ，我们用 $|\phi|$ 表示这个公式 ϕ 看作为符号串时的长度。

定义 6.5 对任意 $\mathscr{L}_1$-句子集 Ψ，$\mathbf{Log}(\mathcal{C}_\Psi)$ 有框架长度强有穷性如果存

在一个可计算的函数 f，使得对任意 $\mathscr{L}_m$-公式 $\phi \notin \mathbf{Log}(\mathcal{C}_\Psi)$，存在 $\mathfrak{F} \in \mathcal{C}_\Psi$ 满足 $\neg\phi$ 且 $len(\mathfrak{F}) \leq f(|\phi|)$；$\mathbf{Log}(\mathcal{C}_\Psi)$ 有强有穷框架性如果存在一个可计算的函数 f，使得对任意 $\mathscr{L}_m$-公式 $\phi \notin \mathbf{Log}(\mathcal{C}_\Psi)$，存在 $\mathfrak{F} \in \mathcal{C}_\Psi$ 满足 $\neg\phi$ 且 $|dom(\mathfrak{F})| \leq f(|\phi|)$。

6.2 框架长度强有穷性

在本节中，我们证明一类逻辑具有框架长度强有穷性。因为 $\mathscr{L}_m$ 中新的模态算子只谈到同一个瞬间内的点，所以对于 $\mathscr{L}_m$-公式保值的问题，4.3 节中用闭区间做子模型的方法在此同样适用。不过，与 4.3 节不同的是，我们不仅证明 $\mathscr{L}_m$-框架的闭区间子框架仍然是 $\mathscr{L}_m$-框架，而且还证明存在一类用语法方式确定的一阶框架条件也在闭区间子框架转换下保持，从而得到，由满足这些条件的 $\mathscr{L}_m$-框架类确定的逻辑都有框架长度强有穷性。

定义 6.6 令 $\mathfrak{F} = \langle W, \vartriangleleft, \sim, \sim_s, \{E_e\}_{e \in \mathbb{E}}, \{R_i\}_{i \in \mathbb{I}} \rangle$ 为一个 $\mathscr{L}_m$-框架，并且令 $\mathfrak{M}$ 为基于 $\mathfrak{F}$ 的 $\mathscr{L}_m$-模型。W 的一个子集是 $\mathfrak{F}$（或 $\mathfrak{M}$）上的闭区间当且仅当它是 $ker(\mathfrak{F})$（或 $ker(\mathfrak{M})$）上的闭区间。

我们用 $[m, w, n]_{\mathfrak{F}}$（或 $[m, w, n]_{\mathfrak{M}}$）表示闭区间。如果不影响理解的话，我们通常省略参数 $\mathfrak{F}$（或 $\mathfrak{M}$），另外，如果具体的参数 m, w, n 在具体讨论中不相关，我们也用符号 $\rho, \rho', \ldots$ 等来表示闭区间。下面这个引理的证明是显然的，因为 R_i 只连接同一个瞬间中的点。

引理 6.7 令 $\mathfrak{F} = \langle W, \vartriangleleft, \sim, \sim_s, \{E_e\}_{e \in \mathbb{E}}, \{R_i\}_{i \in \mathbb{I}} \rangle$ $\mathscr{L}_m$-框架。对于任意 $w, w' \in W$，任意 $m, n \in \mathbb{N}$ 和任意 $i \in \mathbb{I}$，如果 $w' \in [m, w, n]$，那么 $\{u \in W : w' R_i u\} \subseteq [m, w, n]$。

子框架和子模型是模态逻辑中的基本构造，其定义可以类似于 2.3.1 小节给出。令 $\mathfrak{F}$ 为 $\mathscr{L}_m$-框架，$\mathfrak{M}$ 为 $\mathscr{L}_m$-模型且 $U \subseteq W$。我们用 $\mathfrak{F} \upharpoonright U$ 表

示由 U 确定的 $\mathfrak{F}$ 的子框架，且用 $\mathfrak{M} \!\upharpoonright\! U$ 表示由 U 确定的 $\mathfrak{M}$ 的子模型。与 4.3 节类似，这里我们也只考虑由闭区间确定的子框架（或子模型）。对 $\mathfrak{F}$（或 $\mathfrak{M}$）上任意闭区间 ρ，我们称 $\mathfrak{F} \!\upharpoonright\! \rho$（或 $\mathfrak{M} \!\upharpoonright\! \rho$）为区间子框架（或区间子模型）。根据命题 4.36 易见，下述命题成立。

命题 6.8 令 $\mathfrak{F} = \langle W, \lhd, \sim, \sim_s, \{E_e\}_{e \in \mathbb{E}}, \{R_i\}_{i \in \mathbb{I}} \rangle$ 为 $\mathscr{L}_m$-框架，并且令 ρ 为 $\mathfrak{F}$ 上的任意闭区间。那么 $\mathfrak{F} \!\upharpoonright\! \rho$ 是 $\mathscr{L}_m$-框架。

下面定义一类用语法方式确定的公式，并证明它们中的句子在闭区间子框架转换下保持。

定义 6.9 一个 $\mathscr{L}_1$-公式是 $\exists$-限制的当且仅当它是根据下列规则形成的公式：

(1) 所有不含量词的 $\mathscr{L}_1$-公式都是 $\exists$-限制公式；

(2) 如果 α 和 β 是 $\exists$-限制公式，那么 $\alpha \wedge \beta$ 和 $\alpha \vee \beta$ 也是；

(3) 如果 α 是 $\exists$-限制公式，那么 $\forall x \alpha$ 也是；

(4) 如果 α 是 $\exists$-限制公式，那么 $\exists x(y \sim x \wedge \alpha)$、$\exists x(y \sim_s x \wedge \alpha)$、$\exists x(x R_i y \wedge \alpha)$ 和 $\exists x(y R_i x \wedge \alpha)$ 都是 $\exists$-限制公式，其中 $i \in \mathbb{I}$ 且 x, y 是不同的变元。

我们用 **BES** 表示所有 $\exists$-限制的 $\mathscr{L}_1$-句子构成的集合。

命题 6.10 令 $\mathfrak{F} = \langle W, \lhd, \sim, \sim_s, \{E_e\}_{e \in \mathbb{E}}, \{R_i\}_{i \in \mathbb{I}} \rangle$ 为 $\mathscr{L}_m$-框架，并且 ρ 为 $\mathfrak{F}$ 上的闭区间。对任意 $\exists$-限制的 $\mathscr{L}_1$-公式 $\alpha(x_1, \ldots, x_n)$ 和 $\mathfrak{F} \!\upharpoonright\! \rho$ 上的指派函数 σ，如果 $\mathfrak{F} \Vdash \alpha[\sigma]$，那么 $\mathfrak{F} \!\upharpoonright\! \rho \Vdash \alpha[\sigma]$。

证明 施归纳于公式 α 的复杂度。归纳基始和 α 为 $\beta \wedge \gamma$、$\beta \vee \gamma$ 或 $\forall x \beta$ 的情况是显然的。

令 $\alpha = \exists x(x_m \sim x \wedge \beta)$，其中 $1 \leqslant m \leqslant n$，并且令 σ 为 $\mathfrak{F} \!\upharpoonright\! \rho$ 上的指派函数。假设 $\mathfrak{F} \Vdash \exists x(x_m \sim x \wedge \beta)[\sigma]$。那么存在 $w \in W$ 使得

$\mathfrak{F} \Vdash (x_m \sim x \wedge \beta)[\sigma(x/w)]$，从而 $\sigma(x_m) \sim \sigma(x/w)(x) = w$。又因为 $\sigma(x_m) \in \rho$，所以根据事实 4.34(5) 可知 $w \in \rho$。因此，$\sigma(x/w)$ 也是 $\mathfrak{F} \upharpoonright \rho$ 上的指派函数。然后，根据归纳假设，$\mathfrak{F} \upharpoonright \rho \Vdash (x_m \sim x \wedge \beta)[\sigma(x/w)]$，从而 $\mathfrak{F} \upharpoonright \rho \Vdash \exists x(x_m \sim x \wedge \beta)[\sigma]$。

关于 α 为 $\exists x(x_m \sim_s x \wedge \beta)$，$\alpha = \exists x(x_m R_i x \wedge \beta)$ 或 $\alpha = \exists x(x R_i x_m \wedge \beta)$ 的情况，用与上面类似的方法可证。 $\square$

下面考虑 $\mathscr{L}_m$-公式在闭区间子模型下的保值问题，这里需要先类似于 4.3 节递归定义 $\mathscr{L}_m$-公式的过去时态度和将来时态度。

定义 6.11 对于任意一个 $\mathscr{L}_m$-公式 ϕ，它的过去时态度 $d_P(\phi)$ 和将来时态度 $d_F(\phi)$ 递归定义如下，其中 $e \in \mathbb{E}$ 且 $i \in \mathbb{I}$：

(1) $d_P(p) = d_F(p) = d_P(e) = d_F(e) = 0$；

(2) $d_P(\neg\phi) = d_P(\Box\phi) = d_P(\Box_s\phi) = d_P([i]\phi) = d_P(\phi)$；

(3) $d_F(\neg\phi) = d_F(\Box\phi) = d_F(\Box_s\phi) = d_F([i]\phi) = d_F(\phi)$；

(4) $d_P(\phi \wedge \psi) = max\{d_P(\phi), d_P(\psi)\}$；

(5) $d_F(\phi \wedge \psi) = max\{d_F(\phi), d_F(\psi)\}$；

(6) $d_P(Y\phi) = d_P(\phi) + 1$；

(7) $d_F(Y\phi) = \begin{cases} d_F(\phi) - 1 & \text{如果 } d_F(\phi) \geq 1; \\ 0 & \text{否则}; \end{cases}$

(8) $d_P(X\phi) = \begin{cases} d_P(\phi) - 1 & \text{如果 } d_P(\phi) \geq 1; \\ 0 & \text{否则}; \end{cases}$

(9) $d_F(X\phi) = d_F(\phi) + 1$。

与 4.3 节中命题 4.39 类似，下面这个命题称述的是，$\mathscr{L}_m$-公式可以在闭区间子模型转换下保值。

命题 6.12 令 $\mathfrak{M} = \langle W, \lhd, \sim, \sim_s, \{E_e\}_{e \in \mathbb{E}}, \{R_i\}_{i \in \mathbb{I}}, V \rangle$ 为 $\mathscr{L}_m$-模型。我们有：对任意 $\mathscr{L}_m$-公式 ϕ 和 $\mathfrak{M}$ 上的任意闭区间 $[m, w, n]$ 满足 $d_P(\phi) \leqslant m$ 和 $d_F(\phi) \leqslant n$，$\mathfrak{M}, w \vDash \phi$ 当且仅当 $\mathfrak{M} \restriction [m, w, n], w \vDash \phi$。

证明 我们施归纳于公式 ϕ 的复杂度，但只证明 ϕ 为 $[i]\psi$ 的情况。

令 ϕ 为 $[i]\psi$，其中 $i \in \mathbb{I}$。假设 $\mathfrak{M}, w \vDash [i]\psi$。令 u 为 $[m, w, n]$ 中任意一点满足 wR_iu。那么 $\mathfrak{M}, u \vDash \psi$。根据引理 6.7，我们有 $[m, w, n] = [m, u, n]$。又因为 $d_P(\psi) = d_P([i]\psi) \leqslant m$ 和 $d_F(\psi) = d_F([i]\psi) \leqslant n$，所以根据归纳假设，$\mathfrak{M}, u \vDash \psi$ 当且仅当 $\mathfrak{M} \restriction [m, u, n], u \vDash \psi$ 当且仅当 $\mathfrak{M} \restriction [m, w, n], u \vDash \psi$，从而 $\mathfrak{M} \restriction [m, w, n], u \vDash \psi$。故 $\mathfrak{M} \restriction [m, w, n], w \vDash [i]\psi$。相反的，假设 $\mathfrak{M} \restriction [m, w, n], w \vDash [i]\psi$。令 u 为 W 的任意一点满足 wR_iu。根据引理 6.7，$\{u \in W : wR_iu\} \subseteq [m, w, n]$，从而 $\mathfrak{M} \restriction [m, w, n], u \vDash \psi$。又因为 $d_P(\psi) \leqslant m$，$d_F(\psi) \leqslant n$ 并且 $[m, w, n] = [m, u, n]$，所以根据归纳假设，$\mathfrak{M}, u \vDash \psi$ 当且仅当 $\mathfrak{M} \restriction [m, u, n], u \vDash \psi$ 当且仅当 $\mathfrak{M} \restriction [m, w, n], u \vDash \psi$，从而 $\mathfrak{M}, u \vDash \psi$。因此，$\mathfrak{M}, w \vDash [i]\psi$。 $\square$

通过应用命题 6.8, 6.10 和 6.12，我们马上可以得到下列定理。

定理 6.13 对任意 $\Psi \subseteq \mathbf{BES}$ 和任意 $\mathscr{L}_m$-公式 ϕ，如果 ϕ 在 $\mathcal{C}_\Psi$ 中可满足，那么存在 $\mathscr{L}_m$-框架 $\mathfrak{F} \in \mathcal{C}_\Psi$ 满足 ϕ 并且 $len(\mathfrak{F}) \leqslant d_P(\phi) + d_F(\phi) + 1$。

下述推论为定理 6.13 的直接后承。

推论 6.14 对任意 $\Psi \subseteq \mathbf{BES}$，$\mathbf{Log}(\mathcal{C}_\Psi)$ 有框架长度强有穷性。

6.3 可判定性

本节给出两集用语法方式确定的 $\mathscr{L}_1$-句子，并证明由它们中任意一集的子集刻画的框架类确定的逻辑都有强有穷框架性，从而得出这些逻辑都是可判定的。在上一节中，我们已经证明了一大类逻辑都有框架长度强有

穷性。基于这个结论，我们采用滤模型方法从有穷长度的 $\mathscr{L}_m$-框架构造
出有穷的 $\mathscr{L}_m$-框架。

6.3.1 滤模型

这里我们推广 4.4.1 节中修改的滤模型方法，从而可以处理命题常项。
注意，修改的滤模型与普通滤模型之间的主要区别在于滤模型论域确定的
方式上，普通滤模型的论域是由相关的公式集来决定的，而修改的滤模型
的论域却是由一个等价关系来确定的。

定义 6.15 令 $\mathfrak{M} = \langle W, \lhd, \sim, \sim_s, \{E_e\}_{e\in\mathbb{E}}, \{R_i\}_{i\in\mathbb{I}}, V \rangle$ 为 $\mathscr{L}_m$-模型，Γ
为在子公式下封闭的 $\mathscr{L}_m$-公式集满足 $\mathbb{E} \subseteq \Gamma$ 且 $\approx$ 为 W 上的等价关系满
足 $\approx \subseteq \cong_\Gamma$。$\mathfrak{M}$ 通过 Γ 和 $\approx$ 的滤模型是有序组

$$\langle W', \lhd', \sim', \sim_s', \{E_e'\}_{e\in\mathbb{E}}, \{R_i'\}_{i\in\mathbb{I}}, V' \rangle,$$

其中

(1) $W' = W/\approx$；

(2) 对每个 $R \in \{\lhd, \sim, \sim_s\} \cup \{R_i : i \in \mathbb{I}\}$ 和每个 $w, u \in W$，如果
wRu 那么 $[w]_\approx R'[u]_\approx$；

(3) 对每个 $w, u \in W$，如果 $[w]_\approx \lhd' [u]_\approx$，那么对每个 $X\phi \in \Gamma$，
$\mathfrak{M}, u \models \phi$ 蕴涵 $\mathfrak{M}, w \models X\phi$；

(4) 对每个 $w, u \in W$，如果 $[w]_\approx \lhd' [u]_\approx$，那么对每个 $Y\phi \in \Gamma$，
$\mathfrak{M}, w \models \phi$ 蕴涵 $\mathfrak{M}, u \models Y\phi$；

(5) 对每个 $w, u \in W$ 和每个 $\boxdot \in \{\Box, \Box_s\} \cup \{[i] : i \in \mathbb{I}\}$，如果
$[w]_\approx R'_\boxdot [u]_\approx$，那么对每个 $\boxdot\phi \in \Gamma$，$\mathfrak{M}, w \models \boxdot\phi$ 蕴涵 $\mathfrak{M}, u \models \phi$，
其中 $R'_\boxdot$ 代表滤模型中解释模态算子 $\boxdot$ 的关系；

161

(6) 对每个 $e \in \mathbb{E}$, $E'_e = \{[w]_{\approx} : w \in E_e\}$；

(7) 对每个 $w \in W$ 和每个 $p \in \Gamma$, $[w]_{\approx} \in V'(p)$ 当且仅当 $w \in V(p)$。

注意，$\approx \subseteq \cong_\Gamma$ 保证了上述定义的最后一条可以满足。当不会引起误解时，我们用 $[w]$ 代替 $[w]_{\approx}$。以后，当说 $\mathfrak{M}'$ 是 $\mathfrak{M}$ 通过 Γ 和 $\approx$ 的滤模型时，我们预设 Γ 是在子公式下封闭且满足 $\mathbb{E} \subseteq \Gamma$ 的 $\mathscr{L}_m$-公式集，并且 $\approx$ 是 $dom(\mathfrak{M})$ 上满足 $\approx \subseteq \cong_\Gamma$ 的等价关系。当等价关系 $\approx$ 等同于 $\cong_\Gamma$ 时，这里的滤模型和普通滤模型相同。因此，这里的滤模型可以看成是对普通滤模态的一种扩展。下面是关于 $\mathscr{L}_m$-公式在滤模型转换下保值的定理。

定理 6.16 令 $\mathfrak{M}$ 为 $\mathscr{L}_m$-模型，$\mathfrak{M}'$ 是 $\mathfrak{M}$ 通过 Γ 和 $\approx$ 的滤模型，并设 $\mathfrak{M}'$ 是 $\mathscr{L}_m$-模型。我们有：对每个 $\phi \in \Gamma$ 和每个 $w \in dom(\mathfrak{M})$，$\mathfrak{M}, w \vDash \phi$ 当且仅当 $\mathfrak{M}', [w] \vDash \phi$。

证明 在公式 ϕ 的复杂度上施归纳证明。 □

令 $\mathfrak{M}'$ 为 $\mathscr{L}_m$-模型 $\mathfrak{M}$ 通过 Γ 和 $\approx$ 的滤模型。关于滤模型，下面两点值得注意：第一，$\mathfrak{M}'$ 并不一定是 $\mathscr{L}_m$-模型，因为 $\mathfrak{M}'$ 的核可能不是同步基底框架；第二，我们只要求 $\approx$ 是 $\cong_\Gamma$ 的子集而并非相等，这使得即使 Γ 是有穷的，$\mathfrak{M}'$ 也可能不是有穷的。因此，如果要用滤模型去获得有穷的 $\mathscr{L}_m$-模型，必须设计好等价关系 $\approx$，使得通过有穷 Γ 和 $\approx$ 的滤模型的核是有穷的同步基底框架。下面这个命题证明这样的等价关系 $\approx$ 的确存在，其中等价互模拟的定义请见定义 4.49，而上界函数 f_d 请见定义 4.55。

命题 6.17 令 $\mathfrak{M} = \langle W, \lhd, \sim, \sim_s, \{E_e\}_{e \in \mathbb{E}}, \{R_i\}_{i \in \mathbb{I}}, V \rangle$ 为长度有穷的 $\mathscr{L}_m$-模型且 Γ 为在子公式下封闭的 $\mathscr{L}_m$-公式集满足 $\mathbb{E} \subseteq \Gamma$。我们有：存在 $ker(\mathfrak{M})$ 上的等价互模拟 $\approx$ 使得

(1) $\approx \subseteq \cong_\Gamma$；

(2) $ker(\mathfrak{M})/\approx$ 是同步基底框架，并且最多包含 $f_d(len(\mathfrak{M}), |\Gamma|)$ 个元。

证明 首先，把每个 $\psi \in \Gamma$ 映射到命题变元 p_ψ，并且使得这个映射是一对一；然后，令 $\Lambda = \{p_\psi : \psi \in \Gamma\}$，并构造 $ker(\mathfrak{M})$ 上的赋值函数 V_b 如下：

对每个 $p_\psi \in \Lambda$ 和 $w \in W$，$w \in V_b(p_\psi)$ 当且仅当 $\mathfrak{M}, w \vDash \psi$；

最后，令 $\mathfrak{M}_b = \langle ker(\mathfrak{M}), V_b \rangle$。根据命题 4.52，存在 $\approx$ 为 $\mathfrak{M}_b$ 上最大的 Λ-等价互模拟。显然有 $\approx \subseteq \cong_\Gamma$。同时，根据命题 4.57，$ker(\mathfrak{M})/\approx$ 是同步基底框架，并且最多包含 $f_d(len(\mathfrak{M}), |\Gamma|)$ 个元。　　　　$\square$

令 $\mathfrak{M}$ 为长度有穷的 $\mathscr{L}_m$-模型且 Γ 为在子公式下封闭的 $\mathscr{L}_m$-公式集满足 $\mathbb{E} \subseteq \Gamma$。根据上述命题，存在 $ker(\mathfrak{M})$ 上的等价互模拟 $\approx$ 满足命题 6.17(1) 和 (2)，同时，$ker(\mathfrak{M})/\approx$ 中关系定义的方式和模态逻辑中最小滤模型关系定义的方式相同。因此，当构造 $\mathfrak{M}$ 通过 Γ 和 $\approx$ 的有穷的滤模型 $\mathfrak{M}'$ 时，可以令 $ker(\mathfrak{M}') = ker(\mathfrak{M})/\approx$。另外，因为定义 6.15(6) 和 (7) 分别确定了 E'_e $(e \in \mathbb{E})$ 和 $V'(p)$ $(p \in \Gamma)$。所以为了完成滤模型 $\mathfrak{M}'$ 的构造，我们只需要对每个 $i \in \mathbb{I}$ 提供合适的 R'_i 定义即可。下面是如何应用滤模型的例子：

例 6.18 令 $\mathfrak{M} = \langle W, \lhd, \sim, \sim_s, \{E_e\}_{e \in \mathbb{E}}, \{R_i\}_{i \in \mathbb{I}}, V \rangle$ 为长度有穷的 $\mathscr{L}_m$-模型，令 Γ 为在子公式下封闭且满足 $\mathbb{E} \subseteq \Gamma$ 的 $\mathscr{L}_m$-公式集，并且令 $\approx$ 为满足命题 6.17 中条件的等价互模拟。假设对所有 $i \in \mathbb{I}$，R_i 都为等价关系，并且要构造 $\mathfrak{M}$ 通过 Γ 和 $\approx$ 的滤模型

$$\mathfrak{M}' = \langle W', \lhd', \sim', \sim'_s, \{E'_e\}_{e \in \mathbb{E}}, \{R'_i\}_{i \in \mathbb{I}}, V' \rangle$$

使得 $\mathfrak{M}'$ 为有穷的 $\mathscr{L}_m$-模型，并满足对所有 $i \in \mathbb{I}$，R'_i 都为等价关系。那么可以先令 $\langle W', \lhd', \sim', \sim'_s \rangle = ker(\mathfrak{M})/\approx$；然后，再定义 R'_i 如下：

- 对每个 $[w], [u] \in W'$，$[w]R'_i[u]$ 当且仅当对每个 $[i]\phi \in \Gamma$，$\mathfrak{M}, w \models$

163

$$[i]\phi \Leftrightarrow \mathfrak{M}, u \models [i]\phi, \text{ 并且 } w \sim_s u.$$

假设对所有 $i \in \mathbb{I}, R_i$ 都为传递关系, 并且要构造 $\mathfrak{M}$ 通过 Γ 和 $\approx$ 的滤模型 $\mathfrak{M}' = \langle W', \lhd', \sim', \sim'_s, \{E'_e\}_{e \in \mathbb{E}}, \{R'_i\}_{i \in \mathbb{I}}, V' \rangle$ 使得 $\mathfrak{M}'$ 为有穷的 $\mathscr{L}_m$-模型, 并满足对所有 $i \in \mathbb{I}, R'_i$ 都为传递关系. 同样, 可以先令 $\langle W', \lhd', \sim', \sim'_s \rangle = ker(\mathfrak{M})/\approx$; 然后, 再定义 R'_i 如下:

- 对每个 $[w], [u] \in W'$, $[w]R'_i[u]$ 当且仅当对每个 $[i]\phi \in \Gamma$, 如果 $\mathfrak{M}, w \models [i]\phi$, 那么 $\mathfrak{M}, u \models [i]\phi \wedge \phi$, 并且 $w \sim_s u$.

6.3.2 框架条件

在上一小节, 我们描述了如何运用滤模型的方法获得有穷的 $\mathscr{L}_m$-模型. 本小节考虑两种定义滤模型的一般方式, 即在模态逻辑中被称为最小滤模型和最小的传递滤模型, 并给出在这两种滤模型构造下保持的框架条件. 下面定义最小滤模型和最小的传递滤模型.

定义 6.19 令 $\mathfrak{F} = \langle W, \lhd, \sim, \sim_s, \{E_e\}_{e \in \mathbb{E}}, \{R_i\}_{i \in \mathbb{I}} \rangle$ 为 $\mathscr{L}_m$-框架 $\approx$ 为 W 上的等价关系且

$$\mathfrak{F}^l = \left\langle W/\approx, \widehat{\lhd}, \widehat{\sim}, \widehat{\sim_s}, \{\widehat{E_e}\}_{e \in \mathbb{E}}, \{\widehat{R_i}\}_{i \in \mathbb{I}} \right\rangle,$$
$$\mathfrak{F}^t = \left\langle W/\approx, \widehat{\lhd}, \widehat{\sim}, \widehat{\sim_s}, \{\widehat{E_e}\}_{e \in \mathbb{E}}, \{\widehat{R_i}^+\}_{i \in \mathbb{I}} \right\rangle,$$

其中对任意 $E \in \{E_e : e \in \mathbb{E}\}$ 和任意 $[w] \in W/\approx$,

$$[w] \in \widehat{E} \text{ 当且仅当存在 } w' \in [w] \text{ 使得 } w' \in E; \tag{6.1}$$

对任意 $R \in \{\lhd, \sim, \sim_s\} \cup \{R_i : i \in \mathbb{I}\}$ 和任意 $[w], [u] \in W/\approx$,

$$[w]\widehat{R}[u] \text{ 当且仅当存在 } w' \in [w] \text{ 和 } u' \in [u] \text{ 使得 } w'Ru'; \tag{6.2}$$

并且对任意 $i \in \mathbb{I}$, $\widehat{R_i}^+$ 为 $\widehat{R_i}$ 的传递闭包. 令 $\mathfrak{M} = \langle \mathfrak{F}, V \rangle$ 为 $\mathscr{L}_m$-模型,

令 Γ 为在子公式下封闭且满足 $\mathbb{E} \subseteq \Gamma$ 的 $\mathscr{L}_m$-公式集，并且令 $\approx$ 为 W 上满足 $\approx\, \subseteq\, \cong_\Gamma$ 的等价关系。$\mathfrak{M}$ 通过 Γ 和 $\approx$ 的最小滤模型是一个有序对 $\langle \mathfrak{F}^l, V' \rangle$，其中 V' 满足对所有 $w \in W$ 和所有 $p \in \Gamma$，

$$[w]_\approx \in V'(p) \text{ 当且仅当 } w \in V(p)。 \tag{6.3}$$

$\mathfrak{M}$ 通过 Γ 和 $\approx$ 的最小传递滤模型是一个有序对 $\langle \mathfrak{F}^t, V' \rangle$，其中 V' 满足 (6.3)。

根据上述定义，显然有如下事实：

事实 6.20 令 $\mathfrak{M}$ 为 $\mathscr{L}_m$-模型，令 Γ 为在子公式下封闭且满足 $\mathbb{E} \subseteq \Gamma$ 的 $\mathscr{L}_m$-公式集，并且令 $\approx$ 为 $dom(\mathfrak{M})$ 上满足 $\approx\, \subseteq\, \cong_\Gamma$ 的等价关系。$\mathfrak{M}$ 通过 Γ 和 $\approx$ 的最小滤模型和最小传递滤模型的确都是 $\mathfrak{M}$ 通过 Γ 和 $\approx$ 的滤模型。

下面定义从 $\mathscr{L}_m$-模型到它们的最小滤模型保持的 $\mathscr{L}_1$-句子。对于 $\mathscr{L}_1$-公式中的原子公式 γ，γ 是一元的如果存在 $e \in \mathbb{E}$ 和变元 x 使得 $\gamma = E_e x$；否则 γ 是二元的。

定义 6.21 $\mathscr{L}_1$ 中二元原子公式构成的序列 $\langle \gamma_i \rangle_{0 \leqslant i \leqslant k}$ 是合适连接的当且仅当它满足：

(1) 对每个 $i \leqslant k$，每个变元在 γ_i 中最多只出现一次；

(2) 对每个 $m < k$ 和每个 $R \in \{\lhd, \sim, \sim_s\}$，如果 $\gamma_{m+1} = xRy$，那么 x 和 y 并非都在 $\bigwedge_{0 \leqslant i \leqslant m} \gamma_i$ 中出现；

(3) 对每个 $m < k$ 和每个 $i \in \mathbb{I}$，如果 γ_{m+1} 是 $xR_i y$ 或者 $x = y$，那么 x 和 y 都不在 $\bigwedge_{0 \leqslant i \leqslant m} \gamma_i$ 中出现。

一个合适连接的合取式是一个合取式

$$\gamma = A_1 \wedge \cdots \wedge A_i \wedge \neg A_{i+1} \wedge \cdots \wedge \neg A_n (n \geqslant 0)$$

满足 $A_1,\ldots,A_n$ 都是 $\mathscr{L}_1$ 中的原子公式，并且当 $i \geqslant 1$ 时，$A_1,\ldots,A_i$ 中二元原子公式可以被重新排列为一个合适连接的序列。另外，如果 $n=0$，我们约定 γ 为 $\bot$。注意，合适连接的合取式不对一元原子公式和原子公式的否定做限制。一个合适连接的前件是析取式 $\bigvee_{1 \leqslant i \leqslant n} \alpha_i$ $(n \geqslant 0)$，其中对每个 $1 \leqslant i \leqslant n$，$\alpha_i$ 是一个合适连接的合取式。另外，$n=0$ 时，我们约定 $\bigvee_{1 \leqslant i \leqslant n} \alpha_i$ 为 $\top$。一个 $\mathscr{L}_1$-公式 α 是正公式当且仅当 α 中不包含连接词 $\neg, \to$ 或 $\leftrightarrow$。一个合适连接的蕴涵式是一个以下形式的 $\mathscr{L}_1$-句子

$$\forall x_0 \cdots \forall x_m (\alpha \to \beta),$$

其中 α 是一个合适连接的前件且 β 是一个正公式。我们用 **SI** 表示所有合适连接的蕴涵式构成的集合。

因为 **SI** 的定义较为复杂，下面给出几个具体的例子帮助读者理解。

例 6.22 下面这些 $\mathscr{L}_1$-句子都属于 **SI**：

$$\forall x \forall y (x R_i y \to y R_i x)$$
$$\forall x \forall y (\neg x R_i y \to x R_j y)$$
$$\forall x \forall y (x \sim_s y \to \exists z (x R_i z R_j y))$$
$$\forall x \forall y (x R_i y \wedge E_e y \to E_e x)$$
$$\forall x \forall y \forall z (x R_i y \sim z \to \exists y' (x \sim y' R_j z))$$
$$\forall x \forall y \forall z (x \lhd y R_i z \sim z' \to \exists y' \exists y'' (x \sim y' \lhd y'' R_j z))$$

上面这些公式，除了最后一个句子，其他明显都是属于 **SI** 的。对于最后一个句子，注意它的前件等价于 $y R_i z \wedge z \sim z' \wedge x \lhd y$，从而是一个合适连接的合取式。下面给出一种形式使得符合这种形式的句子属于 **SI**：

$$\forall x_1 \cdots \forall x_{n+1} (x_1 S_1 x_2 \cdots x_n S_n x_{n+1} \to \\ \exists y_2 \cdots \exists y_m (x_1 S_1' y_2 \cdots y_m S_m' x_{n+1})), \tag{6.4}$$

其中对每个 $1 \leqslant i \leqslant n$ 和 $1 \leqslant j \leqslant m$，$S_i, S'_j \in \{\lhd, \sim, \sim_s\} \cup \{R_i : i \in \mathbb{I}\}$，并且最多存在一个 $S_i \in \{R_i : i \in \mathbb{I}\}$ 且 $1 \leqslant i \leqslant n$。注意，(6.4) 形式的条件可以被下列相应的 Sahlqvist 公式表达：

$$\Diamond_1 \cdots \Diamond_n p \to \Diamond'_1 \cdots \Diamond'_m p,$$

其中 $\Diamond_i, \Diamond'_j$ 是与关系 S_i, S'_j 分别相对应的模态算子。

模型论中的一个基本定理是说正公式在同态下保持，见 [21] 定理 3.2.4。下列事实是这个定理明显的推论。

事实 6.23 令

$$\mathfrak{F} = \langle W, \lhd, \sim, \sim_s, \{E_e\}_{e \in \mathbb{E}}, \{R_i\}_{i \in \mathbb{I}} \rangle,$$
$$\mathfrak{F}' = \langle W', \lhd', \sim', \sim'_s, \{E_e\}_{e \in \mathbb{E}}, \{R_i\}_{i \in \mathbb{I}} \rangle$$

为 $\mathscr{L}_m$-框架，并且令 f 为从 W 到 W' 的满射满足：对每个 $w, u \in W$，每个 $e \in \mathbb{E}$ 和每个 $R \in \{\lhd, \sim, \sim_s\} \cup \{R_i : i \in \mathbb{I}\}$，

如果 $w \in E_e$，那么 $f(w) \in E'_e$；

如果 wRu，那么 $f(w)R'f(u)$。

假设 $\alpha(x_0, \ldots, x_n)$ 为 $\mathscr{L}_1$ 中的任意正公式，σ 和 σ' 分别为 $\mathfrak{F}$ 和 $\mathfrak{F}'$ 上的指派函数并满足对每个 $0 \leqslant i \leqslant n$，$\sigma'(x_i) = f(\sigma(x_i))$。我们有 $\mathfrak{F} \Vdash \alpha[\sigma]$ 蕴涵 $\mathfrak{F}' \Vdash \alpha[\sigma']$。

令 $\mathfrak{M} = \langle \mathfrak{F}, V \rangle$ 为 $\mathscr{L}_m$-模型，并且令 $\mathfrak{M}' = \langle \mathfrak{F}', V' \rangle$ 为 $\mathfrak{M}$ 通过 Γ 和 $\approx$ 的最小滤模型。下面证明：**SI** 是从 $\mathfrak{F}$ 到 $\mathfrak{F}'$ 保持的。因为这个证明细节比较繁琐，所以在进行具体证明前，我们给出一个例子来说明证明的基本想法。假设考虑下面这个 **SI** 中的句子

$$\alpha = \forall x \forall y \forall z (xR_iy \land y \sim z \to xR_jy).$$

令 $\mathfrak{F} = \langle W, \lhd, \sim, \sim_s, \{R_i\}_{i\in\mathbb{I}}\rangle$ 且 $\mathfrak{F}' = \left\langle W/\approx, \widehat{\lhd}, \widehat{\sim}, \widehat{\sim_s}, \{\widehat{E_e}\}_{e\in\mathbb{E}}, \{\widehat{R_i}\}_{i\in\mathbb{I}}\right\rangle$。假设 $\mathfrak{F} \Vdash \alpha$。我们想要得到 $\mathfrak{F}' \Vdash \alpha$。令 $[w], [u], [v] \in W/\approx$。设 $\mathfrak{F}' \Vdash xR_iy \wedge y \sim z[x/[w], y/[u], z/[v]]$。我们有 $[w]\widehat{R_i}[u]$ 且 $[u]\widehat{\sim}[v]$,从而由 (6.2) 得出,存在 $w_1 \in [w]$,$u_1, u_2 \in [u]$ 和 $v_1 \in [v]$ 使得 $w_1R_iu_1 \approx u_2 \sim v_1$。再根据命题 4.47(1),存在 $v_2 \approx v_1$ 使得 $w_1R_iu_1 \sim v_2 \approx v_1$,也就是说,$\mathfrak{F} \Vdash xR_iy \wedge y \sim z[x/w_1, y/u_1, z/v_2]$。根据假设 $\mathfrak{F} \Vdash \alpha$ 可得,$\mathfrak{F} \Vdash xR_jy[x/w_1, y/u_1]$,进而由 (6.2) 可知,$\mathfrak{F}' \Vdash xR_jy[x/[w], y/[u]]$。因此,$\mathfrak{F}' \Vdash \alpha$。

命题 6.24 令 $\mathfrak{M} = \langle \mathfrak{F}, V \rangle$ 为 $\mathscr{L}_m$-模型,其中

$$\mathfrak{F} = \langle W, \lhd, \sim, \sim_s, \{E_e\}_{e\in\mathbb{E}}, \{R_i\}_{i\in\mathbb{I}}\rangle,$$

并且令 $\mathfrak{M}' = \langle \mathfrak{F}', V'\rangle$ 为 $\mathfrak{M}$ 通过 Γ 和 $\approx$ 的最小滤模型,其中

$$\mathfrak{F}' = \left\langle W/\approx, \widehat{\lhd}, \widehat{\sim}, \widehat{\sim_s}, \{\widehat{E_e}\}_{e\in\mathbb{E}}, \{\widehat{R_i}\}_{i\in\mathbb{I}}\right\rangle.$$

我们有:对每个 $\alpha \in \mathbf{SI}$,如果 $\mathfrak{F} \Vdash \alpha$ 那么 $\mathfrak{F}' \Vdash \alpha$。

证明 令 $\alpha = \forall x_0 \cdots \forall x_m(\bigvee_{1\leqslant i\leqslant n} \alpha_i \to \beta)$ 为任意 $\mathbf{S1}$ 中的句子,其中 $m \geqslant 0$ 且 $n \geqslant 0$。因为事实 6.23,所以不妨设 $n > 0$。假设 $\mathfrak{F} \Vdash \alpha$。令 σ' 为 $\mathfrak{F}'$ 上的任意指派函数。我们证明 $\mathfrak{F}' \Vdash \bigvee_{1\leqslant i\leqslant n} \alpha_i \to \beta[\sigma']$。再假设 $\mathfrak{F}' \Vdash \bigvee_{1\leqslant i\leqslant n} \alpha_i[\sigma']$。那么存在 $1 \leqslant i \leqslant n$ 使得

$$\mathfrak{F}' \Vdash \alpha_i[\sigma']. \tag{6.5}$$

在下面的证明中,首先根据 $\mathfrak{F}'$ 上的指派函数 σ' 构造 $\mathfrak{F}$ 上的指派函数 σ 满足

$$\text{对每个 } 0 \leqslant k \leqslant m,\ \sigma(x_k) \in \sigma'(x_k). \tag{6.6}$$

然后,证明 $\mathfrak{F} \Vdash \alpha_i[\sigma]$。假设这一步已经完成。那么 $\mathfrak{F} \Vdash \beta[\sigma]$。由 (6.6) 和

事实 6.23 可知，$\mathfrak{F}' \Vdash \beta[\sigma']$，从而 $\mathfrak{F}' \Vdash \bigvee_{1 \leqslant i \leqslant n} \alpha_i \to \beta[\sigma']$。因为 σ' 是任取的指派函数，所以 $\mathfrak{F}' \Vdash \alpha$。

现在构造 $\mathfrak{F}$ 上的指派函数 σ 满足 (6.6)。首先，因为 $\alpha \in \mathbf{SI}$，所以 $\alpha_i \leftrightarrow \gamma \wedge \gamma'$ 是重言式，其中 γ 是 α_i 中所有二元原子公式的合取，γ' 是 α_i 中一元原子公式和原子公式否定的合取。于是根据 (6.5)，我们有

$$\mathfrak{F}' \Vdash \gamma \wedge \gamma'[\sigma']。 \tag{6.7}$$

为了构造指派函数 σ 满足 (6.6)，首先递归定义从 γ 中变元集到 W 的函数 f，然后，再把 f 扩充为我们所需的指派函数 σ。根据合适连接合取式的定义，存在一个合适连接的序列 $\langle \gamma_i \rangle_{0 \leqslant i \leqslant k}$ 使得

$$\gamma \leftrightarrow \bigwedge_{0 \leqslant i \leqslant k} \gamma_i \text{ 是重言式。} \tag{6.8}$$

在下面的证明部分，令 $R \in \{\lhd, \sim, \sim_s\} \cup \{R_i : i \in \mathbb{I}\}$。

假设 $\gamma_0 = xRy$。由 (6.7) 和 (6.8) 可知 $\sigma'(x)\widehat{R}\sigma'(y)$，从而根据 (6.2)，存在 $w, u \in W$ 使得 wRu，$w \in \sigma'(x)$ 并且 $u \in \sigma'(y)$。于是令 $f_0 = \{\langle x, w \rangle, \langle y, u \rangle\}$。假设 γ_0 是 $x = y$。由 (6.7) 和 (6.8) 可知 $\sigma'(x) = \sigma'(y)$。于是取 $w \in \sigma'(x)$，并令 $f_0 = \{\langle x, w \rangle, \langle y, w \rangle\}$。对于这两种情况，都有 $f_0(x) \in \sigma'(x)$，$f_0(y) \in \sigma'(y)$ 并且 $\mathfrak{F} \Vdash \gamma_0[f_0]$。

令 $\beta = \gamma_1 \wedge \cdots \wedge \gamma_i$，其中 $i < k$，并且令 B 为 β 中变元构成的集合。假设 f_i 已定义并且满足

$$\text{对每个 } x_j \in B，f_i(x_j) \in \sigma'(x_j) \text{ 并且 } \mathfrak{F} \Vdash \beta[f_i]。 \tag{6.9}$$

如果 γ_{i+1} 是 $x = y$，那么 f_{i+1} 可以像基始情况那样定义。现在假设 $\gamma_{i+1} = xRy$。由 (6.7) 和 (6.8) 可知 $\sigma'(x)\widehat{R}\sigma'(y)$。然后，根据 (6.2)，存在

$w, u \in W$ 满足

$$wRu, \ w \in \sigma'(x) \ \text{并且} \ u \in \sigma'(y)\text{。} \tag{6.10}$$

根据变元 x 和 y 是否属于 B，分三种情况讨论：第一，如果 x 和 y 都不属于 B，那么令 $f_{i+1} = f_i \cup \{\langle x, w \rangle, \langle y, u \rangle\}$。由 (6.9) 可得，对每个 $x_j \in B \cup \{x, y\}$，$f_{i+1}(x_j) \in \sigma'(x_j)$ 并且 $\mathfrak{F} \Vdash \beta \wedge \gamma_{i+1}[f_{i+1}]$。第二，如果 x 和 y 中只有一个属于 B，那么根据定义 6.21，$R \in \{\lhd, \sim, \sim_s\}$。假若 $x \in B$。由 (6.9) 可知 $f_i(x) \in \sigma'(x)$，然后，根据 (6.10)，$f_i(x) \approx wRu$。再根据命题 4.47(1)，存在 $u_1 \in W$ 使得 $f_i(x)Ru_1 \approx u$。于是令 $f_{i+1} = f_i \cup \{\langle y, u_1 \rangle\}$。由此可得，$f_{i+1}(x)Rf_{i+1}(y)$，并且根据 (6.10)，$f_{i+1}(y) \in \sigma'(y)$。再由 (6.9) 可知，对每个 $x_j \in B \cup \{y\}$，$f_{i+1}(x_j) \in \sigma'(x)$ 并且 $\mathfrak{F} \Vdash \beta \wedge \gamma_{i+1}[f_{i+1}]$。当 $y \in B$ 时，可以用类似的方式构造 f_{i+1}。第三，x 和 y 都属于 B，但这与定义 6.21 矛盾，故不可能。

最后，令 $f = \bigcup_{0 \leqslant i \leqslant k} f_i$，并以如下方式把 f 扩充成为 $\mathfrak{F}$ 上的指派函数 σ：对任意变元 x，如果 x 在 γ 中出现，那么令 $\sigma(x) = f(x)$；如果 x 在 γ' 中出现但却不在 γ 中出现，那么任取 $w \in W$ 使得 $w \in \sigma'(x)$，然后令 $\sigma(x) = w$；如果既不在 γ 也不在 γ' 中出现，那么任取 $w \in W$，然后令 $\sigma(x) = w$。根据上述 σ 的构造，显然下列命题成立：

$$\text{对每个在} \ \gamma \wedge \gamma' \ \text{中出现的变元} \ x, \\ \sigma(x) \in \sigma'(x) \ \text{且} \ \mathfrak{F} \Vdash \gamma[\sigma]\text{。} \tag{6.11}$$

现在证明 $\mathfrak{F} \Vdash \gamma'[\sigma]$。首先由 (6.7) 可知 $\mathfrak{F}' \Vdash \gamma'[\sigma']$。令 χ 为 γ' 中的一个合取支。我们有 $\mathfrak{F}' \Vdash \chi[\sigma']$。假设 $\chi = Ex$，其中 $E \in \{E_e : e \in \mathbb{E}\}$。我们有 $\sigma'(x) \in \widehat{E}$，从而根据 (6.11)，$[\sigma(x)]_\approx \in \widehat{E}$，再由 (6.1)，$\sigma(x) \in E$。故 $\mathfrak{F} \Vdash Ex[\sigma]$。关于 χ 为 $\neg Ex$ 的情况，类似可证。假设 $\chi = \neg xRy$。那么 $\langle \sigma'(x), \sigma'(y) \rangle \notin \widehat{R}$。根据 (6.11)，$\langle [\sigma(x)]_\approx, [\sigma(y)]_\approx \rangle \notin \widehat{R}$。再由 (6.2) 可知，$\langle \sigma(x), \sigma(y) \rangle \notin R$。故 $\mathfrak{F} \Vdash \neg xRy[\sigma]$。关于 χ 为 $\neg(x = y)$ 的情况，类似可证。因此，$\mathfrak{F} \Vdash \gamma'[\sigma]$。最后，再根据 (6.11) 得到 $\mathfrak{F} \Vdash \alpha_i[\sigma]$。 $\qquad \square$

在本小节以下的部分，考虑在从 $\mathscr{L}_m$-模型到它们的最小传递滤模型保持的框架条件。为此，我们首先找出从最小滤模型到最小传递滤模型保持的 $\mathscr{L}_1$-句子。

定义 6.25 令 **TC** 为所有下列表列中形式的 $\mathscr{L}_1$-句子构成的集合：

$$\forall x_0 \cdots \forall x_n(\gamma \to \gamma')$$
$$\forall x \forall y(\alpha(x) \wedge Rxy \to \alpha(y))$$
$$\forall x \forall y(\alpha(x) \wedge Ryx \to \alpha(y))$$
$$\forall x \forall y \forall z(Rxz \wedge \beta(x,y) \to \exists z'(\beta(z,z') \wedge Sz'y)) \qquad (6.12)$$
$$\forall x \forall y \forall z(Rxz \wedge \beta(x,y) \to \exists z'(\beta(z,z') \wedge Syz'))$$
$$\forall x \forall y \forall z(Rxy \wedge \beta(y,z) \to \exists z'(\beta(x,z') \wedge Sz'z))$$
$$\forall x \forall y \forall z(Rxy \wedge \beta(y,z) \to \exists z'(\beta(x,z') \wedge Szz'))$$

其中对于任意 $i \in \mathbb{I}$，R_i 不在 α, β, γ 中出现，γ' 是一个正公式，并且 $R, S \in \{\sim, \sim_s\} \cup \{R_i : i \in \mathbb{I}\}$。注意，$R, S$ 可以代表相同的二元关系。

命题 6.26 令 $\mathfrak{F} = \langle W, \lhd, \sim, \sim_s, \{E_e\}_{e \in \mathbb{E}}, \{R_i\}_{i \in \mathbb{I}} \rangle$ 为 $\mathscr{L}_m$-框架，令 $\mathfrak{F}^+ = \langle W, \lhd, \sim, \sim_s, \{E_e\}_{e \in \mathbb{E}}, \{R_i^+\}_{i \in \mathbb{I}} \rangle$，其中对于每个 $i \in \mathbb{I}$，R_i^+ 为 R_i 的传递闭包，并且令 $\alpha \in \mathbf{TC}$。那么 $\mathfrak{F} \Vdash \alpha$ 蕴涵 $\mathfrak{F}^+ \Vdash \alpha$。

证明 首先，考虑 $\alpha = \forall x_0 \cdots \forall x_n(\gamma \to \gamma')$。假设 $\mathfrak{F} \Vdash \alpha$。令 σ 为 $\mathfrak{F}^+$ 上的指派函数。假设 $\mathfrak{F}^+ \Vdash \gamma[\sigma]$。因为 R_i 不在 γ 中出现，所以 $\mathfrak{F} \Vdash \gamma[\sigma]$。从而由假设可得，$\mathfrak{F} \Vdash \gamma'[\sigma]$。然后，根据事实 6.23 可知 $\mathfrak{F}^+ \Vdash \gamma'[\sigma]$。因此，$\mathfrak{F}^+ \Vdash \gamma \to \gamma'[\sigma]$。故 $\mathfrak{F}^+ \Vdash \forall x_0 \cdots \forall x_n(\gamma \to \gamma')$。

显而易见，表列 (6.12) 中的第二个和第三个形式的句子是从 $\mathfrak{F}$ 到 $\mathfrak{F}^+$ 保持的。

下面证明表列 (6.12) 中的第四个形式的句子都是从 $\mathfrak{F}$ 到 $\mathfrak{F}^+$ 保持的，余下形式的句子类似可证。假设

$$\mathfrak{F} \Vdash \forall x \forall y \forall z(Rxz \wedge \beta(x,y) \to \exists z'(\beta(z,z') \wedge Sz'y)). \qquad (6.13)$$

因为 R_i 不在 β 中出现，所以对任意 $w, u \in W$，$\mathfrak{F} \Vdash \beta[w, u]$ 当且仅当 $\mathfrak{F}^+ \Vdash \beta[w, u]$。再因为 $\sim$ 和 $\sim_s$ 都是传递的，所以我们只需要证明：对每个 $n > 0$，

$$\mathfrak{F} \Vdash \forall x \forall y \forall z (R^n xz \wedge \beta(x, y) \rightarrow \exists z'(\beta(z, z') \wedge S^n z' y)).$$

我们在 n 上做归纳证明。归纳基始由假设 (6.13) 保证。令 $w, u, v \in W$。假设 $\mathfrak{F} \Vdash R^{k+1} xz \wedge \beta(x, y)[x/w, y/u, z/v]$。那么存在 $s \in W$ 使得

$$wR^k sRv \text{ 并且 } \mathfrak{F} \Vdash \beta(x, y)[x/w, y/u], \tag{6.14}$$

从而 $\mathfrak{F} \Vdash R^k xz \wedge \beta(x, y)[x/w, y/u, z/s]$。根据归纳假设，$\mathfrak{F} \Vdash \exists z'(\beta(z, z') \wedge S^k z' y)[y/u, z/s]$，进而存在 $t \in W$ 使得

$$\mathfrak{F} \Vdash \beta(x, y)[x/s, y/t] \text{ 并且 } tS^k u. \tag{6.15}$$

由 (6.14) 可得 $\mathfrak{F} \Vdash Rxz \wedge \beta(x, y)[x/s, y/t, z/v]$；再由 (6.13) 得出 $\mathfrak{F} \Vdash \exists z'(\beta(z, z') \wedge Sz' y)[y/t, z/v]$，即存在 $v' \in W$ 使得 $\mathfrak{F} \Vdash \beta(z, z')[z/v, z'/v']$ 并且 $v'St$。根据 (6.15)，$\mathfrak{F} \Vdash \beta(z, z')[z/v, z'/v']$ 并且 $v'S^{k+1} u$。故 $\mathfrak{F} \Vdash \exists z'(\beta'(z, z') \wedge S^{k+1} z' y)[y/u, z/v]$。 $\qquad\qquad \square$

6.3.3 强有穷框架性

有了上述铺垫后，本小节证明最终的可判定性定理。请注意，对任意 $\mathscr{L}_1$-句子集 Φ，我们用 $\mathcal{C}_\Phi$ 表示满足 Φ 的 $\mathscr{L}_m$-框架类，用 $\mathbf{Log}(\mathcal{C}_\Phi)$ 表示框架类 $\mathcal{C}_\Phi$ 决定的模态逻辑，并且用 $\mathbf{BES}$ 表示所有 $\exists$-限制的 $\mathscr{L}_1$-句子构成的集合。

定理 6.27 对任意 $\Phi \subseteq \mathbf{BES} \cap \mathbf{SI}$，$\mathbf{Log}(\mathcal{C}_\Phi)$ 有强有穷框架性；从而如果 Φ 是有穷的，那么 $\mathbf{Log}(\mathcal{C}_\Phi)$ 可判定的。

证明 令 ϕ 为不属于 $\mathbf{Log}(\mathcal{C}_\Phi)$ 任意 $\mathscr{L}_m$-公式。那么 $\neg\phi$ 在 $\mathscr{L}_m$-框架类 $\mathcal{C}_\Phi$ 中可满足。因为 Φ 是 **BES** 的子集,所以根据定理 6.13,存在 $\mathscr{L}_m$-框架 $\mathfrak{F} \in \mathcal{C}_\Phi$ 使得 $len(\mathfrak{F}) \leqslant d_P(\phi) + d_F(\phi) + 1$ 并且 $\neg\phi$ 在 $\mathfrak{F}$ 中可满足,从而存在基于 $\mathfrak{F}$ 的模型 $\mathfrak{M} = \langle \mathfrak{F}, V \rangle$ 使得 $\neg\phi$ 在 $\mathfrak{M}$ 中可满足。令 Σ 为 $\neg\phi$ 的所有子公式构成的集合,并且令 $\Gamma = \Sigma \cup \mathbb{E}$。根据命题 6.17,存在 $ker(\mathfrak{M})$ 上等价互模拟 $\approx$ 使得 $\mathfrak{M}$ 通过 Γ 和 $\approx$ 的最小滤模型 $\mathfrak{M}' = \langle \mathfrak{F}', V' \rangle$ 为有穷的 $\mathscr{L}_m$-模型,并且 $dom(\mathfrak{M}') \leqslant f_d(d_P(\phi) + d_F(\phi) + 1, |\Gamma|)$。同时,根据滤模型定理 6.16,$\neg\phi$ 在 $\mathfrak{M}'$ 中可满足。又因为 Φ 也是 **SI** 的子集,所以由命题 6.24 可得 $\mathfrak{F}' \in \mathcal{C}_\Phi$。综上可得,$\mathbf{Log}(\mathcal{C}_\Phi)$ 有强有穷框架性。

假设 Φ 是有穷的。对任意 $\mathscr{L}_m$-公式 ϕ,根据上述证明,为了知道 ϕ 是否属于 $\mathbf{Log}(\mathcal{C}_\Phi)$,只需要检测 $\neg\phi$ 是否在 $\mathcal{C}_\Phi$ 中论域基数不大于 $t = f_d(d_P(\phi) + d_F(\phi) + 1, |\neg\phi|)$ 的 $\mathscr{L}_m$-框架中可满足即可。又因为 Φ 是有穷的,所以判断一个框架是否属于 $\mathcal{C}_\Phi$ 是可判定的。因此,我们可以把基于 $\mathcal{C}_\Phi$ 中框架且论域基数不大于 t 的 $\mathscr{L}_m$-模型都机械地枚举出来做模型检测,从而判定 ϕ 是否属于 $\mathbf{Log}(\mathcal{C}_\Phi)$。 $\square$

通过应用命题 6.26,我们得出第二个可判定性定理。

定义 6.28 我们用 **TR** 表示集合

$$\{\forall x \forall y \forall z (xR_iy \wedge yR_iz \to xR_iz) : i \in \mathbb{I}\}.$$

注意,**SI** $\cap$ **TR** $= \varnothing$,因为对任意 $i \in \mathbb{I}$,$\langle xR_iy, yR_iz \rangle$ 不可以被排列为一个合适连接的序列。

下面这个定理的证明与定理 6.27 几乎完全相同,除了在构造滤模型时,这里采用最小传递滤模型而不是最小滤模型,因为此时需要保持传递性。

定理 6.29 对任意 $\Phi \subseteq (\mathbf{BES} \cap \mathbf{SI} \cap \mathbf{TC}) \cup \mathbf{TR}$,$\mathbf{Log}(\mathcal{C}_\Phi)$ 有强有穷框架性;从而如果 Φ 是有穷的,那么 $\mathbf{Log}(\mathcal{C}_\Phi)$ 可判定的。

6.4 应用

本节先基于 $\mathscr{L}_m$-框架给出结合 STIT、行动、认知和时间的逻辑，然后，应用我们的可判定性定理得出这些逻辑的可判定性。

令 Agt 为有穷主体集合，并且对每个非空的 $A \in \mathcal{P}(Agt)$，令 $Type(A)$ 为行动类型组成的非空有穷集。这时语言 $\mathscr{L}_m$ 中 $\mathbb{I} = Agt \cup (\mathcal{P}(Agt) - \{\varnothing\})$ 且 $\mathbb{E} = \bigcup \{Type(A) : \varnothing \neq A \in \mathcal{P}(Agt)\}$。我们用 a, b, c 等表示主体，用 A, B, C 等表示主体集合，并且用 e, e' 等表示行动类型。

定义 6.30 一个同步 $STIT$ 框架[2]是一个 $\mathscr{L}_m$-框架

$$\langle W, \lhd, \sim, \sim_s, \{E_e\}_{e \in \varnothing}, \{R_A\}_{\varnothing \neq A \in \mathcal{P}(Agt)} \rangle,$$

其中对每个非空的 $A \in \mathcal{P}(Agt)$，R_A 是 W 上的等价关系并满足以下条件：

(1) 对所有非空的 $A \subseteq Agt$，如果 $wR_A u$，那么 $w \sim u$；

(2) 对所有非空的 $A, B \subseteq Agt$，如果 $A \subseteq B$，那么 $R_B \subseteq R_A$；

(3) 对所有非空的 $A, B \subseteq Agt$，如果 $w \sim u$ 并且 $A \cap B - \varnothing$，那么存在 $v \in W$ 使得 $wR_A v$ 并且 $vR_B u$；

(4) 对所有非空的 $A \subseteq Agt$，如果 $w \lhd u$ 并且 $u \sim v$，那么存在 u' 使得 $wR_A u'$ 并且 $u' \lhd v$。

易见，上述定义中的条件分别与 STIT 框架中主体选择函数的要求相对应。除了这几条外，我们还可以对同步 STIT 框架做如下的限制：

CD 对所有 $w, u' \in W$，$\exists w' \in W(wR_{Agt}w' \lhd u')$ 当且仅当 $\exists u \in W(w \lhd u \sim u')$。

2　注意，这里定义的同步 STIT 框架并非标准的基于树状框架的同步 STIT 框架，但为了简洁，我们仍然采用同步 STIT 框架。

直观上，CD 是说主体全集有能力完全决定下一刻的状态。另外，第一章中有关同步基底框架的条件弱分支性、左对齐和右对齐也都适用于同步 STIT 框架，因为 $\mathscr{L}_m$-框架的核是同步基底框架。

尽管 STIT 逻辑是关于行动的逻辑，但在 STIT 逻辑的对象语言中，行动不是通过项来表达，而是通过 STIT 公式来描述的。另一方面，对于动态逻辑和动态认知逻辑，分别见 [30] 和 [49]，它们采用项来表达行动，但不便于表达主体。最近，一些学者试图努力把这两类逻辑的优点结合起来，从而既可以谈主体性又可以直接谈行动。有关这方面的详细讨论，请见 [1, 16, 33, 53, 54, 55]。下面考虑如何以 $\mathscr{L}_m$-框架为背景，在同步 STIT 框架上添加行动项。

定义 6.31 一个同步行动 *STIT* 框架是一个 $\mathscr{L}_m$-框架

$$\left\langle W, \lhd, \sim, \sim_s, \{E_e\}_{e \in \bigcup \{Type(A) : \varnothing \neq A \in \mathcal{P}(Agt)\}}, \{R_A\}_{\varnothing \neq A \in \mathcal{P}(Agt)} \right\rangle,$$

其中 $\left\langle W, \lhd, \sim, \sim_s, \{R_A\}_{\varnothing \neq A \in \mathcal{P}(Agt)} \right\rangle$ 是一个同步 STIT 框架，对所有 $e \in \bigcup \{Type(A) : A \in \mathcal{P}(Agt)\}$，$E_e \subseteq W$，并且满足以下条件：

(1) 对所有非空的 $A \in \mathcal{P}(Agt)$，所有 $e \in Type(A)$ 和所有 $w, u \in W$，如果 $w \in E_e$，$u \in E_e$ 且 $w \sim u$，那么 $w R_A u$；

(2) 对所有非空的 $A \in \mathcal{P}(Agt)$，所有 $e \in Type(A)$ 和所有 $w, u \in W$，如果 $w \in E_e$ 并且 $w R_A u$，那么 $u \in E_e$。

直观上，上述两个条件说对每个行动类型 E_e，如果 E_e 与某个 $[w]_\sim$ 的交非空，那么 E_e 确定 $[w]_\sim$ 上唯一属于 E_e 这个类型的选择（或是行动）。

最后，考虑在同步行动 STIT 框架上添加表示知识的结构，从而得到结合 STIT、行动、认知和时间的框架。

定义 6.32 一个同步认知行动 $STIT$ 框架是一个 $\mathscr{L}_m$-框架

$$\left\langle W, \lhd, \sim, \sim_s, \{E_e\}_{e\in\bigcup\{Type(A):\varnothing\neq A\in\mathcal{P}(Agt)\}}, \{R_i\}_{\varnothing\neq i\in\mathcal{P}(Agt)\cup Agt} \right\rangle,$$

其中 $\left\langle W, \lhd, \sim, \sim_s, \{E_e\}_{e\in\bigcup\{Type(A):\varnothing\neq A\in\mathcal{P}(Agt)\}}, \{R_A\}_{\varnothing\neq A\in\mathcal{P}(Agt)} \right\rangle$ 是一个同步行动 STIT 框架，并且对每个 $a \in Agt$，R_a 是 W 上的等价关系。

注意，对每个主体集合 A 和每个主体 a，R_a 和 R_A（包括 $R_{\{a\}}$）是不同的两种关系：R_a 是相对于 a 的认知不可区分关系，而 R_A 相对于 A 的选择等价关系。当 R_i 作为知识算子的解释时，知识同步性（synchronicity of knowledge）这条常见的假定（见 [29]）已经被隐含的预设了，这是因为 $\mathscr{L}_m$-框架满足定义 6.1(3)：对所有 $w, u \in W$ 和 $a \in Agt$，如果 wR_au，那么 $w \sim_s u$。除了这条隐含的假定外，还存在着其他一些大家经常讨论的有关知识、时间和行动的假设，例如，完美记忆（perfect recall）、知识不增加（no learning）、策略一致（uniform strategy）等，关于它们的详细讨论请见 [10, 11, 12, 24, 55]。下面我们基于同步认知行动 STIT 框架来表达这些条件：

IK 对所有 $w, u \in W$ 和所有 $a \in Agt$，如果 $wR_{\{a\}}u$，那么 wR_au;

SK 对所有 $w, u \in W$ 和所有 $a \in Agt$，如果 $w \sim u$，那么 wR_au;

PR 对所有 $w, u, v \in W$ 和所有 $a \in Agt$，如果 $w \lhd uR_av$，那么存在 $u' \in W$ 使得 $wR_au' \lhd v$;

NL 对所有 $w, u, v \in W$ 和所有 $a \in Agt$，如果 $wR_au \lhd v$，那么存在 $u' \in W$ 使得 $w \lhd u'R_av$;

US 对所有 $w, v \in W$ 和所有 $a \in Agt$，存在 $u \in W$ 使得 $wR_au \sim v$ 当且仅当存在 $u' \in W$ 使得 $w \sim u'R_av$。

直观上，**IK** 说一个主体不可能知道其他主体当下在做什么；**SK** 说主体的知识是只与当时所在的 $[w]_\sim$ 相关，而与具体在 $[w]_\sim$ 内哪个点无关；**PR** 说主体有着完美的记忆，即他不会忘记已有的知识；**NL** 说主体的知识永远不会增加，即他不会学习获得新的知识；**US** 是策略一致性假设 [10]，它的初衷是说如果一个主体知道他可以执行某个行动，那么他知道如何执行它。

这些条件的不同的组合方式决定不同的逻辑，但运用定理 6.29，我们可以证明它们都是可判定的。

定理 6.33 令 $\Phi = \{\textbf{CD}, \textbf{IK}, \textbf{KD}, \textbf{PR}, \textbf{NL}, \textbf{US}\}$，$\Psi \subseteq \Phi$ 且 $\mathcal{C}_\Psi$ 为所有满足 Ψ 的同步认知行动 STIT 框架组成的类。我们有框架类 $\mathcal{C}_\Psi$ 确定的逻辑是可判定的。

证明 令 $\mathbb{I} = Agt \cup (\mathcal{P}(Agt) - \{\varnothing\})$ 且 $\mathbb{E} = \bigcup\{Type(A) : \varnothing \neq A \in \mathcal{P}(Agt)\}$。我们只需要验证同步认知行动 STIT 框架的定义条件和 Φ 中的条件都等价于 $(\textbf{BES} \cap \textbf{SI} \cap \textbf{TC}) \cup \textbf{TR}$ 中有穷个句子的合取。显然，这些条件都等价于 $\textbf{BES} \cap \textbf{SI}$ 中有穷个句子的合取。令 $R, S \in \{\triangleleft, \sim, \sim_s\} \cup \{R_i : i \in \mathbb{I}\}$。注意，$\forall x \forall y (Rxy \to Sxy)$ 是定义 6.25 表列中第五种形式的句子且 $\forall x \forall y (Rxy \to Ryx)$ 是定义 6.25 表列中第四种形式的句子。其它的条件显然是 $\textbf{TC}$ 中有穷个句子的合取。□

结语

在逻辑学基础理论研究中，可判定性问题、复杂度问题和公理化问题是最为核心的三大问题。前两个问题主要关注能行性和效率，而第三个问题与自动证明相关。这使得它们在人工智能以及计算机科学的其他实际应用领域中具有重要的理论意义。

本书在前人研究的基础上，进一步探讨了 STIT 逻辑的可判定性问题，并主要获得了下列成果。首先，在第二章和第三章中，分别证明了 CSTIT 逻辑和 ASTIT 逻辑在单调性条件下的可判定性。因为 CSTIT 逻辑的对象语言中包含 CSTIT 算子和历史必然算子，所以 BSTIT 算子和 DSTIT 算子都可以在其中被定义，进而 BSTIT 逻辑和 DSTIT 逻辑也是可判定的。这些可判定性结果表明，STIT 逻辑的不可判定性依赖于可加性原则，只要把该原则弱化为单调性原则，那么所得到的 STIT 逻辑就具有可判定性。这一发现有助于厘清导致 STIT 逻辑不可判定的因素。其次，在第四章和第五章中，证明了时间和 STIT 结合的四种逻辑的可判定性，特别是得出了含 CSTIT 算子和二元时态算子 U, S 的时态 STIT 逻辑的可判定性。由于这些逻辑的对象语言中都包含历史必然算子且可以定义离散时态算子 X，BSTIT 算子、DSTIT 算子和 XSTIT 算子都可以在其中被定义。最后，在第六章中，证明了一般性的可判定性结果，它们可被应用于结合 STIT、时态、知识、道义等的多种逻辑。

尽管在 STIT 逻辑的可判定性研究中，取得了上述这些成果，但仍然存在一些亟待深入探讨的问题。首先，对于时态 STIT 逻辑，本研究目前要求每条历史上的时间序关系满足子 $\mathbb{Z}$-型性，而对于那些不满足该条件的时态 STIT 逻辑，其可判定性仍是一个悬而未决的问题。其次，在第六章中，尽管采用了通用模态语言，允许添加 STIT、知识、道义等算子，但时态算子在该框架中一开始就被固定为离散的 X 和 Y。所以，下一步的探索方向可以是在引入更多时态算子，例如 F 和 P，的基础上，探讨是否能够得到类似的一般性结论。最后，对于 ASTIT 逻辑，完全没有考虑它与时态逻辑的结合。尽管由于 ASTIT 算子的解释涉及所有过去的选择，从而其自身就涉及了时间，但鉴于 STIT 框架已经包含了时间结构，探索同时包含 ASTIT 算子和时态算子的时态 STIT 逻辑是否可判定是一个非常自然的问题。

对于可判定的 STIT 逻辑，已知存在算法能够判断任意公式是否为这些逻辑中的有效式，但这些算法的运行效率并未得到探讨。有可能这些判定算法的效率比较低，从而限制了它们的实际应用。因此，研究这些逻辑的复杂度就显得尤为重要。

在文献 [2] 中，该文作者证明了包含单个个体 CSTIT 算子和历史必然算子的 CSTIT 逻辑的可满足性问题是 NP 完备的，而包含多个个体 CSTIT 算子的 CSTIT 逻辑的可满足性问题则是 NEXPTIME 完备的。根据文献 [45]，后面这个结果可以进一步推广，即在允许多个个体 CSTIT 算子的基础上，增加一个全集团体 CSTIT 算子。此后，另一个进展出现在文献 [9] 中，该文作者证明了在对象语言包含时态算子 U 和多个个体 CSTIT 算子的情况下，同时要求历史上的时间序关系同构于自然数上的序关系且原子命题的赋值与历史无关时，获得的时态 STIT 逻辑的可满足性问题是 2NEXPTIME 完备的。

尽管已有上述这些关于 STIT 逻辑复杂度的结果，但这项研究仍然存在不少空白，尤其相对于较为完整的可判定性研究，复杂度问题的研究还远未完全展开。特别是对于 ASTIT 逻辑，只含单个个体 ASTIT 算子的 ASTIT 逻辑的复杂度目前仍然是未知的。

　　最后，关于 STIT 逻辑的公理化问题，徐明在文献 [50] 中给出了含多个个体 DSTIT 算子和历史必然算子的 DSTIT 逻辑的公理系统，并在文献 [51] 中给出了仅含单个个体 ASTIT 算子的 ASTIT 逻辑的公理系统。但对于含多个个体 ASTIT 算子的 ASTIT 逻辑，其公理化问题至今仍是一个未解的重要课题。随后，在文献 [2] 中，该文作者给出了含多个个体 CSTIT 算子的 CSTIT 逻辑的公理系统。值得注意的是，以上公理系统都是针对个体 STIT 算子构建的，而对于团体 STIT 算子，文献 [31] 证明了，在满足可加性原则和主体数量大于 2 的情况下，含团体算子的 CSTIT 逻辑和 DSTIT 逻辑都是不可有穷公理化的。然而，若将可加性原则替换为单调性原则，那么由于单调性是模态可表达的，我们可以在已有的仅含个体 STIT 算子的 STIT 逻辑的公理系统基础上，自然地构造出含相应的团体 STIT 算子的 STIT 逻辑的公理系统。对于 XSTIT 逻辑，文献 [41] 就给出了在单调性原则下的一个以团体 XSTIT 算子为基础的公理系统。至于本书第四章中所探讨的两种时态 STIT 逻辑 **Lcx** 和 **Lcx$^+$**，它们的公理系统可以通过对文献 [54] 中给出的时态 STIT 逻辑的公理系统适当修改而获得。

　　对于本书第五章中所探讨的两种时态 STIT 逻辑 **Lcu1** 和 **Lcu2**，其中带族时态 STIT 逻辑 **Lcu1** 的公理化问题已由本书作者及其合作者初步解决，但全族时态 STIT 逻辑 **Lcu2** 的公理系统构建仍然有待进一步深入研究。此外，对于本书第六章中涉及的一般逻辑类，其公理化问题也尚未解决，仍需进一步探索，以获得类似于本书中一般性可判定性定理的统一解决方案。

致谢

本书的完成离不开许多人的支持与帮助。首先，我要特别感谢我的导师，徐明教授。他的言传身教，不仅指引我走上了学术道路，还塑造了我的学术品格。从 2004 年在"符号逻辑"课上相识起，徐老师就对我产生了深远的影响。在他的引导下，我逐步确定了自己的学术兴趣，并坚定了投身学术研究的决心。徐老师不仅在专业上给予了指导，更在科研思维、学术态度等方面为我树立了榜样。他严谨治学的态度和孜孜以求的精神，深深影响了我的学术思维与治学之道，至今仍不断激励着我前行。

诚挚感谢刘晓力老师自我来京以来，在生活和学术上给予的关心与帮助，同时也衷心感谢刘壮虎、邢滔滔、叶峰、周北海等多位前辈，在我学术成长道路上给予的关怀与支持。

感谢李楷和杨思思阅读本书并提出修改建议。感谢常全在 PDF 文件标识制作方面提供的技术支持。特别感谢刘可晗，她不仅多次阅读了本书，还为本书的 LaTeX 排版提供了支持，使得本书在形式上更加规范。

感谢任健敏编辑的辛勤工作，她在校对和出版过程中给予了极大的支持，确保了本书的顺利出版。

最后，感谢"教育部哲学社会科学研究后期资助项目"的资助，该项目的支持为本书的出版提供了坚实的保障。

愿本书的出版能为逻辑学界贡献一份绵薄之力，哪怕只是微小的一步，也希望本书能为未来的研究者提供些许启示与借鉴。

参考文献

[1] Lennart Aqvist. Old foundations for the logic of agency and action. *Studia Logica*, 72:313–338, 2002.

[2] Philippe Balbiani, Andreas Herzig, and Nicolas Troquard. Alternative axiomatics and complexity of deliberative STIT theories. *Journal of Philosophical Logic*, 37:387–406, 2008.

[3] Sebastian Bauer, Ian Hodkinson, Frank Wolter, and Michael Zakharyaschev. On non-local propositional and weak monodic quantified CTL. *Journal of Logic and Computation*, 14:3–22, 2004.

[4] Nuel Belnap. Backwards and forwards in the modal logic of agency. *Philosophy and Phenomenological Research*, 51:777–807, 1991.

[5] Nuel Belnap. Before refraining: concepts for agency. *Erkenntnis*, 34:137–169, 1991.

[6] Nuel Belnap and Michael Perloff. Seeing to it that: a canonical form for agentives. *Theoria*, 54:175–199, 1988.

[7] Nuel Belnap, Michael Perloff, and Ming Xu. *Facing the Future: Agents and Choices in Our Indeterminist World*. Oxford University Press, 2001.

[8] Patrick Blackburn, Maarten de Rijke, and Yde Venema. *Modal Logic*. Cambridge University Press, 2001.

[9] Joseph Boudou and Emiliano Lorini. Concurrent game structures for temporal STIT logic. In *17th International Joint Conference on Autonomous Agents and Multiagent Systems*. ACM: Association for Computing Machinery, 2018.

[10] Jan Broersen. A logical analysis of the interaction between 'obligation-to-do' and 'knowingly doing'. In *Deontic Logic in Computer Science*, pages 140–154. Springer, 2008.

[11] Jan Broersen. A complete STIT logic for knowledge and action, and some of its applications. In *Declarative Agent Languages and Technologies VI*, pages 47–59. Springer, 2009.

[12] Jan Broersen. Deontic epistemic *stit* logic distinguishing modes of mens rea. *Journal of Applied Logic*, 9(2):127–152, 2011.

[13] Jan Broersen. Making a start with the *stit* logic analysis of intentional action. *Journal of Philosophical Logic*, 40:399–420, 2011.

[14] Mark A Brown. On the logic of ability. *Journal of philosophical logic*, pages 1–26, 1988.

[15] Mark A Brown. Action and ability. *Journal of Philosophical Logic*, pages 95–114, 1990.

[16] Mark A Brown. Acting, events and actions. In *International Conference on Deontic Logic in Computer Science*, pages 19–33. Springer, 2008.

[17] John P. Burgess. Decidability for branching time. *Studia Logica*, 39:203–218, 1980.

[18] Johon Burgess. The unreal future. *Theoria*, 44:157–174, 1978.

[19] Johon Burgess. Logic and time. *The Journal of Symbolic Logic*, 44:556–582, 1979.

[20] Alexander Chagrov and Michael Zakharyaschev. *Modal Logic*. Oxford University Press, Oxford, 1997.

[21] C.C. Chang and H.J. Keisler. *Model Theory*. North-Holland, Amsterdam, 1990.

[22] Brian F. Chellas. *The Logical Form of Imperatives*. Perry Lane Press, Standford, CA, 1969.

[23] Herbert B. Enderton. *A Mathematical Introduction to Logic*. Harcourt Acadamic Press, 2001.

[24] Ronald Fagin, Joseph Y. Halpern, Yoram Moses, and Moshe Y. Vardi. *Reasoning about Knowledge*. The MIT Press, 1995.

[25] John F.Horty. *Agency and Deontic Logic*. Oxford University Press, 2001.

[26] Dov M. Gabbay. Decidability results in non-classical logic. iii. *Israel Journal of Mathematics*, 10:135–146, 1971.

[27] Dov M. Gabbay. Decidability results in non-classicai logics: Part i. *Annals of mathematics Logic*, 8:237–295, 1975.

[28] Dov M Gabbay, Agi Kurucz, Frank Wolter, and Michael Zakharyaschev. *Many-dimensional Modal Logics: Theory and Applications*. Elsevier, 2003.

[29] Joseph Y. Halpern and Moshe Y.Vardi. The complexity of reasoning about knowledge and time. i. lower bounds. *Journal of Computer and System Sciences*, 38:195–273, 1989.

[30] David Harel, Dexter Kozen, and Jerzy Tiuryn. *Dynamic Logic*. The MIT Press, 2000.

[31] Andreas Herzig and Francois Schwarzentruber. Properties of logics of individual and group agency. *Advances in Modal Logic*, 7:133–149, 2008.

[32] John Horty. Epistemic oughts in stit semantics. *Ergo*, 6, 2019.

[33] John Horty and Eric Pacuit. Action types in stit semantics. *The Review of Symbolic Logic*, 10(4):617–637, 2017.

[34] H. Kamp. The logic of historical necessity. 1979. Manuscript.

[35] Alexandra Kuncová, Jan Broersen, Hein Duijf, and Aldo Iván Ramírez Abarca. Ability and knowledge: from epistemic transition systems to labelled stit models. *Autonomous Agents and Multi-Agent Systems*, 39(1):2, 2025.

[36] Emiliano Lorini. Temporal STIT logic and its application to normative reasoning. *Journal of Applied Non-Classical Logics*, 23(4):372–399, 2013.

[37] Emiliano Lorini and Giovanni Sartor. A STIT logic for reasoning about social influence. *Studia logica*, 104:773–812, 2016.

[38] Maria Concetta Di Mai and Alberto Zanardo. A gabbay-rule free axiomatization of T × W validity. *Journal of Philosophical Logic*, 27:435–487, 1998.

[39] Thomas Müller, editor. *Nuel Belnap on Indeterminism and Free Action, vol. 2. Outstanding Contributions to Logic.* Springer, 2014.

[40] Hirokazu Nishimura. Is the semantics of branching structures adequate for non-metric Ochamist tense logics? *Journal of Philosophical Logic*, 8:477–478, 1979.

[41] Gillman Payette. Decidability of an xstit logic. *Studia Logica*, 102:577–607, 2014.

[42] Arthur Prior. *Past, Present, and Future.* Oxford University Press, 1967.

[43] Michael O. Rabin. Decidability of second-order theories and automata on infinite trees. *Transactions of the American Mathematical Society*, 141:1–35, 1969.

[44] Mark Reynolds. An axiomatization of full computation tree logic. *The Journal of Symbolic Logic*, 66:1011–1057, 2001.

[45] Francois Schwarzentruber. Complexity results of STIT fragments. *Studia Logica*, 100:1001–1045, 2012.

[46] Richmond H. Thomason. Indeterminist time and truth-value gaps. *Theoria*, 36:264–281, 1970.

[47] Richmond H. Thomason. Combinations of tense and modality. In *Handbook of Philosophical Logic*, volume 2, pages 135–165. Reidel Publishing Company, Dordrecht, 1984.

[48] Johan van Benthem and Eric Pacuit. Connecting logics of choice and change. In *Nuel Belnap on Indeterminism and Free Action*, pages 291–314. Springer, 2014.

[49] Hans van Ditmarsch, Wiebe van der Hoek, and Barteld Kooi. *Dynamic Epistemic Logic*. Springer, 2008.

[50] Ming Xu. Decidability of deliberative *stit* theories with multiple agents. In *Temporal Logic, ICTL 94*, pages 332–348. Springer, 1994.

[51] Ming Xu. Decidability of *stit* theory with a single agent and refref equivalence. *Studia Logica*, 53:259–298, 1994.

[52] Ming Xu. Doing and refraining from refraining. *Journal of Philosophical Logic*, 23:621–632, 1994.

[53] Ming Xu. Actions as events. *Journal of Philosophical Logic*, 41:765-809, 2012.

[54] Ming Xu. Combinations of stit and actions. *Journal of Logic, Language and Information*, 19:485–503, 2010.

[55] Ming Xu. Combinations of "Stit" with "Ought" and "Know". *Journal of Philosophical Logic*, 44:851–877, 2015.

[56] Alberto Zanardo. Branching-time logic with quantification over branches: The point of view of modal logic. *The Journal of Symbolic Logic*, 61:1–39, 1996.

[57] Yan Zhang and Kai Li. Decidability of logics based on an indeterministic metric tense logic. *Studia Logica*, 103:1123–1162, 2015.

[58] Yan Zhang. Solving the decision problem of group achievement stit logics with refref equivalence. *Studia Logica*, Online First, 2025.

[59] 贾青，《STIT 逻辑研究》，中国社会科学出版社，2022。

[60] 张炎，Z-型 Rabin 树理论的可判定性，《逻辑学研究》，10(2):99–111，2017。

符号索引

名词索引

图书在版编目(CIP)数据

STIT 逻辑的可判定性研究 / 张炎著. --上海 ：上海人民出版社，2025. -- ISBN 978-7-208-19470-0

Ⅰ. B81

中国国家版本馆 CIP 数据核字第 202561X7D7 号

责任编辑　任健敏
封面设计　李智辉

STIT 逻辑的可判定性研究

张炎 著

出　　版　上海人民出版社
　　　　　（201101　上海市闵行区号景路 159 弄 C 座）
发　　行　上海人民出版社发行中心
印　　刷　上海新华印刷有限公司
开　　本　720×1000　1/16
印　　张　12.5
插　　页　4
字　　数　152,000
版　　次　2025 年 6 月第 1 版
印　　次　2025 年 6 月第 1 次印刷
ISBN 978 - 7 - 208 - 19470 - 0/B・1831
定　　价　72.00 元